U0479106

Arsène Wenger
The Inside Story of Arsenal Under Wenger

温格：阿森纳时代

［英］约翰·克罗斯 ／著

姚　军 ／译

文化发展出版社
Cultural Development Press

图书在版编目（CIP）数据

温格：阿森纳时代 /（英）约翰·克罗斯著；姚军译 .-- 北京：文化发展出版社有限公司, 2018.5
ISBN 978-7-5142-2284-5

Ⅰ.①温… Ⅱ.①约… ②姚… Ⅲ.①温格—传记 Ⅳ.① K835.655.47

中国版本图书馆 CIP 数据核字（2018）第 093318 号

ARSENE WENGER: THE INSIDE STORY OF ARSENAL UNDER WENGER
@2015 by JOHN CROSS
Simplified Chinese language edition published in agreement with
David Luxton Associates through The Artemis Agency.

温格：阿森纳时代

著　　者：［英］约翰·克罗斯
译　　者：姚　军
出 版 人：武　赫
选题策划：一　晨
责任编辑：尚　蕾
责任印制：邓辉明
责任校对：岳智勇
装帧设计：刘　明　赵　菲

出版发行：文化发展出版社（北京市翠微路2号　邮编：100036）
网　　址：www.wenhuafazhan.com
经　　销：各地新华书店
印　　刷：北京印匠彩色印刷有限公司
开　　本：710mm×1000mm　1/16
字　　数：306 千字
印　　张：21.5
印　　次：2018 年 6 月第 1 版　2018 年 6 月第 1 次印刷
定　　价：58.00 元
Ｉ Ｓ Ｂ Ｎ：978-7-5142-2284-5

◆ 如发现任何质量问题请与我社发行部联系。发行部电话：010-88275710

即便在生命中的艰难时刻，足球也是一种安慰。

我的父亲引领我认识了足球、阿森纳队和对这种运动的热爱。

2014年5月，当阿森纳队在足总杯决赛中以0∶2负于赫尔队时，我几乎能听到父亲（他在两天前去世了）愤怒地俯视人间："你们就不能为我赢一次吗？"

当然，阿森纳确实为他取得过胜利。阿尔塞纳·温格的魔力就在于，他为许多人一次又一次地取得了胜利。

没有家人的支持，我就无法完成这本书，我希望将它献给父亲。我非常想念和他交谈的那些时光。

代　序

八千里路云和月

每双眼睛里，都会有着一个不同的世界。每个阿森纳球迷心目中，都会有一个不同的温格。

尼克·霍恩比依然居住在北伦敦，寓所距离海布里和酋长球场都非常近。他说温格离去消息传来的那个周五早上，家里好几部手机同时收到各种新闻提示发出的声音，让他意识到有关温格的大事件发生了。

"哪怕是美国朝鲜出大新闻了，也不可能有五六部手机同时提示……"

这位《极度狂热》的作者，早已是欧美闻名的大作家。他的孩子以及好几位朋友的孩子，都在海布里附近念书。孩子们进学校，手机都放在他家厨房。孩子们都是阿森纳球迷，手机上都有接收阿森纳重要新闻的提示设定。

"在他们所有的阿森纳记忆里，只有温格这一个主教练，"霍恩比在他伤感而无奈的文章中写道，"他们的英雄，曾经是法布雷加斯、是范佩西，亨利、维埃拉对他们而言，都有些久远。而英雄们个个离去，离开了他们，也离开了温格……"

霍恩比对温格没有那么强烈的依恋，这可能就是知识分子的通病，他们本质上怀疑一切权威、怀疑任何集权。在霍恩比的表述中，身边的这些阿森纳球迷孩子，对温格也没有那么强烈的认同。"他们早已意识到，这个俱乐部，已经没法和曼联曼城这样的'大俱乐部'竞争了。延续下去，不会有什么改变。而孩子们对于改变的畏惧，并不像成年人那么强烈。"

不知这是孩子们的态度，抑或是霍恩比自以为是的自道。距离酋长球场越近、在酋长球场看球越多的阿森纳球迷，在温格离去的消息传来后，反应却越为平淡。霍恩比谈到亨利在35岁归来的那个进球时，会强调说："虽然海布里的国王短暂归来，但我忘不了那场对利兹联队的比赛，是场面丑陋至极的比赛……"他去看了本赛季联赛杯决赛，比赛不到60分钟他就离开了温布利球场。三天之后，作为几十年的季票球迷，他也去酋长球场看阿森纳在联赛中再战曼城，不到60分钟再度离场，"即便我从来都不是一个90分钟结束前就离场的球迷……"

霍恩比说他期待改变，还说他身边那些孩子们，也期待改变：有些东西已经死去，再也不会复生。他承认："再也不会有一个更好的阿森纳主教练，也不会有谁（比温格）更聪明、更受人喜爱。"但他期待改变。

更好的未来？阿森纳在温格离开后，得到的可能是霍恩比所说的"梦想的自由"，能想象未来的自由，因为这种想象的可能性，在过去几个赛季变得越来越稀有。

霍恩比在八十年代写《极度狂热》的时候，还没有英超，阿森纳是英甲强队，状况不会比今天的阿森纳好多少。他用一种球迷心路历程的笔记体方式，记述了自己在海布里的少年时代，足球和他的生活融为一体，成为破碎家庭环境里，支撑他生活信念的重心。他的少年、青年时代成长，和格雷汉姆的"1∶0主义"阿森纳同步，那不是美妙潇洒，具备想象力的艺术足球，但那是在压抑沉闷环境里，奋力向上、雄性十足的足球，虽然丑陋，但决绝坚毅。

所以对和自己气质更接近的温格，霍恩比却没有了年轻时的那种热情。

温格：阿森纳时代

他也变得更加愤世嫉俗，更加怀疑一切。

人生的成长，是不是都有这样的轨迹，都会从青葱热情，走向表面世故、内心孤独的停滞？

我的同事周亚波先生，标准的九零后。之前在英国念过书，阿森纳球迷，打理过阿森纳一些新闻账号。温格将离职的消息传出后，他立即办好自己的英国签证、订好机票，似乎是和女朋友一道，然后早早请假，做好安排，确保自己在温格最后一个主场比赛日置身酋长球场。

临走前那天，他在肆客足球的排班，是当天的新闻，要到晚上很晚才下班。周亚波专门将他喷印的一条横幅展示给我看，歌词大意是"从北京到伦敦，5302英里，专程来说thank you"。我觉得横幅写得有些过长，字数偏多，要是举起来的话，不论镜头还是肉眼，怕都看不清楚。可是时间已经很紧张，亚波来不及再做修改。

亚波后来成功地让大家看到了他……我不知道是因为这条横幅真的那么吸引人，还是其他原因。酋长球场的这一个下午，国际球迷非常多，来自世界各地为温格送别的球迷都很多。我读到《泰晤士报》同行的现场手记，马修·赛义德就采访了好几个从中东、从南非来的球迷。他们是来送别温格，也是来送别自己的一段青春记忆。

5302英里，超过了8000公里。八千里路云和月。

我想过去一趟伦敦吗？我确实想过，但时间有限，纷扰太多，我做不到像亚波这样，一有想法就立即行动。我很羡慕他的果断，也欣赏他这一行的经历。不过我如果要去，应该不会举横幅，只会去静静地看一场比赛，看这位长者的最后主场。

这个下午，据说北伦敦的阳光特别明媚。各种送别举动当中，温格冷静而克制。他的注意力仍然集中在比赛上，哪怕对手都不是那么集中注意力于比赛。那皱起的眉头，比二十二年前苍老了太多，那紧咬的指甲，似乎是每个上半场都会出现的动作。这个球场在送别他，他却并不为之感伤，或者太在意这样的过程。

代 序

温格是一个纯粹的人。他同时也是一个极具人格魅力的人。他不会掩饰对这个球场的感情,对这个俱乐部的热爱。他会转化到球迷的身份来看这一切,"或许以后我能有机会到北看台看球了,如果你们能给我弄张票,这样我也能在看台上去吼下一位主教练……"这是温格在酋长送别他的这个下午,说出的最有趣的一句话。

两支球队列队欢迎温格登场。他拿着话筒致意全场球迷,但有同行说,当时球场的音响效果并不是太好。这些大型球场总会有些音效传播问题,不过温格的第一句话,每个人都听得很清楚——他开口祝福的,是正在和病魔斗争的同行弗格森。

属于他的这个下午,温格并不愿意成为关注焦点。他安静而来,对于离去,他可能更习惯安静地走开。他留下了绝不安静的二十二年,你我生命中不可复现的二十二年。

他的离去,是很多人对自我青春流逝的凭吊,因为温格定义了很多人的青春。眼见一段历史消失,会牵扯起许多自我况味,于是顾影自怜,看他人人生时,带入自我生事之感。诗可以兴,可以观,可以群,可以怨,说的就是类似道理。

温格是至善之人,这是我们可以长久对来者讲述的。我们也许都不会知道,他到底有多善,可我们在这二十二年的岁月里,一直体验着他的善。

与人善,他指挥过的球员、合作过的同事、对立过的对手和尔虞我诈的媒体,都会承认其善。基翁说温格是对他最和善开明的教练,哪怕批评他近十年的老队长亚当斯,都从不讳言这一点。

与世善。阿森纳在乌克兰的一些善举,就能体现温格的社会价值和世界观。他惊异于英国脱欧,他沉溺于足球,但对社会时事从不隔膜。他是欧洲一体化的长期拥护者。天下大同这样的知识分子情结,在他身上有着明显的体现。

与己善。寻找到阿森纳这样一个和他理念吻合的俱乐部,然后投入自己的一切,这是善群,更是修己。他的坚持,很长时间是对自己理想的坚持,他能赢得如此广博的尊敬，不仅因为奖杯数目，更因为这种内心的坚韧。只有尊重自我、坚持自我的人，才能如此。这样的善，是那些诋毁者，如索内斯们所不具备的。

　　我和温格见过许多次面，在鸟巢外场组织温格青少年训练营时，领教过他的平易和幽默；在雷丁客场的主席包厢里，我惊讶地见到，赛前15分钟，他还和阿森纳董事们一起喝咖啡，他一点都不忌讳地告诉我："我赛前也会紧张，我在更衣室，会让球员们紧张……"；在科尔尼基地、在清华大学、在上海交大，我和这位长者有过多次采访交谈。温格于我，就是一面父辈的旗帜，一个真正具备人格魅力的人。

　　《卫报》首席足球记者丹尼尔·泰勒撰写了一篇关于安切洛蒂是温格合适接任者的评论。泰勒是2016年英国新闻奖得主，以揭发足球业内性侵丑闻成名。我不知道这篇重要评论是否有独特消息来源。但对谁接任温格，我兴趣不是特别大。

　　差不多一年前，约翰·克罗斯先生，将他的《温格：阿森纳时代》英文PDF发给我，算是阿森纳球迷同行之间的一次互通交流。我一直忍着忍着，没有一口气将这本书读完。我心里的规划，真是要等温格退休后，再回头看克罗斯的记述，来重温过去的时光。我当时想到的，只是温格会从阿森纳"退休"，而不是阿森纳俱乐部让温格这样离开。

　　克罗斯的记述，详细而精彩，因为他本人就是一位非常杰出的体育记者，一位在欧洲享有盛誉的专栏作家。这本书的中文版上市，时间也很合适，哪怕对这种合适，我们都有些各不相同的感喟。

　　阿尔塞纳走了，阿森纳还在。八千公里的世界，会变得很不同，不论你是否拥抱这变化。

颜强

前 言

阿尔塞纳·温格不是一位普通的足球教练——这个法国人为自己的与众不同而感到骄傲。

似乎是为了证明这一点，2014年9月1日，温格和经纪人莱昂·安热尔飞往罗马参加一场慈善足球赛。足球界的其他人都在忙着打电话，或者盯着屏幕上显示的转会截止日期，而温格前往梵蒂冈拜会了教皇方济各。

阿森纳俱乐部的首席执行官伊万·加齐迪斯不顾一切地试图完成从曼彻斯特联队转会丹尼·维尔贝克的交易。加齐迪斯不断地给他的教练打电话，最终找到了安热尔，却得知温格正在和教皇交谈。当天晚些时候，维尔贝克的交易完成，温格得到了他想要的球员。但这只能证明，温格不是个普通的足球教练。

温格不喜欢卷入转会谈判中。2011年的转会截止日，当阿森纳俱乐部继续在市场上"扫货"时，他参加了在日内瓦举行的一个会议，这可能表明了他优先考虑的是什么。他按照自己的规则办事，坚定地凭借风格取胜，宁愿避开疯狂撒钱的转会市场，但是却总能保证他和自己的球员得到很好的

温格：阿森纳时代

报酬。

温格于1996年悄然进入阿森纳这个最具英国特色的足球俱乐部，当时人们对他知之甚少，但很快他就确立了天才足球改革家的地位。他的球队有着华丽的风格，加上他的个人魅力和出人意料的智慧，使其成为英超联赛历史上最伟大的教练之一，在阿森纳悠久辉煌的历史上，他也是最为成功的教练。

在温格入主阿森纳的时候，曼彻斯特联队独霸冠军，纽卡斯尔联队是最强的挑战者。阿森纳已经结束了布鲁斯·里奥奇执教的第五个赛季，温格在接下来的20年里取得的最大成就是斩获各种奖杯，以及稳定地保证了水准不会再度下滑。温格带给球队的足球风格和球员质量是阿森纳俱乐部此前少见的。他引入了新的训练方法、新的饮食方式，并掌控了法国转会市场。他的风趣幽默常常占据头条，与曼联队主教练亚历克斯·弗格森爵士在球场内外都成为了英国足球史上最伟大的对手。但是，就在阿森纳不断打破纪录，享受俱乐部史上最成功的时期之际，他们却遇到了双重打击，将俱乐部推到悬崖边上，最大限度地考验了温格的管理能力。

罗曼·阿布拉莫维奇从2003年起为切尔西队出资，掀起了他的"俄罗斯革命"，曼彻斯特城队新获得的财富也使其成为了英超联赛中的一个主要角色，而这个时候阿森纳队却不得不为了搬迁到酋长球场背负巨额债务。温格受到了极大的束缚，但仍然率队年年进入欧冠联赛，力争冠军，在2015年又转战足总杯，成为战后第一位六次捧杯的教练。①

温格仍然不喜欢花费他所说的"巨额"资金，但是签下的两位世界级球星——梅苏特·厄齐尔和阿莱克西斯·桑切斯仍然帮助他改变了阿森纳的活力、雄心和前景。

---

① 2017年，阿森纳在决赛中以2∶1击败切尔西，成为第一支十三次夺得足总杯冠军的球队，七次率队捧杯的温格成为该赛事历史上夺冠次数最多的教练。——编者注

前言

在2015年的足总杯决赛中,温格比其他重大比赛时更好地结合了阿森纳的一切优势,以4比0大胜阿斯顿维拉队。阿森纳队在比赛中将速度、力量和跑动结合到最佳的状态。在过去与维甘、赫尔城和雷丁队的比赛中,他们在期望、温布利大球场热烈气氛和身为热门的重压之下举步维艰。而此时,他们最终让人们看到了温格率领的阿森纳队的真面目。

厄齐尔全场飞奔,桑切斯陶醉于大赛的气氛中,桑蒂·卡索拉穿针引线,而西奥·沃尔科特的步伐令阿斯顿维拉队的后防线疲于奔命。阿森纳队不仅取得了胜利,而且是以风格取胜,这对温格极其重要。足球界一直对赢球的方式是否重要争论不休——只要你赢了球,就有人谈论此事。何塞·穆里尼奥或者拉法·贝尼特斯等实用主义者认为胜利高于一切,似乎只有举起奖杯的一刻才是重要的。而温格坚信,足球的意义不仅是取胜,在2015年5月的谈话中,他以迷人的语言深入解释了自己认为娱乐和胜利同等重要的原因。

温格说:"我们不能忘记,可以用不同的方式赢球和输球。我相信,大俱乐部不仅有取胜的责任——还应以风格取胜。我认为,我们的运动已经向体能、技术方面前进了很多,但是不能忘记代代相传的价值观。其中之一就是,球队在看台上营造出来的气氛绝不会说谎。"

"我总是在想,人们经过一周的繁重工作之后,在早晨醒来的一刻会睁开眼睛说:'哦,今天我要去看我的球队比赛。'我想这会使他高兴,他认为自己可能看到某些与众不同的东西。我们不能保证,但是必须努力尝试……看到自己对人们生活的影响,是一种难以置信的体验。"

2015年,这种完美的结合似乎又重现了。在温格执教阿森纳队期间,有许多巅峰时刻,也有一些低谷。1998年、2002年两夺双冠王之后,在2003/04赛季,他们又创纪录地以不败战绩取得了联赛冠军,这些都是最美好的时刻。

但是这之后,在搬迁到酋长球场期间,温格身兼会计师和球队教练双重角色,熬过了接下来几年里所有令人失望和沮丧的时光,他始终展望着5月份这个辉煌的周日,希望以此激励球队走出黑暗时代。

温格：阿森纳时代

　　温格的哲学可能使某些人感到沮丧——确实，这常常使队员们心烦意乱。但是温格的目标是进攻和取胜；他在比赛中很少陷入防守和阻挡。当阿森纳队失利时，这种打法就显得天真而愚蠢，他因此备受批评。但是每当阿森纳取胜，温格就会收获赞誉。当他们打出漂亮的比赛并取得胜利，人们就会称温格为天才。

　　在过去的20年中，温格无疑为阿森纳带来了革新，改变了英国足球的面貌，让自己成为英超联赛中最重要的角色之一。他的职业没有宽容可言，有时候，连自己的球迷都不欣赏他。

　　但是，仅此一项就足以说明，为何阿尔塞纳·温格在英国的足球生涯从一开始就令人心醉。他的足球理念总是充满戏剧性、娱乐性、成功和失望。

　　后来者都试图找出其成功的秘诀，评估他的各种方法。根据球员、幕后员工和董事会成员的深刻理解，以及多年对俱乐部的报道和对其每一步骤的跟踪，可以得出结论：他非凡的故事就是这一足球革命的核心所在。

目 录

八千里路云和月（代序）

001	前言	
001	第一章	这个名字的意义
027	第二章	法国革命
053	第三章	适应的英国人
067	第四章	荣耀之战
079	第五章	无敌之师
093	第六章	欧洲赛场上的惨败
107	第七章	调情
119	第八章	无果的岁月
139	第九章	弃船
157	第十章	老对手
181	第十一章	与新闻界的关系
201	第十二章	聪明的人
217	第十三章	球迷的不安
229	第十四章	新的曙光
249	第十五章	2014年足总杯的胜利
257	第十六章	训练与战术
275	第十七章	2014年夏天
287	第十八章	最终审判

300 后记
303 温格执教阿森纳队大事记

第一章
这个名字的意义

想要了解阿尔塞纳·温格的工作，首先必须理解他于1996年进入的这家俱乐部。只有这样，才能开始体会到他的成就，以及他的改革。

1996年，尽管遭遇了一连串丑闻的打击——从贿赂到有害的饮酒文化以及一次更衣室纷争——阿森纳俱乐部仍然抗拒变化。这家俱乐部沉湎于悠久的传统，从海布利球场的大理石厅里就可以看到这一点，但这也正是俱乐部无法进步的原因。这个可容纳约38000名观众的体育场周围有许多历史建筑，限制了修缮和扩建。董事会里充斥着老伊顿的陈词滥调，波特酒和雪茄烟成了每日的惯例。人们称阿森纳俱乐部为"英格兰银行"，这个绰号可以追溯到20世纪30年代，当时俱乐部的老板十分富有，不断打破转会费纪录，签订大合同。"英格兰银行"的标签一直持续到20世纪90年代，并不是因为俱乐部开支惊人，而更多的是因为传统、守旧、非常"英国化"。

那时，任命外籍教练的情况仍然很罕见。令人惊讶的是，1990年英国顶级球队才迎来第一位外籍教练——执教阿斯顿维拉队的约瑟夫·文格洛斯博士。这位捷克教练只执教了一年，他的任命被人们视为规则的例外，是未获成功的勇敢行为。这也就能够解释阿森纳队为什么在1995年拒绝任命温格。

经历了俱乐部史上最为混乱的一个时期之后，阿森纳正在寻求一位新的管理者。1971年荣膺双冠王的阿森纳队成员之一乔治·格拉汉姆在1995年的一场贿赂丑闻后遭到解雇，俱乐部发现，他在转会交易中得到了来路不明的收入。格拉汉姆曾经两次获得联赛冠军和杯赛冠军，为阿森纳队带回了成功。但是他历时9年的统治以耻辱结束，球队成绩下滑，以自我为中心的思想使更衣室里麻烦不断，场上的表现沉闷无趣，正如球迷们高唱的那样："1∶0的阿森纳队"。

但是，球迷最终不再喜欢格拉汉姆小心翼翼的打法了，这证明，仅仅成功是不够的。阿森纳队需要改变，一种不同的方向和新的希望。在董事会成员中，有一个人喜欢被人视为与众不同的人、改革者、欧洲足球权力中心的撼动者——这就是俱乐部副主席大卫·戴恩。温格和戴恩的第一次会面——他们一直保持着亲密的关系——能够告诉你关于阿森纳历史和传统的一切。他们都没有意识到，1989年1月2日成为了阿森纳足球俱乐部历史上关键的一天。

温格当时是摩纳哥队的教练，在法国联赛间歇中到阿森纳队主场观看一场比赛。他于土耳其的一场比赛之后中途停留伦敦。经纪人丹尼斯·罗奇为他拿到了一张董事包厢的票，观看阿森纳队和托特纳姆热刺队的"北伦敦德比"。阿森纳队以2∶0取胜，并取得了这一赛季的冠军。有趣的是，温格心中对这场比赛最深的印象是阿森纳队那位姜黄色头发的替补队员。佩里·格罗夫斯应该为给温格留下印象感到自豪，尽管这种印象更多的是与头发的颜色有关。戴恩回忆道：

[阿尔塞纳]经过伦敦中转，观看了在老海布利球场进行的一场比赛。我们有一个董事会议室，在比赛日是董事们及其贵宾的领地，隔壁是鸡尾酒廊，用于招待教练、球探和与比赛有关的足球界人士。

由于当时女士进入董事会议室受到限制——很快就有了改变！——我妻子和她的一位朋友待在鸡尾酒廊里。她设法转告我，摩纳哥队的教练在那里。中场休息时，我向这位优雅的男子做了自我介绍，他穿着长风衣，戴的眼镜就像质量低下的国民保健眼镜。他确实不像典型的足球教练。

我问他将在伦敦停留多久，他说："一晚上。"然后，我问他晚上准备做什么，他说："什么也不做。"我最喜欢的谚语之一就是"海龟的座右铭"："除非你把脖子伸出来，否则哪里也去不了。"我问他是否愿意和我们一起，到一位朋友家里共进晚餐。答案改变了我们的生活，据我猜测，也改变了每位阿森纳支持者的生活。

他的回答是："是的，我很愿意。"

温格当晚待在他们托特里奇的房子里，在他们的说服下参加了由戴恩的朋友——20世纪70年代流行组合"橘子酱"中的鼓手艾伦·怀特黑德主持的小型聚会。整个晚上，他们吃着自助餐，闲聊，玩字谜游戏。戴恩继续回忆道：

当时，阿尔塞纳的英语不太流利，幸好我们玩的是个不用出声的游戏！在几分钟内，他就敢于出演《仲夏夜之梦》。我自忖，他不是一个平常的足球教练，不是那种16岁就离开学校的前球员。阿尔塞纳能讲四种语言，曾在斯特拉斯堡大学获得经济学学位。

在当天晚上，我看到天空写着："阿森纳的阿尔塞纳！"这一切是天数，是命中注定，它就要发生了。当然，那时乔治·格拉汉姆是我们的教练，我们将要在安菲尔德那场难忘的比赛中赢得联赛冠军。但是阿尔塞纳和我成为了好朋友，我不时前往摩纳哥观看他们的比赛。我能看到他是如何同球员、媒体、支持者及董事会互动的。他没有意识到，自己正在接受阿森纳的面试。

这次命中注定的会面改变了一切，在接下来的几年里，他们巩固了友谊：戴恩将阿森纳最近比赛的录像带寄给温格，两人像朋友一样交谈，分析每一场比赛的表现。因此，当阿森纳队教练的职位在1995年出现空缺时，戴恩唯一关心的只有一个人。但是，尽管戴恩对转会和俱乐部日常运作有着巨大的影响力，其他董事会成员还是忽视了他的建议。

温格：阿森纳时代

阿森纳俱乐部主席彼得·希尔-伍德在他最喜欢的意大利餐厅——齐亚尼会见了温格，这家餐厅就在伦敦的国王大道上。希尔-伍德记得，他对温格印象深刻，但最主要的担忧是，温格是外国人。希尔-伍德说："当时，我确实对雇佣外籍教练感到害怕。因为我们有一个令人棘手的班子，其中一两个人有个人问题，我不是很确定他能不能理解。我立刻喜欢上了他，之所以觉得紧张，是因为拿不准自己是否准备好迎接一位法国教练，而且我认为其他一些同事可能也有同样的感觉。我们作出决定——还没有为此做好准备，我们的团队相当麻烦。当然，我错了。"

希尔-伍德后来被迫承认，他们最终选择的人——布鲁斯·里奥奇（他离开博尔顿队执掌阿森纳队）——"不能胜任这项工作。"具有讽刺意味的是——鉴于董事会对温格的保留态度——球员们对他的想法各不相同。丹尼斯·博格坎普是在里奥奇执教期间转会到阿森纳的，这位荷兰球员谈起里奥奇时充满感情，甚至对他的离开表示伤感。马丁·基翁则感谢他帮助自己成为更"高价"的球员。

但是，里奥奇和其他大牌球员关系紧张。这些球员总是嘲笑他，特别是对他穿裤子从不系皮带的习惯。球员们总是拿小事取乐，如果仅仅取笑不系皮带的习惯，里奥奇也就无须担心了。与他的个性冲突最严重的可能是阿森纳球迷最喜欢的头号得分手伊恩·赖特。赖特厌烦了被当成左边锋使用或者放在板凳上，之后他们的关系到达冰点，这位前锋提出了转会申请。

就在1996/97赛季开始之前，更衣室变得越来越不平静，加上转会费的争吵，最终导致里奥奇让位。这样，在18个月里，以稳定和谨慎著称的阿森纳俱乐部因为丑闻解雇了一位教练，又因为更衣室问题解雇了另一位教练，并且突然产生了反潮流的想法，聘请一位相对不那么出名的法国教练。

那个时期，社交媒体尚未兴起，外国教练在英伦三岛还不为人熟知，除了戴恩之外，没有人支持温格。1989年与戴恩会面之后，温格的职业生涯起起落落，使他对自己在足球界的未来产生了怀疑。他在1987到1994年间执教摩纳哥队，不过成绩总是令人沮丧，在联赛中总是不敌马赛队而屈居第二。马赛队打假球的丑闻更加剧了他的沮丧。他觉得自己被马赛队总裁伯纳德·塔皮欺骗了，此人企图贿赂对手、官员和裁判。马赛队进入了1993年欧洲冠军杯决赛，对阵AC米兰队，仅仅几天之前，他们击败了瓦朗谢讷队，赢得法国联赛冠军。

2013年非联赛和低级别联赛球队之间的一项阴谋遭到指控，震惊了英国足球界，当时假球事件再次成为新闻话题，温格对此仍然耿耿于怀，他在一次充满感情的记者招待会上重提旧事，但是他渴望的是表达自己的观点，努力地阻止这类事件再次发生。

温格说："那是我一生中最困难的时期之一。"这并不奇怪。温格在法国开创了成功的职业生涯，并为马赛的丑闻而感到委屈。他仍然不知道，如果在公平的赛场上，一切会变成怎样。

摩纳哥队拥有马克·哈特利、于尔根·克林斯曼和格伦·霍德尔。温格已经招募了乔治·维阿，并正在运用自己的管理原则，将这位利比里亚前锋打造成世界上最好的球员之一。维阿后来退役并转向政界，当时一位利比里亚记者参加了温格的记者招待会。他紧张地询问温格是否知道维阿正在参加竞选。温格具有深度的回答几乎可与利比里亚及该国政治方面的演讲媲美。他知道吗？当然知道。即使在球员离开之后，温格仍然对他们很忠诚。

温格也给德国世界杯冠军队成员克林斯曼留下了不可磨灭的印象，克林斯曼作为球员和教练都取得了很多成就，但是他说自己的成功很大程度上归功于在温格执教的摩纳哥队踢球的那些岁月。很明显，他崇拜这位前教练：

我认为每个球员都能从教练那里学到很多，我特别幸运的是拥有阿尔塞纳、特拉帕托尼、贝肯鲍尔、奥西·阿迪莱斯、格里·弗朗西斯、塞萨尔·路易斯·梅诺蒂这样的教练。回顾自己的生涯，我有许多老师，他们不仅给了我足球方面的指导，还教会我许多场外的东西。温格在摩纳哥已经成为一个传奇；他在那里执教了7年多，短暂地前往日本执教，此后

温格：阿森纳时代

就一直在这里[阿森纳]了。但是，他不只是足球教练，帮助你将场上的点点滴滴组织起来；他丰富的场外知识，使球员就像上了一所世界上最好的大学。

你永远不会忘记许多小例子，因为它们在以后都伴随着你。阿尔塞纳总是能对球员们有长期的展望。摩纳哥俱乐部的团队很有天赋，我们进入了冠军杯四强，输给AC米兰队。他排除了一些球员，虽然我认为这些球员应该上场，我们的球队才有取胜的机会。尤里·德约卡夫就是其中一位著名球员，当时他还是个年轻队员。温格说："不，他还必须学习在场外过正确的生活。"这一做法取得了成效。这个孩子吸取了教训，两年之后随法国队夺得了世界杯。

现在我理解了他始终如一的长期愿景。是的，他知道自己必须提供短期的成果。但是更重要的是，这名球员在此后的两年、四年和六年中应该是什么样子的。他已经从德约卡夫、图拉姆和珀蒂身上看到了。

很明显，从执教生涯开始之时，温格就是一位深刻的思想家。这也是马赛队贿赂丑闻对他伤害很深的原因之一。贿赂者向四名瓦朗谢讷队球员每人提供了25万法郎（约合3万英镑），让他们在与马赛队的比赛中"松开油门"。这些球员成为了检举人，法国足球界被这桩丑闻震动了，马赛队取得的成功——摩纳哥在前两个赛季都取得亚军——突然成为了疑问。我们无法知道，这些贿赂是如何帮助马赛队赢得奖杯的。温格回忆道：

你听到了流言，但是此后不能对媒体说："这场比赛不正常。"你必须证明自己所说的。知道某些事情，感觉到这是真的，公开说出"看，我能证明这一点"是最困难的。一次又一次的意外叠加起来，最终就不是巧合了。

这是个耻辱。一旦你再也不知道每个人是不是真诚，那绝对是场灾难。我认为，我们绝对必须以最严肃的态度和这种现象作斗争，将它们赶出赛场。这是欧洲足球不干净的一段时期，原因各不相同，但是我希望我们可以摆脱出来。

瞧瞧，当你像我一样工作时，就知道是怎么一回事了。你为了准备下一场比赛而操心每个细节，考虑选择哪位球员上场，结果在比赛时却发现这一切都毫无用处，那当然是一场灾难。

我不喜欢离开【赛场】，因为即使在法国或者欧洲发生那样的事时，我也始终觉得，球赛最终会再次变得干净，所有人对这项运动的热爱高于一切。

但是，马赛丑闻形成了一条坚不可摧的纽带。瓦朗谢讷队教练博罗·普里莫拉茨坚持自己的信念，他在1994年的法庭审理中作证，立刻遭到了国内体育界的排挤。法国足球界不喜欢公开其丑闻。

温格谈起普里莫拉茨时说："他做得很好，因为你所反对的不总是事实，而是此后的结果。有一天我会给你讲那个故事，你将会因此而吃惊。"温格在交谈时和记者招待会上抛出这样的诱饵，但是很少回到这个主题，讲完他的故事。不过，随之而来的就是他转会到日本——并且带上了普里莫拉茨。

对温格来说，这曾是一个陌生的职业，他所受的教育在许多方面上都是非常规的。温格于1949年10月出生在斯特拉斯堡，父母是阿方索·温格和路易丝·温格。斯特拉斯堡是法国东部阿尔萨斯地区的首府和主要城市，靠近德国边界，实际上是两个国家之间的桥梁。温格家拥有一家小酒馆和一个汽车配件商行。身为法国人，他在7岁之前都不能流利地讲法语。他并不在自己的家乡看球赛，而是越过边境去看德国球赛。他总是讲述大家一起挤在旧黑白电视前观看比赛的快乐回忆，在经典的1960年欧洲冠军杯决赛中，当皇家马德里队以7∶3击败法兰克福队之后，他更是深深地爱上了这项运动。

对英国足球的早期记忆是在观看足总杯决赛中形成的。温格回忆道："当我还是个孩子时，观看足总杯是个梦想。那是在黑白电视上能看到的比赛之一……我仍牢牢记得自己在学校里坐哪儿，因为我们必须花费一法郎才能看比赛。当时令我震撼的是白色的足球和完美的球场，因为我在乡村踢球时的球场简直惨不忍睹。白色的小球和完美的球场，球员们的头发精心梳理过，那时的教练们悠闲自得——他们在板凳上相互开着玩笑。这些情景总是深深地打动着我。"

即使在那时，温格看着教练们的肢体语言和举止时也是神魂颠倒。但是，他支持的第一支球队可能是门兴格拉德巴赫队，他之后前往德国看球时支持该队。在家族的小酒馆里日常闲谈提高了对足球的兴趣，现在，他更喜欢将那个小酒馆称作酒吧（Pub），这说明他已经深深地接受了英国文化。"没有什么心理教育能比从五六岁起在一间酒吧长大更好了，因为你会遇到形形色色的人，听到他们无情的话语。你会听到，他们相互之间的对话就像在说'你是个说谎的人'。从很小的时候，你就能受到深入人心的实用心理教育。"

温格承认，自己是很普通的职业球员。这位身材瘦长的后卫从业余球队、低级联赛打起，最后在斯特拉斯堡队迎来了职业生涯的顶峰。他直到29岁才在职业赛中首秀；只为斯特拉斯堡队出场13次，但是参加了欧洲联盟杯，并在1979年夺得该赛事冠军的比赛中出场两次。不过，没有多少人能记起温格的球员生涯。

根据温格的回忆，他一直希望在英格兰工作。"我第一次到英格兰时已经29岁了；在那个夏天的假期里，我在剑桥大学学习英语。我不想到死都没学过英语，因为我始终觉得自己应该有国际化的生活，而在这种生活中不可能不讲英语。"

在那时，他就表现出了对教练工作的着迷和决心，这使他成为了青年队教练。他借此当上了戛纳队的助理教练，然后转会到南锡队，虽然球队降级，但是他仍然得到了摩纳哥队的青睐。

但是，在温格的记忆中，执教初期承受的压力难以置信——甚至在赛后因为紧张而生病。"我在33岁开始出任主教练，有时候，我觉得自己无法坚持下去。我的身体已经出现了问题。"认识他的人说，虽然他从不放弃，但是在挫折之后，他的情绪同样很低落。

第一章 这个名字的意义

在摩纳哥队的时期相对成功，不过最后转变成了怨恨，1994年底，他携手普里莫拉茨，加盟日本的名古屋鲸八队。他接受这次新的挑战是为了激励自己，但是最初的情况非常困难。

温格明显很喜欢日本人，常常在记者招待会上与他们交流，询问他们来自该国的哪个地区。尽管如此，在2014年夏季阿森纳队巡回热身赛之前，温格从未回到过名古屋。他和当时的翻译的重新相聚令人感动，1995年，温格在执教初期遭遇困难，俱乐部老板要求见他时，这位翻译在场。温格当时对他忠诚的助理教练说："来吧，博罗，收拾好你的行李。"

温格进入日本足球界时预见到了最糟糕的情况，但是他的自信得到了回报，这是俱乐部历史上最好的一段日子：他们赢得了两个奖杯，在J联赛中获得亚军，法国人当选年度最佳教练。温格在日本留下了非常美好的回忆——特别是这一彻底的改变似乎使他的心从假球丑闻中摆脱出来，那次丑闻曾经严重破坏了法国足球和温格对法国足球的信心。他评论道：

我曾在法国顶级联赛中执教了10年。这是我生命中的一个重要阶段，我认为面对一种完全不同的文化是受益良多的。而且，从日本这样的地方开始是很好的经历，因为名古屋虽是一个非常年轻的俱乐部，但同时已经是一个非常职业化的俱乐部了。

他们组织得很好，我在这里看到，人们尽其所能——在日本他们每天如此，我将把这段积极正面的经历带回欧洲。我能……在工作中面对完全不同的文化，这真是不可思议。去日本继续自己工作的机会不多，对我来说，那是独一无二的经历。

在日本的经历似乎使温格重新振作起来，并且悄然帮助他形成了今日的行事方式。他在那里的经历和球迷们的追捧，帮助他意识到接受所在国家文化的重要性，从而为他移居英国做好了准备。

毫无疑问，温格在阿森纳队的初期工作是一次测试。他和球员们习以为常的那种教练完全是两回事，对于董事会也是如此。但是阿森纳俱乐部的高层意识到他们一年前的错误，重新开始尝试雇佣他。他的名字与俱乐部

温格：阿森纳时代

名字的相似之处当然是一个信号[①]——这有点像一年只赌一次的人在全国越野障碍赛马上根据马的名字下注，他们真的认为阿尔塞纳是适合阿森纳的人吗？

当然，尽管温格在摩纳哥有良好的记录，但是在英国并不为人熟知。伦敦《标准晚报》用"阿尔塞纳是谁？"作为标题迎接温格的到来，已经成为了一个都市传奇。但是，根据仍在《标准晚报》任职的人说，当阿森纳队最终迎来他们的领袖时，这一故事中最令人熟记的这句话实际上来自一个街头广告牌。

《标准晚报》在1996年9月18日发表了一篇有趣的文章，更加凸显了温格到来时是多么籍籍无名，也是当时英国足球与世隔绝的进一步证据。这篇文章问道："这个人的姓氏和名字到底应该怎么发音？如果你是法国人，可能将其念做Ar-senn Won-jair。如果是德国人，可能念做Ar-sehn Ven-ger。北岸区的泥水匠特雷弗·黑尔念起来就有点费劲了：'Arse-in Won-gah，是不是，伙计？'"

俱乐部主席希尔-伍德虽然总是一副老伊顿派头，但他是一位雄心勃勃的银行家。他飞往日本与温格会谈，敲定了这笔交易。

从见到阿尔塞纳的那一刻起，我就非常喜欢他。他非常有智慧、风度翩翩、有趣，而且有很好的幽默感。

后来，我们去日本见他，试图说服他早一点离开鲸八队。他说，他还没有准备好这么做。我说，我不会试图说服他。阿尔塞纳的回复是，他将告诉鲸八队，自己会为他们找到一位替代者，那样俱乐部可能会让他早一点离开。他正是这么做的，三四个月之后，他加入了我们。

我向阿尔塞纳提起，我们有一些尚未雕琢的"璞玉"，问他处理起来有没有问题。他说，他不认为会有问题，因为在摩纳哥时于尔根·克林斯曼

[①] 温格的名字阿尔塞纳（Arsene）与阿森纳（Arsenal）相似。——译者注，下同。

和格伦·霍德尔都是相当难对付的角色，但是他并没有遇到什么麻烦。

"璞玉"可能是种温和的说法。温格继承的是一个具有饮酒文化、极度以自我为中心的更衣室，以及有着强烈个性、难以控制的球员。实际上，阿森纳队里的一些球员可能是英国足球界最有名的酒鬼。他们的绰号是"星期二俱乐部"，因为其中许多人都在周二的训练之后聚会，纵酒作乐，如果周三没有训练，他们往往可以狂欢到周四凌晨。新签约的球员面对一个入会仪式，这种仪式以某种方式在周六进行。托尼·亚当斯刚刚承认自己是个酒鬼，保罗·默森之前沉迷于饮酒和毒品之中，不得不进行戒毒治疗，此外还有无数饮酒事件的例子，令俱乐部十分难堪。

前教练乔治·格拉汉姆没有根除酗酒问题，球员们都是个性强烈、高调的家伙。虽然他们尊敬格拉汉姆，有些人曾嘲笑里奥奇，但是现在却要接受一位并不出名的法国人。

格拉汉姆签下的中锋约翰·哈特森自己承认，他很喜欢整晚外出狂欢，他说温格在改变球员、赢得球迷和制定规则方面有着非凡的能力。

一切都很不一样。乔治是个出色的教练、曾获双料冠军的球员、成功的教练——他为阿森纳赢得了很多。他把人们抛在脑后。球员们在下午基本上可以为所欲为。如果想喝点啤酒，可以；如果想要"玩个通宵"，随你的便。

乔治执教时，每个人都喝酒。我认为这很棒！在我签约的时候，默森刚刚从治疗成瘾的隐修院医院出来。我想自己一定错过了所有乐子！但是人们依然如故。默森遇到了大麻烦；律师每天都跟着他。托尼试图改变自己的生活。但是我刚刚到的时候，这只是一个派对。如果想在下午出去，总是有人可以随行，这很老套。

温格要球员们明白，那不是你们要过的生活，如果想要延长职业生涯，就别那么干。看看博尔迪、雷·帕洛尔，尤其是托尼·亚当斯，他们在32岁的时候就完了，将会遭到清洗。他们训练很刻苦，但是参加聚会也同样努力。在温格的治下，不能发生那样的事情。

阿森纳俱乐部董事会聘用温格是一场豪赌，他们对这位教练表现出了非

温格：阿森纳时代

同一般的信任；而且，正式任命似乎有些延后，因为在宣布他成为新教练之后，前两周的大部分时间里他并没有正式开始工作。

温格搬到托特里奇的一所房子里，这是伦敦北部一个树木茂盛的地区，与戴恩的住处靠近。他回忆起第一次去海布利球场的情况，当时乘坐的是地铁，全程都没有被人认出来，因为即使是阿森纳的球迷，也很少有人知道他是谁，或者他们的教练的长相。

温格说道："你知道吗？作为阿森纳教练，我曾经乘坐过一次地铁，当我到达的时候，帕特·赖斯让我去波特斯酒吧乘坐地铁前往海布利。就这样，我坐上了地铁——那时没有人认识我，我静静地坐在那里，那是第一周的事情，但是情况很快就有了变化。"

实际上，波特斯酒吧没有地铁站，但是你可以登上火车，再换乘伦敦地铁。卡克福斯特斯就像一个小村庄；那里有几个阿森纳年轻球员常去消遣的咖啡屋，一个较大的足球办事机构，其中的许多职员住在附近。这个地区安静、奢华，有许多大房子，非常适合足球活动。

对于大部分球员来说，他们第一次与温格接触是在9月25日（星期三）阿森纳队与门兴格拉德巴赫队的欧洲联盟杯淘汰赛时，当时他在看台上观看比赛，中场休息时进入更衣室，试图做出一些战术变化，然后在替补席上看完了下半场比赛。

据奈杰尔·温特伯恩回忆："我们不知道等的是谁。对此我首先想到和回忆起来的是，每个人都在谈论'阿尔塞纳是谁？'——他是谁，这个任命是否合适？我最初的回忆来自欧洲赛场。我们得知，他来到了赛场，但只是观看比赛，不参与指挥。然而他在中场休息时来到我们中间，重新安排了球队的战术。"

温格的干预没有起到效果。阿森纳队输给门兴格拉德巴赫队，以4比6的总比分被淘汰，离开了联盟杯的赛场。他无疑应该感谢球队的记录册，上面写着，他直到几周以后才接管球队。有趣的是，托尼·亚当斯在多个场合中说过，他不欣赏温格进入更衣室的方式，也不喜欢他的战术变化，这可能是亚当斯在温格正式接管球队时小心翼翼的原因。

第一章 这个名字的意义

不过，温格已经在幕后开始工作，甚至在他结束与鲸八队的合同，正式接受阿森纳的邀请时就开始着手。法国中场队员帕特里克·维埃拉身材瘦长，但是十分强壮，阿森纳队几乎没有花一分钱就得到了这位AC米兰的替补队员。维埃拉的素质很快就给新队友留下了深刻的印象，这一转会本身也让大家放下了心：一些球员意识到，温格看起来像个哲学教授，但是对足球极有见识。

不过，和球员们的第一次见面非常重要，那会形成长久的印象。如果把这件事搞砸了，你就完蛋了。

阿森纳队现在有了一个现代化的训练场，这部分归功于温格自己的投入。而当他第一次来到队中，阿森纳还和伦敦大学学院共用训练场。

这个训练场只能算得上基本够用。从一个巨大的停车场走进去，你的面前是一个食堂和一些更衣室，其他就没有什么了；走进主建筑，你的右边就是治疗床。作为年轻记者，我只能站在那里紧张地等待球员通过——我为本地报纸和俱乐部节目工作，所以得到的机会通常比较少。那种老式的足球氛围很难打破。格拉汉姆采用"铁拳"政策，并由此得到了人们的敬仰。当他走过这里，周围就会安静下来。这是一种毫不宽容的氛围，软弱的人在这里得不到任何空间，因此，温格深知自己必须给人们留下一个直接的印象。

从更衣室的落地门可以进入这个完美的球场。在到达球场之前，有一小片草坪上摆放着已经老不堪用的木凳，两个陶瓷水槽周围摆放着鞋刷——这是青少年球员为第一梯队球员刷鞋的地方——此外还有一小块略微抬高的地面，近年来，这已经成为英国足球界最富戏剧性的一些事件发生的舞台。

格拉汉姆正是在这里告诉球员们，他在贿赂丑闻之后遭到解雇。对于像格拉汉姆这样骄傲的人来说，这是一个耻辱，当他简单地感谢球员并向他们告别时，球员们都被惊呆了。默森和亚当斯已经选择在那个时候承认自己的问题。而在1996年9月一个晴朗的早晨，阿森纳队球员们正准备在助理教练赖斯的监督下参加一堂训练课，温格宣布，在科尔尼的第一个工作日，他打算举行一次球员会议，做自我介绍。温格身穿休闲装，戴着学究气的眼镜，

温格：阿森纳时代

夹克上有皮革肘垫，一脸淡定：他的自信心是至关重要的。

迄今为止，我只见过温格穿西装或者运动服的样子，只有一次看到他身穿浅褐色斜纹裤、棕色衬衫和休闲鞋。这身行头毫无疑问很昂贵，但是看上去像是来自另一个世界。温格当时十分尴尬，他明显忘了记者招待会的事情；一位新闻官员已经打电话提醒过，但是他在将近两个小时之后才出现。对认识温格和去过他的新闻发布会的所有记者来说，这种情况并不鲜见。但他不是故意让媒体久等的——只是忘了。

回到1996年，温格的服装在人群中并不算出众，但是当他在阿森纳队更衣室中发表介绍性演讲时，他的装束在足球圈里仍然算得上不同凡响。他传达的信息强烈而清晰，令人印象深刻。当时，他的英语很出色，这无疑得益于和戴恩的友谊，但是他的口音和国籍仍然引得后排的淘气男孩们咯咯发笑。有几个人开始用手捂着脸，悄悄地装出《糊涂大侦探》中的表情。

温格谈到了他对俱乐部"文化变革"的渴望。他告诉球员，他希望"踢出赏心悦目的足球，华丽地取胜"。他向球员保证，将继承现有团队的优点——团队精神、归属感和力量——以此为基础，将阿森纳重新带上成功之路。温格还清楚地告诉队员们，他将尝试改变训练方法，提高球员的素质，同时提到希望改良他们的饮食方式。

他的就任陈词持续了大约15分钟，当天聆听演讲的球员们记忆深刻，因为他宣布将针对个人调整训练方案，每个人都能得到机会。温格直言不讳，球员们也专心聆听。他说，他将真诚待人，如果球员们信任他，他就能够带给他们成功。

有些球员开玩笑说，比起足球教练，温格更像一位教师，很明显，他的演讲并未能征服所有人，很多人在结束时嘲笑他，仍然不确定他具有胜任这项工作的经验。

在场的约翰·哈特森说："阿尔塞纳当时是、现在也仍然是不同级别的人。他是全能型人才，可以在萨沃伊酒店的正式活动中，面对500个人发表演讲，也能同样地对付这些以自我为中心的球员。令我们折服的，是他所做的研究。他似乎了解我们所有人。一开始,我们想'这个长得像教授的家伙对足球知道些什么?'但是我可以告诉你,他胜过我们中的任何一个。"

中场队员斯蒂芬·休斯对那天的情景也记忆犹新:

所有人在停车场下车时都在说:"这个怪人是谁?"我清楚地记得,他惯于告诉你在当天的训练中应该做什么,而乔治和布鲁斯会让我们去热身,在体育场内跑圈,然后回来进行训练。温格会这样说:"对,我们将做这个、这个,然后做这个。"

我记得我们对此感到紧张,因为没有一个人确定,作为一个俱乐部,我们将往何处去、将做什么。我当时认为他的英语非常好。他将所有人的眼光集中在自己身上;尽管他从未承认,但是我认为他也有点紧张。我坐在那里想着:"他的英语真棒。这个怪人真令人难以置信。"

在一周内,几乎所有人都转变了——主要是因为温格的训练方法。他们很快就看到和感觉到了差异。

温格的第一堂训练课与球员们在格拉汉姆和里奥奇手下时完全不同,那两位教练的训练总是围绕定位球,然后以小场比赛告终,温格的新方式令许多球员记忆犹新。当看到放在地上的30个垫子时,他们想:"究竟会发生什么?"他们习惯于站着做拉伸,触碰脚尖以拉伸跟腱,向上拉腿部以拉伸大腿。而此时,温格突然让所有球员平躺,然后抬起膝盖,转动双腿以弯曲髋部。

温格还引入了肌肉增强训练法:在两个锥体间放上横杆,让球员从横杆上跳过;他们踩上凳子,冲刺,在标杆中跑进跑出。他确实希望球员们移动,提高他们的速度和力量。训练变得完全不同;短暂、激烈、精确,始终在温格控制的时间之内——他的脖子上挂着秒表。他总是监督着球员们,如果他们的拉伸方法不正确,温格会让他们再来一次。

更衣室中最重要的角色之一是雷·帕洛尔,他回忆起温格刚来的那一段日子,以及他带给这个集体的变化。

我们对他一无所知。我们都在问:"他能在这里取得成功吗?"这有点

温格：阿森纳时代

像赌博。我们信任大卫·戴恩，因为他热爱这个俱乐部，希望俱乐部达到最佳状态，参与青年队的比赛、后备队等一切事务。正是大卫·戴恩说："这个家伙能够带领我们前进。"

温格的专注力立刻就打动了我。他总是注视着我，仿佛他对在英超球队中工作非常兴奋。他曾经在法国和日本工作，但是英超联赛对他来说有所不同，他因为可以挑战曼联等强队而激动。温格知道，我们有强大的四后卫阵容和大卫·希曼等球员。来自其他地方的伟大球员，如丹尼斯·博格坎普也正在跃跃欲试。

从第一天起，温格就确实具有那种专注，在训练场上他简直不可思议。我们拿出球，简单地在球场上带球、传球和跑动。这里没有不尊重其他教练的意思，但是作为英国球员，我们在这方面的训练可能不太够。温格的训练令我们大开眼界，知道将来必须向哪个方向前进……他为每个人提供了机会。阿尔塞纳拿着秒表站在那里，认真观察，那只秒表改变了一切——它使训练变得有趣。他关注你所做的每件事情……

他绝对大大发展了我所从事的这项运动，极大地增强了我的信心。从技术上，我和他在一起进行了比以往更多的训练。训练是如此有趣，让我们流连忘返，反复练习。一切都是那么合适，每个人都处于一个好的时期。因为不同的原因，我们都希望尽快提高。突然之间，我们有了一个平台。

温格引进的球员很出色，比如维埃拉和奥维马斯。毫无疑问，他们都是世界级的球员，并且能使队友变得更加优秀。我们热爱这种训练，甚至在温格出现之前就开始练习。他知道这一点。他所安排的训练课总是出人意料，给我们提供了极大的自由。他希望我们表现自己，而不希望我们将一切复杂化。他会说："瞧，你们都知道自己的工作，我们已经努力训练过了，现在让我们出去好好玩吧。"

司职左后卫的老将奈杰尔·温特伯恩是阿森纳著名的四名后场之一，他对温格训练方法带来的巨大变化更是兴奋不已。

第一章　这个名字的意义

在第一周内，我就爱上了训练课。它们短暂、激烈且紧张。例如，在赛季前，我们已经习惯了长时间的奔跑，这是一个艰苦的过程，但温格引入有球训练。他让你站在自己的位置上，然后在这条线上来回奔跑，再将球传给中锋。反复五六次之后，你回到原来的位置，接下来可以休息，由右后卫完成同样的训练。在他训练完中场队员之后，又该轮到你了。

是的，我们也会做无球奔跑的练习，但即使是那种训练也必须在秒表的控制下。对于年龄较大的球员如史蒂夫·博尔德、李·迪克森，他会多给一秒钟，在恢复时则多给两三秒钟。这种训练简直令人陶醉。我们进行的是基础训练，而年轻一点的雷·帕洛尔等球员得到的时间较少，训练也更艰苦一些。此后，我们就进入了肌肉增强训练的环节——跳过铁环、跨越障碍。此前我从没有进行过这种训练。

当时，赛季前是艰苦地奔跑训练的时节。大部分日子都安排两堂训练课和跑步。但是阿尔塞纳只安排轻松的慢跑和散步！我们在吃中饭时想道："下午肯定会更艰苦！"但是等到我们走上训练场，发现遍地都是足球。我们进行技术训练，以便在6周的假期之后更容易回到训练状态。这是一种完全不同的方法。

我相信，对温格的训练方法、训练的强度和每个细节的一丝不苟，任何人都会留下深刻的印象。我立刻就成为了阿尔塞纳的支持者，因为我喜欢这种训练，以及训练中球的运转和带球。他希望每个人都动起来、每个人都一起跑动、选择球的运行方式，使训练变得十分紧张。

我不得不承认，最初我不是训练最刻苦的人。但是阿尔塞纳来了，我有点老了，有流言称他想要摆脱四后卫的阵型，我的心态产生变化，更努力地训练；这种强度很适合我。训练短暂和激烈……结果是，我们开始跟上了这种足球风格，我想大部分球员都非常享受。老实说，我想不出你有什么理由不喜欢。

斯蒂芬·休斯说："一开始，最突出的是他让我们每人带一个球上场，迪科【李·迪克森】说：'这是怎么回事？'我们穿过球场，完成克鲁伊夫转身，我记得托尼·亚当斯说：'我三年没有做克鲁伊夫转身了！'连博罗【普里莫拉茨】都做了克鲁伊夫转身，我们像小孩子一样地笑个不停。"

温格还在训练中引入了人体模型，他将模型排成某种阵型（如4-4-2），然后让球员和他们对练。参加操练的往往是一名中场队员、边后卫、边锋和中锋。他们在中路传球，分边，回传中路后再度分边，然后边锋为前锋送出一记横传球。这听起来似乎是种奇怪的练习方式，但是却一再进行，因为温格试图在球员心里描绘整个场面。当他们下一次在比赛中遇到类似的情况时，他们将"转换"剧本，知道队友会出现在那里。

温格觉得他所继承的球队过于刻板。他希望球员们自由地踢球，同时在头脑中想好潜在的下一步。他试图从技术上提高球员们的水平，减少直传、更多地转移球，并且认为人体模型有助于此。

他还希望球员们更好地控球，在转向中紧紧地将球控制在脚下。在传球训练中，球员们排成小的三角形，将球传到其他球员应该跑进的区域——这些练习不仅是为了提高他们的技术，还可以加快他们思考的速度。球员们不得不更多地调动身体和头脑。长传打空当的时代一去不复返了；温格的训练更注重控球和传球。边后卫在训练课中变得特别有用，他们总是要从门将那里接球，温格鼓励守门员踢距离较短的地滚球，而不是大脚开球。

在另一种训练中，球员们组成一个圆圈，一名球员站在圆圈中。球飞向他时，他必须控制住球并将其传出。一切都在最快的速度下进行；教练在一旁监督，球员们确实能感觉到压力，但是这无疑提高了他们的球感和技术能力。

温格也会单独训练球员。当帕特·赖斯和博罗·普里莫拉茨接管训练时，主教练也会亲力亲为。例如，在一堂训练课上，两位边锋为中锋约翰·哈特森传球，由他完成最后一击。温格一直站在哈特森旁边，告诉他如何做，提高他摆脱后卫或者准备接球的能力。

虽然温格提高了球员们的能力，但是球员们仍然开玩笑说，在少数情况下，温格加入球员的行列或者在等待训练开始时试图一展身手，这时的他表现得"相当垃圾"。而且,球员也并不是没有对温格的某些方法提出过质疑。早期,托尼·亚当斯——昵称"罗德斯"(Rodders,取自经典剧集《只有傻子和马》中的人物)——甚至亲口向温格埋怨,他们的训练量不够,无法处于完全健康的状态。

休斯记得温格的回答:"我们总是以8对8的比赛结束。他是第一个真正谈论短暂、激烈的训练课的教练……但是他告诉我们,'不要担心。我们在赛季下半段将会变得更强。'"

另一个大的变化是球员的饮食。温格禁止食用番茄酱,伊恩·赖特埋怨什么食物中都放了花椰菜。对于一些球员来说,快速转变为健康、清淡和节制的饮食是一种文化上的冲击,奈杰尔·温特伯恩回忆道:

补充水分的方法有了很大不同:喝水。我们聘请了一位新的大厨,蒸鱼、水煮鸡肉不放任何调味品。在比赛后,晚上6时30分之前球员休息室里不能出现酒。这对他非常重要——在比赛之后立刻补充能量。我喜欢来点巧克力,但是阿尔塞纳试图控制一切。他喜欢坐火车旅行,他会俯视车厢,看看你们在干什么。在喝茶之前也必须得到确认。"好的,你可以喝杯茶——但是不能加糖。"

在月台上等火车时,我们趁他不注意挤进小卖部,买了好多包薯片。我敢肯定,他知道发生了什么,我们只是在演戏。

约翰·哈特森也记得新的膳食制度:"他改变了所有方法。我对饮食方面知之甚少。我是从卢顿队转会而来的,那里都是一些老派的球员……他们从来没有真正关心过自己的饮食,吃的是熏猪排、鸡蛋和薯片,加上一品脱果汁。但在我去阿森纳之后,阿尔塞纳·温格改变了一切。我们在一起吃饭;在吃完之前不能离开饭桌。每餐饭都是鸡肉和米饭,周五晚上吃意大利面,面里有牛肉、鱼,这都是真正好吃的食物,我们真的被宠坏了。"

当然,对于在家里吃饭或者出外旅行时的球员只能依靠信任,在一些球员考验了温格的耐心之后,他不得不推出新的规则。他禁止外出旅行时的房间服务,甚至命令酒店在球员要求服务时通知他。斯蒂芬·休斯回忆了那段

温格：阿森纳时代

日子和温格的新规则。

我们都对不让吃番茄酱感到失望，试图偷偷地吃。大个子约翰尼·哈特森是个棒小伙子。我们出外吃晚餐时敲开他的房门，他正在享用一品脱可乐、一个总汇三明治，两小时之后，他把所有盘子丢到房间外面！

那样的情况并没有持续多久。我记得温格是怎么监督这件事的——他将我们拉到一起，告诉我们停止房间服务，然后阻止酒店提供任何额外的服务。他要求酒店将情况告诉他，然后拉出犯规者说："为什么你要求房间服务，点了一品脱的芬达？"

温格禁止将碳酸饮料带到训练场上，因为他认为水中的气体会限制氧气流动，他还禁止在茶和咖啡中加奶或者糖，说这是"令人厌恶的英国习惯"。在后面的几年里他稍微放宽了这条规则，但是告诉球员们，他们必须确保热饮中的糖分布均匀。

温格上任几年后，索尔·坎贝尔在训练场上接受采访时，坐下来拿起一杯咖啡，环视四周，发现没人注意时，在他的茶匙中放了一些糖。他小心翼翼地将糖放到咖啡里——将糖放在茶匙上，然后将茶匙放到咖啡中左右搅动，直到糖均匀地溶解。

坎贝尔解释，温格曾经说过："如果你的茶或者咖啡中必须加糖，就必须使糖的颗粒在咖啡中均匀分布，这样才能均匀吸收。"根据温格的说法，这样糖也会在人体的消化系统中均匀吸收，从而保证能量水平稳定，而不是产生"糖分冲击"。

对温格来说，饮食控制显然很重要，这是他在日本学到的。即使到了现在，他也很重视跟踪球员的饮食。"我认为在英格兰，饮食中糖和肉太多，而没有足够的蔬菜。我在日本生活了两年，那里有我平生遇到的最好的饮食。日本的整个生活之道都和健康联系在一起。他们的饮食基本上是水煮的蔬菜、蒸鱼和米饭，没有脂肪、没有糖。在那里生活你会注意到，没有胖子。英国的饮食实在恐怖。你整天都在喝着加奶的茶和咖啡，吃着蛋糕。如果你想找到一个体育运动中不应该吃的食物的'梦幻天堂'，这里

第一章 这个名字的意义

就是了。"

在前几周内,一位营养师进入了训练场,向球员们发表演讲并分发关于什么该吃、什么不该吃的传单。沟通是温格的头等大事。执教的早期是他获得和维护大牌球员支持的关键时刻。人们常常看到温格和托尼·亚当斯或者保罗·默森在训练场上四处走动,这两位球员当时需要很多的支持,温格陪着他们"长时间散步"成为了执教早期的例行事务。

下一个较大的变化是主场比赛的赛前例行程序。在乔治·格拉汉姆时代,球员们聚集在伦敦北部托特里奇的南赫茨高尔夫俱乐部,召开球队会议,然后驱车前往海布利球场。而在布鲁斯·里奥奇执教时,球员们实际上在家里吃饭——大部分以豆类或者鸡蛋饼作为早餐——然后自己开车前往球场会合。

温格坚持提前开会(最初在训练场,后来改成酒店,他们在前一晚上入住准备比赛,即使主场比赛也不例外),在开赛前5个小时内严格限制饮食。食物包括土豆泥、蔬菜和水煮鸡肉。有时候,球员们会在早上10点强迫自己吃下丰盛的一顿。

在里奥奇执教期间,唯一含有酒精的食物就是更衣室里的胶糖娃娃,这在温格时代也发生了变化。球员们将补充肌酸,这种物质能够提神和增强肌肉力量,尽管多年以来饱受争议,但是肌酸仍然是合法的。因为许多球员服用之后胃部不适,阿森纳俱乐部最终停止使用肌酸。另外,球员们还吃一些像糖块似的能量补充剂。球员们总是开理疗师加里·卢因的玩笑,说他已经成为"毒品贩子",大家已经都成了"瘾君子"。一旦接受这些营养补充剂,球员们就知道自己在首发阵容里了,温特伯恩回忆道:

球队从未强迫任何人服用补充剂,所以你不一定非吃不可。我得承认,自己不吃这种东西。所有东西都摆在你的面前;你也会看到对其用途的简短描述。但是我有自己的一套,因为胃部的问题,在比赛之前我不吃太多东西。

老实说,【新的饮食制度】并没有真正改变我对食物是否有很大帮助的看法。我遵守制度，因为那是团队成员应该做的。如果食物放在你的面前，那么就欣然接受。我不喜欢在午餐时吃熟食。有时候阿尔塞纳不在周围，我会吃一个三明治。我必须确定他不会看见，希望主厨没有注意到，否则我就有麻烦了！

补充剂可以吃也可以不吃。许多伙计都吃了。你只需按照自己的想法。但是正如我在前面所说的，那些营养品只是为了尽量帮助你，最重要的是你在90分钟内的表现。我的看法是，某人是不是吃了一个汉堡没有关系，如果他们每周都为了你而努力，那就由他去吧。在我看来，他们可以吃自己愿意吃的东西。

斯蒂芬·休斯补充道：

有几个人习惯了【吃营养补充剂】试一试。我总是和马丁·基翁在一起，我记得他说过："'休斯，我得小心点——我不想自己太强壮。'他吃下去之后三分钟就会说：'我已经觉得比以前更好了'。我敢肯定，这其中有些心理作用的成分。

我记得自己因为这些营养剂而长了点肉，老板说："休斯，你是不是吃了外卖！"我说："不，我想可能是肌酸的作用。"他说："你吃了那东西？别胡说了。"他监督所有吃营养剂的人，研究所有的营养剂；有些人喜欢这个东西。

在球员身上，你肯定能看出差别。每个人都变得更健康、更敏捷、更精神。卢因不仅带着小盒肌酸走来走去，还负责预订按摩，这也成为了温格新哲学的一个关键特征。突然之间，老派的球员们每天都想要按摩。当这变得越来越流行，卢因不得不告诫球员们："你可能得等一个小时，这里排着长队。"

帕勒忆起比赛日例行程序和训练场饮食控制带来的迅速变化："训练场上没有糖，午餐时只有水。你要在中午11时30分吃三道菜；在比赛之前会有点饿。如果在赛前吃了糖，你的水平就会有些波动，那是温格试图避免的。但是在中场休息时，他会带来糖块，仍然让大家喝水。这些糖块能让我们活跃起来——我不知道它到底是什么!"

哈特森强调了这些变化对当时英国足球界的革命性影响:"他用饮食、对待球员和与之沟通的方式改变了整个文化。他让我们在比赛前后、每堂训练课的前后进行拉伸。英国足球界应该深深地感谢他,他真的改变了许多事情的面貌——训练、准备和比赛的方式。真是不可思议。"

在球场上见到成效之后,球员们就更容易接受变化了。但是温格回忆起早期的困难时显得十分愉快。他觉得一切都对自己不利——球员、球迷和媒体中都有人怀疑——而且,和大部分教练相同,他喜欢证明人们的错误。"人们都在问我是谁。我完全不为人知。外籍教练在英格兰从没有过成功的历史。所以,我处于这样的境地:没有人认识我,历史数据也对我不利。"

"有一些好玩的细节。我改变了【球员们的】很多习惯,在一个平均年龄为30岁的球队里这并不容易。在第一场比赛时,球员们高喊'我们要巧克力棒!'一些可笑的事情发生了。第一场比赛中场休息时,我问理疗师加里·卢因:'没人说话,他们出了什么问题?'他的回答是:'他们饿了。'我在比赛前没有给他们巧克力,这太滑稽了。"

温格指挥的第一场比赛是客场对阵布莱克本流浪者队,球队下榻于靠近埃伍德公园球场的一家酒店。他向所有球员发出信息,在酒店的舞厅集合,但当他试图向大家介绍一些瑜伽、基本的普拉提和拉伸动作时,球员们仍然显得很震惊。那是在1996年,至少在接下来的五年内,如果球员勇敢地承认用瑜伽来帮助他们运动,那仍然肯定会成为报纸上的话题。球员们的反应各式各样:大卫·普拉特对此特别厌恶,而史蒂夫·博尔德则感谢这种拉伸方式使他的球员生涯延长了两年。

温特伯恩记得在布莱克本舞厅里的第一次拉伸训练。

他在任何地方都会这么做。只要有个空房间,我们就会进去,是什么样的房间都无所谓。有时候,训练地点会是一个开阔的空间,有时候则相当拥挤,没有太多地方施展。他不在乎训练的地方在哪里,这只是他喜欢

温格：阿森纳时代

的热身运动的一部分。在每一场比赛之前，他都不会错过这个仪式。

我们习惯在比赛日起床去散步，走进一个房间里进行不同类型的拉伸：普拉提拉伸、墙上压腿等。我认为这种训练的思路是身体的伸缩……没有什么理由怀疑这种方式给我和其余队友带来的帮助，所以我们就会跟从……我想他们可能还在那么做。比赛日的早晨有规定的集合时间；我们集合、散步——快走大约10或者15分钟——回到一个房间里做上述的拉伸，然后吃赛前的一餐。我在阿森纳的时候，那是例行的程序。

据休斯回忆，一开始英国球员特别难以认真对待："这种拉伸是世界上最古怪的事情。当我们都走进房间时，首先将腿抬高压在墙上。所有英国小伙子都放屁打嗝，那个老家伙不喜欢这样。他将拉伸看成纠正心态的时机；经过一段时间……这就成为了常规。"

在晚间比赛时，温格还想要在当天早晨8时安排拉伸训练。此举导致队长和非正式工会领导托尼·亚当斯带头抗议，此后改成在当天早晨进行赛前的散步。

在布莱克本的第一场比赛于1996年10月12日打响。阿森纳队的表现不怎么好。实际上，伊恩·赖特很快得分，布莱克本此后表现更胜一筹，但是因为运气不佳而在半场时仍处于落后。阿森纳队球员进入休息室，等待着最糟糕的情况发生。他们害怕会立刻遭到温格的痛斥，但是情况正相反。

据更衣室中的一位球员说，温格足足等了8分钟才开始讲话。所有人都说，就连赖斯都因为温格的沉默而感到紧张，但是这确实有令人镇静的效果。阿森纳队在下半场更加努力，赖特在开球之后不久就取得进球，结果阿森纳队以2：0获胜。温格传奇、温格效应和温格的故事开始了。

参加了第一场比赛的哈特森回忆：

可笑的是，他从来不会过多地干预比赛。他会坐在球队大巴上，坐在人群中；他会突然走进更衣室，而不是在球队面前发表一大段演讲。对我来说，这是很棒的一天——在球场的每个角落，我都把亨宁·伯格打爆了！我记得第一个球是自己争到的头球，两个球都是赖特射进的。我以为第一个球是自己进的……我充满侵略性。当时的我只有21岁，阿尔塞纳可能把我看成一个凶猛、青涩的红头发小子，我想他喜欢那种样子。在他的整个职业生涯中，都喜欢前锋线上的大个子。

赛后，阿尔塞纳走进了更衣室，告诉我们这是一场出色的比赛，他盼望着和我们所有人并肩作战。从下个星期一开始，他就真的和我们在训练场上并肩作战了。我真的很享受第一场比赛和训练。

时至今日，温格仍然常常在最伤士气的挫折面前一言不发，而是放松下来，细细消化、整理自己的想法，然后在训练场上了解情况。温格对更衣室的礼节有很清晰的思路，特别是教练的举止、他对球员的态度、激发和鼓舞球员的方法。

温格说道："是的，我曾经在中场休息时咄咄逼人，但你必须适应球队的文化，在日本的时候，你必须小心谨慎，因为在英国更衣室中常规的举动，在日本更衣室中可能是令人完全无法理解的。"

多年以来，因为教练为所欲为而造成更衣室争吵的故事数不胜数。最著名的事件可能是亚历克斯·弗格森爵士愤怒地踢飞一只靴子，击中大卫·贝克汉姆头部造成后者缝针。这在温格身上是无法想象的，不管他有多么愤怒。

温格确实适应了英国的文化差异，更衣室里的球员们也慢慢地适应了他，大家都意识到教练对待自己的方法出现了变化。温格保留了一些传统——允许球员赛前在更衣室里播放刺耳的音乐，同时在其他方面保持这个"内部圣地"的宁静——但也改良了其他一些规程。

温格的平静甚至使球员感到恐惧。真正的更衣室争吵可能只有少数几次。这就是温格的行事方式，也是他的处事方法和哲学：平静、泰然自若。他偶尔会在媒体面前发脾气——大多是在欧战的客场比赛中受挫之后匆忙离开体育场，坐上巴士赶飞机的时候。他的旅行安排总是极度紧张，甚至曾经将保罗·约翰逊（俱乐部老员工，现在负责第一阵容的旅行安排）赶下球队大巴，试图清理挡住阿森纳前往火车站道路的障碍。在约翰

温格：阿森纳时代

逊拼命地试图疏通一座桥上的交通堵塞时（最后好不容易成功了），人们看到温格气急败坏地敲打桌子。温格在阿森纳执教初期就证明，他是非常与众不同的教练。

他的风格、思路和方法与之前的教练大相径庭，引领了一个新时代。在训练场、球场和更衣室，阿森纳队的哲学都发生了变革。

第二章
法国革命

阿森纳传奇队长托尼·亚当斯曾刻薄地说："一开始我想'这个法国佬懂足球吗?'他戴着眼镜，会说英语吗?"在阿尔塞纳·温格刚刚接手球队时，他持怀疑的态度。亚当斯是一位出色而极具英国特色的中后卫，顽固不化、喧闹且意志坚强。他被看成更衣室里的"工会代表"，在乔治·格拉汉姆时代常常代表球员进见教练，试图就球员的合同重新谈判。

在执教期间，格拉汉姆以合同上的苛刻而闻名，以至于在1986年，从海布利球场上成长起来的马丁·基翁因为周薪上50英镑的争执出走阿斯顿维拉队。阿森纳队在1993年以200万英镑的转会费从埃弗顿队将其买回，这种做法在经济上毫无意义，但那就是典型的格拉汉姆方式：他是个锱铢必较的人。

球员中有个玩笑：亚当斯在进见格拉汉姆之前承诺坚定自己的立场，为所有球员加薪。然后，他从教练的办公室出来，不久就得到了高于其他人的加薪幅度。虽然这多半是更衣室里的玩笑话，但是在这个俱乐部中确实有这样的感觉，球员受到了不

温格：阿森纳时代

公正的待遇，没有得到市场通行的薪水。亚当斯尝试说服格拉汉姆给球员条件更好的合同，但是失败了。

所以，温格所做的第一件获得球员支持的事（可能也是最受支持的事）就是立刻改善他们的合同。实际上，阿森纳著名的后场四铁卫中，有人甚至一夜之间就得到了加倍的薪水。温格对球队中一些基石的工资水平感到震惊。他仔细研究了合同，并在将他带到海布利的俱乐部副主席大卫·戴恩面前坚持自己的看法，要求尽快提高球员工资。

球队对此的反应可想而知。一天前，他们觉得自己受到了不公待遇，尽管为俱乐部赢得奖杯却仍然没有得到充分的赏识，第二天，新教练改变了这一切。如果说有什么办法能够最快、最容易地让球员支持自己，那就是温格想到的这一条路了。实际上，在良好的气氛中，有些球员得到了比预想中更好的合同。在所有人的问题都解决之后，丹尼斯·博格坎普和托尼·亚当斯被叫进办公室，得到了新的合同。当俱乐部最赚钱的两位球员——可能也是最重要的球员——得到加薪的消息传出时，球员们派出代表见温格，要求再次加薪，因为他们已经远远落后于队友。奈杰尔·温特伯恩回忆：

我认为合同的变化非常快。公平地说，在布鲁斯·里奥奇执教时，合同就已经彻底变化了。布鲁斯只待了一年，所以你不知道这一进程是否会持续下去。但是在阿尔塞纳治下，他很快就评估出，对于他试图率领球队达到的高度，这些薪水是不够的。他总是很快地推动变化。虽然从来不知道实情，但是我总是有这样的印象：球员有A、B、C三级。阿尔塞纳试图在三个级别之间保持一个合理的差距。

老一点的球员——我、李·迪克森和史蒂夫·博尔德——习惯于签为期一年的合同。我们和阿尔塞纳协商，他将在周二告诉我们【是否更新合同】。我们有一个坚定的信念，我们仍然愿意为我们的球队而战，如果球队还想要夺冠或者争取奖杯，周二他就不太可能说：在赛季的这个阶段，他们不愿意给你们新的合同……

阿尔塞纳说话算话。我记得有一年，我们走进他的办公室，他给所有人带来了新合同,因为他说过,他想要让我们更接近托尼·亚当斯、帕特里克·维埃拉、丹尼斯·博格坎普等顶级球员……一周以后,托尼走进来说:"我已经签了一份新合同。"博尔德、我和李说,这份合同使我们又回复到了上一周的水平。

我对其他人说:"我们是不是应该去见他?"我走进阿尔塞纳的办公室说:"新合同显然很让我高兴,但是你刚刚给所有其他球员都加了薪,我们又回到原位。"他说,把这事交给他。我回到李和博尔德身边,告诉他们我觉得自己受骗了。但是几天之后,他回到我们中间,说他们必须得到联盟的批准,但是承诺在赛季结束的时候再次给我们加薪,幅度和上一周的合同中一样。而且,他说会将涨薪部分一次性支付给我们。

这绝对是难以置信的事情。我从没有经历过。我愿意信任他,因为他说一不二。我们没有留下任何纸质的凭证,只有前一周签下的正式合同,但是在5月或者6月,我们拿到了一个工资袋,里面装着承诺的额外薪水,随附联盟的批准。这真是个惊喜,毫无疑问,他是一个守信的人。我认为这就是他保持球队和球员之间团结的方式和原因。

温格在转会上小心谨慎,但总是努力地照顾和回报球员,因为他知道,如果从经济上照顾球员,他们就会帮助自己。前阿森纳前锋约翰·哈特森说:"温格为球员提供大合同、新的交易,延长他们的职业生涯,让他们赚更多的钱,球员们则帮助他解决问题。他们忠诚于教练,回报他的信任。温格对球员忠诚,球员则投桃报李。给球员回报,是温格哲学的一个重要组成部分。"

温格将自己的哲学比作"社会主义模式",当他在记者招待会上这么说时,引起了许多记者的笑声。腰缠万贯的足球运动员很难和社会主义原则联系在一起。但温格的重点是保证每个球员得到类似的薪水,避免更衣室中的怨气。温格认为,如果队中一名球员的工资是队友的10倍以上,就会造成紧张气氛,毁掉更衣室的环境。

温格说:"我们的待遇好,非常好。我一生致力于给为我们工作的人提供好的待遇，并且相信'有能力就放手去做。'【我们应该努力】提供合理、在每个人面前都说得通的待遇。有时候会有例外的情况，但是不能过分。如果想要赚钱，就必须遵守这一法则。我不知道其他【俱乐部】是怎么做的。这不是我一个人的事，必须得到董事会的配合。当我们想要走得更'远'时，我会要求董事会授权。但是，我们的模式更像社会主义。"

温格喜欢政治，但是他声称共产主义和资本主义对社会都是无效的，更不要说足球了。他赞成支付高工资，因为"超群的天赋"应该得到奖赏。这话可能指的是他自己的工资，他一直是英超联赛中最高薪的教练之一。

"政治上，我强调效率。经济是第一位的。在20世纪80年代以前，世界被分成两个部分——人们要么是共产主义者，要么是资本主义者。我们都知道……资本主义模式在当今世界似乎也无法持续下去。你不能忽视个体的利益，但是我相信世界会慢慢地发展。近30年来，西方国家已经保证了每个人的最低收入；从政治上说，下一步应该是让每个人都最大限度地赚到钱。"

温特伯恩对自己的待遇心存感激，但也认为温格对球员的忠诚和兑现承诺有时候可能最终削弱了球队的整体实力：

当我在2000年离队时，曾经得到一份新合同。我在大卫·戴恩的办公室和他及阿尔塞纳谈话。在前一赛季12月阿尔赛纳将我排除出主力阵容时，他曾在几周后对我说："我知道你不开心，因为在职业生涯里你每周都获得出场机会，但是我希望你成为球队的一部分。"但是到赛季末，我确定自己的表现略有下滑，这真的是离开或者退役的时候了。

我想过再留一年，但是觉得如果每四周或者五周才上场一次，对我来说并不好。我希望挑战自己的极限，所以告诉阿尔塞纳我想要走，并和大卫·戴恩讨论了这件事。大卫真的给了我一份更高薪水的新合同，但是我告诉他这不是钱的问题，我只是想要踢球，当我离开时，阿尔塞纳·温格搂住我说："别担心，我保证你能得到想要的。"

我知道他不仅为我做过那样的事情，还帮助雷·帕洛尔转会到米德尔斯堡队，【在2014年夏季】他对托马斯·维尔马伦也提供了几乎同样的帮助，为此饱受批评。如果你不让球员们走，就可能毁掉他们的职业生涯，有些球员需要有规律地上场比赛，而其他人能够在球队中进进出出，而维尔马伦就是需要规律比赛的那种球员。由于伤病和不能规律地参加比赛，他从未达到刚来时的竞技水平。

【温格】确实使自己陷入捉襟见肘的境地，但是他是个守信的人，如果他告诉你可以走，就通常会让你走……有些时候，当人们谈论他的这种问题时，他会勃然大怒。但是我认为他觉得自己亏欠球员们，因为他们为俱乐部而战，将自己的全部给了他，并忠诚于他。

前阿森纳中场斯蒂芬·休斯解释了温格是如何照顾他的球员的：

温格和球员有特殊的纽带。如果一名球员从西班牙来，他会对其非常留意。我认为他是在想："他是外来者，带着自己的家人，将一切都给了俱乐部。"这说明，他是真的忠诚于球员们。你很难找到一个真正不喜欢他的人。即使你不能上场，仍然会全心全意地尊敬他。温格是个可爱的男人，你随时可以给他打电话。他真是个极致的好人。

我有一阵子没和温格对话了，但是如果需要帮助或者建议，我就会打电话给他，相信他绝对不会介意。只要不是荒唐的事情，他就会帮助你。他就是那样子的人。温格知道球员们会奉献一切。我为他花了很多时间，他不会忘记。有的人在你离开之后就会忘掉你。但他从不是这样的人。

执教初期考验温格的不只是合同，还发生了两件大事。首先，建于伦敦科尔尼的训练场被大火烧毁。温格对此不知道是喜是忧。他痛恨那里过时的训练设施，要求在其他地方建设更好的训练场。其次，对于他的私生活有可怕的不实传言，直到今天，这件事仍然被用于看台上的下流歌曲之中。温格渴望向外界表明一切都在掌控之中，他必须同时应对这两个问题。

科尔尼训练场是向伦敦大学学院租赁的，如果球员们在那里停留足够长的时间，就会在下午遇上学生们。据说，一位青年队球员使用的滚筒烘衣机爆炸起火，烧毁了这个训练场。

温格力争得到一个新的现代化训练场，以代替科尔尼训练场。实际上，

温格：阿森纳时代

他对此十分重视，后来曾说过："无法确保自由度和控制权，我就不会留下来。"建设训练场的成本为1200万英镑，为此付出的代价是将尼古拉斯·阿内尔卡出售给皇家马德里俱乐部。

温格自然对这一发展很感兴趣，甚至亲自挑选食堂中的餐具和椅子。储物间的门没有上锁，因为温格认为这会阻止球员们的沟通——门使他们无法看到彼此和交谈。进入的人员必须始终穿着鞋套，而建筑的设计确保始终有自然光。温格展现了对细节的一贯注意，坚持为训练场更衣室购买定制的凳子，这样就能够为高矮不同的球员们提供合适的高度。

训练设施对温格是一个重要的考虑因素，将近两年来一线队伍在教练的率领下穿梭于伦敦科尔尼训练场和附近的思博温酒店之间。在酒店里，他们可以换衣服、吃饭并且得到很好的照顾。约翰·哈特森回忆："在我们入住思博温酒店之后，每天都会到一家健身馆去。按摩、休息区、水疗——都是非常合适的。"

相比之下，青年队和预备队将在训练场停车场的活动房屋里更衣，和一线队伍隔离。这造成了怨恨，令温格大为烦恼，特别是在训练时间变化时，青年队、预备队和第一阵容球员在几周内互相不见面。训练场仍然是温格的基地，他的办公室在那里，他早出晚归，在那里谈判、开会并完成转会。

温格执教初期遇到的第二次考验是关于其私生活令人厌烦的不实传言。在伦敦城中喜欢飞短流长的人们帮助下，这些传言不胫而走，造成了巨大的轰动，以至于电台和电视台都提到了这条消息，媒体在海布利体育场外安营扎寨。温格本可以轻松地躲起来，不去面对这个问题，可就在此时，阿森纳要进行一场预备队的比赛。

温格当天从法国飞回伦敦，正在从机场穿过城区前往海布利的出租车上。当出租车停在海布利球场外面时，他没有注意到即将到来的风暴，但是记得司机露出了奇怪的表情。他走出车外，立即面对急于和他谈论这些流言的电台、电视台和报社的记者们。温格对发生的事情一无所知，他很有礼貌地向记者们道歉，说他把行李放到办公室之后就要立刻回家。

第二章　法国革命

在前往办公室的路上，阿森纳俱乐部新任新闻官、刚从足协加入的克莱尔·汤姆林森看到了温格并将他截住。她的任务是告诉温格记者在那里的原因，以及他遭到的指控，这可不是一件令人羡慕的工作。后来就职于天空电视台的汤姆林森回忆了那个可怕的日子：

我坐在办公室的地板上——刚刚接手这个工作，他们还没把家具运来——看到他走了过去……我冲进他的办公室，关上房门。我真的无法告诉你自己说了什么；当时脑袋里一片空白。他的英语很棒，但是我不知道他是否知道"恋童癖"这个词是什么意思。然后就是"你在说什么？说的是什么鬼？"

我只记得温格的反应：他一言不发，脸色煞白。他非常愤怒，这种愤怒和弗格森的暴怒迥然不同——他表现出一种冷漠的憎恨，我怀疑他会径直走出门外，坐上出租车回到希斯罗机场，放弃这一职务。指控一名男子强奸已经足够可怕了，指责他强奸儿童则绝对是个耻辱。

我挡住了房门，告诉他自己必须和他谈谈法律上的事："阿尔塞纳，外面有很多摄影机——你现在所做的会全部记录在案。没有人相信此事；你必须自己处理，而且一切都会被记录下来。"

我不是律师，但是对诽谤有一些模糊的认识。我告诉他，让他们说去吧。"如果他们说：'你如何看待这些指控？'由他们去说，让他们在证人面前说出来。那是唯一的办法。"这个男人的世界刚刚崩塌了。他站在那里听着，记下一切，我无法告诉你，自己当时对他有多么钦佩。我和他长期相处的基础就是那一天他处事的方式——他太了不起了。他处理得当，没有失去冷静……

结束和记者们的谈话之后，温格说道："好了，如果没有更多问题，我要进去看预备队的比赛了。"汤姆林森没有忘记为她的国家道歉，也没有忘记第二天发生的事情：

我回到足协，各家报社当然已经通过它们的律师运作，以便躲过诽谤的指控。我记得第二天温格打来电话——这很不寻常，因为我和他共事的

温格：阿森纳时代

两年之中，他给我打电话的次数不超过10次——他非常愤怒，说道："我已经和律师、董事会和你谈过这件事，看上去只有你认真对待。为什么我不能起诉？为什么所有报纸都发表了这一消息？在法国，一切都完全不同。为什么他们可以发表这些不实的传闻？"他对此感到很沮丧……

温格接到了来自日本、德国、法国的朋友来电，他们都问："发生了什么事？"这个故事已经传遍了全世界。他所做的一切换来的却是这样一个可怕、下流、毫无根据的指控。他对此感到十分厌恶，但是他的处理方式是此后一切行事方式的标志。他是一个非凡的人。

当天，温格采用了一个非常深思熟虑的策略：将自己置身于公众的目光之下。他坐在教练席上，媒体的镜头对准了他而不是比赛。预备队球员们在参赛时都知道了这个丑闻。他们不愿意相信，但是有些人已经从广播上听到了这个传言，在比赛中仍然纠结于究竟发生了什么事。然而，温格决定踏上海布利球场的台阶，面对问题，这凸显了他的性格，表明他在任何情况下都不会退缩。

时至今日，温格也从未和球员们谈起过这件事。他仍然对对方球迷的歌声心有余悸——令人遗憾的是，看台上仍能听到——因为警察、管理人员和当局似乎不愿意或者无法惩罚冒犯者。连亚历克斯·弗格森爵士都以个人的名义呼吁曼彻斯特联队的球迷不要在比赛中唱这首歌。

足球作家亨利·温特回忆当天的情景："阿尔塞纳在这件事情的处理上绝对干得漂亮。他表达了自己的愤怒，说在法国不会遇到这样的侵犯。在法国，直到最近几年，私生活就是私生活。阿尔塞纳对私生活遭到的干扰和恶意的诽谤感到震惊，但是他直面记者们，得到了当时的新闻官克莱尔·汤姆林森的支持。身边这位迷人的女士提升了温格的形象。"

对于英国足球，温格最不喜欢的可能就是那些根据虚假恶意传言编写的歌曲。他喜欢英国球场上的氛围和球迷对足球的热爱。但是对此事的嘲讽至今没有消失，不管已经过去多少年，只有脸皮很厚的人才能完全做到充耳不闻。

这件事毫无疑问使温格分心和烦恼，但是并没有阻止他继续阿森纳队的

第二章 法国革命

改革。在10月份接手之后,温格率领阿森纳队在1996/97赛季结束时夺得联赛第三名。1997年夏天是他第一次进行赛季前准备,他深深了解了阿森纳队中令人吃惊的老传统。在赛季前,许多球员尽情地享受纵酒狂欢的日子。这与外国球员的做法相反,也是温格严格限制的。

阿森纳队从以往的斯堪的纳维亚之旅改为到奥地利的疗养胜地巴特瓦尔特斯多夫。这个小地方有两个小旅馆和一个乡间足球场,稀薄的空气和高海拔使其成为理想的训练地点。温格当然深知这一点,开始在每个夏天都带着球员到那里训练。

这也标志着令丹尼斯·博格坎普惊骇的狂饮之夜结束了。

有些事情令我无法理解。在赛季开始之前,我们前往瑞典训练营,一天两练。晚上我和妻子外出散步,看到阿森纳的球员们都坐在酒吧外面。我觉得这简直是难以置信。滑稽的是,你在训练中从没有注意到这一点,因为他们都很强壮,总是能百分百地发挥。我不喝酒,但是他们也尊重我。他们这么做的时候,我想:"这是英格兰的一部分,所以你只能尊重。"

第二年,阿尔塞纳来了,一切都变了。后来,我们的成功是因为英国后卫们。他们给团队注入了欧洲球员所缺乏的精神。他们会说"全力拼抢"和其他各种各样的话。我特别喜欢"你想要多少?"这句话,仔细思量之后,这句话令我深思。你真的想要比对手得到更多吗?你准备付出多少?你想花多少时间使自己变得更好?这就是英国勇士的传统,是一条道德准则。我们一起出发,百分百地付出。

改变饮酒文化可能是温格的"法国革命"中最重要的因素。臭名昭著的"星期二俱乐部"说明之前酒精饮料是非常盛行的。其中的动因是,大部分周三是休息日,因为伦敦大学在这一天要使用训练场。不难想象,温格得知这件事时的脸色有多难看。

前阿森纳中场球员雷·帕洛尔说:"我始终记得和阿尔塞纳·温格的第一次赛季前旅行。帕特里克·维埃拉、埃马纽埃尔·珀蒂和吉莱·格里马尔迪等法国新队员来到了队中,在旅程结束时我们脱下球袜,温格说我们都可

温格：阿森纳时代

以外出。我们直接前往酒吧，法国小伙子们则去了咖啡馆。"

"我一直记得，史蒂夫·博尔德到酒吧为我们5个人要了35品脱的酒。离开酒吧后，我们看到在咖啡馆的所有法国小伙子都坐在那里抽烟。我想，'我们今年怎么能赢得联赛冠军？我们都喝酒，他们都抽烟。'最终，我们赢得了双冠王。"

当温格听到帕洛尔的回忆时，他微笑着说道："不要相信他【帕洛尔】的话！这些身体上的约束已经有了很大的变化。20年前的球员们拿到的冠军和现在一样多。他们比现在更自由，因为现在对身体的要求比以前高得多，社会上的间谍设备也更多了。因此，今天想不为人知很难，从这方面看，现在的球员压力比雷·帕洛尔那时候大多了。"

温格到任时没有禁止饮酒，但是他明确地改变了界限。例如，在格拉汉姆和里奥奇时代，啤酒、比萨和烤肉红酒晚餐都是球队豪华大巴中的一部分。这些食物在温格时代得到保留，但是禁止豪饮，因为温格坚持球员要用正确的方式"加油"，在托尼·亚当斯公开承认酗酒之后，为了尊重他，在球员休息室里也停止供应酒。

"后座帮"是由雷·帕洛尔、史蒂夫·博尔德和年轻中场斯蒂芬·休斯等人组成的，他们就像坐在校车后座上喧闹、滑稽、受人欢迎的一伙学生。在温格执教早期的一次长途旅行返程中，发生了一件趣事——招来了一贯温和的温格的责骂，他明确指出，球员们超出了可以容忍的限度。

当时，阿森纳队的巴士上备有玛莎百货的各种食品，从三明治到沙拉、甜品，无所不有。后座的球员们抓起甜食——从提拉米苏到黑森林蛋糕——打赌谁能吃下最多布丁。输家必须每人付给赢家100英镑，但是更衣室中的荣耀比现金更重要。

休斯回忆："我们以为他不会在意，但是他注意到了，非常生气。我想最后的胜者是雷，他吃了5个布丁！我们离开大巴时都感觉恶心、胃疼，但是都大笑着走进自己的轿车。第二天早上，我们都被告知'这种情况绝不能再发生'。"

第二章 法国革命

温格是一个非常严肃的人；他很少笑，甚至让人觉得有些郁郁寡欢，但是在训练场上很少有人听到他喊叫。而他实际上很爱笑，具有良好的幽默感，享受那个特殊的时代。温格当然不愿意遭到嘲笑，但是常常和球员们一起玩乐。他笨手笨脚的样子在更衣室里引来很多笑声。实际上，这成为了一个显著的特征，有时候难以想象，这么严肃、聪明的一个人会作出一些有点"傻"的事情。

在最初的一节训练课中，温格用一个巨大的网装着足球，他将网放在球场上，寻找球的出口。他百寻不到，慢慢地被网缠住，绊了一跤。他的忠实助手帕特·赖斯试图帮他解开，使这幕滑稽剧更加令人忍俊不禁。

在客场对阵阿斯顿维拉队时，球员们留在一家酒店里，这家酒店由服务员上菜，但是甜点（苹果派）放在自助小推车上。温格和教练组成员坐在一起，吃完主菜之后起身用蛋糕刀将一块苹果派放在餐盘上。在他转身放下蛋糕刀时，苹果派滑落，温格浑然不知，拿着空盘子回到桌边。房间里所有球员都看着温格坐下，拿起叉子后才意识到苹果派不见了。他茫然地环顾四周，球员们使劲忍住，才没有笑出来。

另一个著名的意外时刻发生在某次巴特瓦尔特斯多夫的赛季前准备中。温格的一位朋友前往酒店看望他，这个酒店前面有巨大的窗户，球员们在用餐时可以看到外面的风景。温格看到他的朋友，走到窗户边招手让朋友进来。但是球员们看到，这位朋友没有理解他的意思，把手放在耳边，表示他听不到。温格试图打开窗户，但是将手柄转向错误的方向，窗户没有向侧面打开，而是从纵向打开，巨大的窗户猛砸在他的前额上。球员们发出一阵大笑，更糟的是，在他重新坐下的时候，脑袋又撞到了挂在桌上的灯。

温格问理疗师加里·卢因："加里，他们是不是在嘲笑我？"

"是的，老板，我想是这样的。"

有些球员躲在桌子底下大笑不止。温特伯恩记得那一幕：

温格很有幽默感。在试图拿出足球而被网绊倒，或者无法拉上大衣拉链的时候，他会暗自发笑……在这个聪明人身上似乎发生了许多可笑的事情。但是他所做的傻事会让你这样想："当然不是这个家伙的真面目！"当你和他共事时就会知道，为什么球员们这么喜欢他，那才是最重要的。如果球员不喜欢你，你就不会有成就。那正是他做得最好的一个方面。

他打开窗户的那一幕发生在赛季之前；我们刻苦训练，从身体和精神上都将自己推向极限，希望在第一场比赛中达到巅峰。那些小事在后来不觉得好笑了，但在当时是一个放松，真正地让我们开怀大笑。我们说："真不敢相信他会干出那样的事情！"确实难以置信。令人吃惊的是，他总是好像什么事都没发生过一样，真是个怪人。

但是，温格愿意分享笑话、和球员们一起欢笑，确实使大家更喜爱他了——尽管在伊恩·赖特给自己买了一双旱冰鞋时，他没有看到滑稽的一面。

斯蒂芬·休斯说："温格喜欢开玩笑。他会跟我们打成一片，你总能看到他在一边仔细观察，开怀大笑并且认真聆听，因为他真的喜欢这样。雷·帕洛尔总是试图让他加入，他几乎总是感受到乐趣。"

"当然，有些时候他没有发现乐趣。我记得曾经拉着穿上旱冰鞋的赖特经过大理石厅。赖特喊道：'来啊，休斯！拉我！'就在这时，那老头出现在门边，他看见我拉着赖特。我想：'哦，不。'他完全没有觉得这是件趣事，而赖特像个孩子一样玩着新的旱冰鞋。"

温格可能会责骂球员——当他这么做的时候，球员们就真的要注意了。有一次，在北部客场比赛之后返回的路上，以个性闻名的丹麦前锋尼克拉斯·本特纳和几个队友在安检排队时开着玩笑。他们聊到了《X因素》节目，本特纳模仿了一名《X因素》选手的即兴表演。温格看到之后，面露厌恶之色，赶上前对他喊道："你觉得失败是好玩的吗？"虽然相对随和，但是温格也是有脾气的，在生气时他会大喊大叫，幽默感和好脾气立刻荡然无存。

温格的方法在1997/98赛季中也取得了成效。一贯不拖泥带水的后防老将托尼·亚当斯、史蒂夫·博尔德、马丁·基翁和边后卫李·迪克森、奈杰尔·温特伯恩都能更好地传球了；他们在技术上有了长进，可以在后防线上逐渐推进，而不是简单地长传输送。

第二章 法国革命

此外，温格还全面运用在法国的关系。他不仅对法国联赛有彻底的了解，还主导了非洲法语国家的球员市场，利用在摩纳哥队时建立的联系，从遥远的广大地域引进球员。通过在法国和非洲的经纪人，温格以低廉的价格签下了1998年法国世界杯冠军队中的英雄，与英国球员相比，为此付出的转会费只有一半。

这需要时间，温格于1996年9月30日到达，他不得不等到第二年夏天才能进行关键的签约。但是，在到达英国前一个月，他已经知道自己将要执掌球队，向阿森纳俱乐部建议签下帕特里克·维埃拉和雷米·加尔德，"法国革命"开始了。

维埃拉身高6英尺4英寸（约1.93米），是一名力量强、技术娴熟的中场球员，阿森纳俱乐部仅花费350万美元就将其从米兰预备队买来。他成为了阿森纳队史上最伟大的球员之一。温格对法国青年球队的了解再次带来了帮助，他知道维埃拉虽然只有20岁，但不仅是一位好球员，还是天生的领袖。维埃拉的到来预示着一支全新的阿森纳队。加尔德最近已经成为里昂队的教练，但是在他签约时，人们还在质疑到底是谁推荐了这名球员，更别说交易了。很明显，温格在到任之前就已经给出了有关球员的建议。

在更衣室里，球员们对新的签约持怀疑态度。托尼·亚当斯不确定温格和这些球员能否融入，对队友们说："他签下了雷米·加尔德和帕特里克·维埃拉，我从未听说过他们。"

虽然刚到时只会讲一点点英语，但是维埃拉在球场上立刻给人们留下了深刻的印象。他速度快、身体强壮，在第一场预备队比赛中表现突出且渐入佳境。加尔德和维埃拉不在同一级别上，在他的职业生涯中，球员中间一直对其有所质疑。虽然加尔德是一个很受欢迎的人，球员们总是觉得他是温格在更衣室的耳目，因为他和教练很亲近，肯定有着不同的关系。这也许是温格的一个明智之举。

温格突然从海外引进球员，现在看起来可能会觉得奇怪，阿森纳队在此之前一直是以英国球员为主的球队。这反映了一个更广泛的趋势：在

温格：阿森纳时代

1995/96赛季（温格上任前一年），92支联赛球队中共有101名外籍球员至少出场一次，到1997/98赛季，这个数字增加到176。在温格执教的第一场比赛中（1996年10月，以2∶0击败布莱克本），维埃拉是上场的唯一非英国球员。当时的阵容是：大卫·希曼、李·迪克森、奈杰尔·温特伯恩、帕特里克·维埃拉、史蒂夫·博尔德、托尼·亚当斯、马丁·基翁、大卫·普拉特、伊恩·赖特、保罗·默森、约翰·哈特森。雷·帕洛尔后来替换上场。

外国球员的"入侵"将要开始，其他俱乐部的支持者们为此悲叹，但阿森纳球迷并没有感到烦恼：他们看到顶级球员的到来开始提升球队的天赋、技术和风格。外籍球员还提供了新鲜的气息，使人们可以摆脱乔治·格拉汉姆执教末期留下的令人厌烦、无趣的哲学，格拉汉姆的继任者布鲁斯·里奥奇曾努力想做出改革，但没能取得成功。

但是，人们常常忘记，在温格的第一个赛季中，他采用了里奥奇引入的防守阵型：3名中后卫——最经常出场的是亚当斯、博尔德和基翁——加上边后卫。亚当斯特别喜欢这种体系，温格不想让这位老后卫难过，所以沿用了该阵型。

但是，1997年夏季温格继续他自己的革命，对阵容进行了大改组。他转向4-4-2阵型，并引入了新球员：吉莱·格里马尔迪、埃马纽埃尔·珀蒂、尼古拉·阿内尔卡和马克·奥维马斯。

格里马尔迪是一名不可多得的球员，现在是阿森纳在法国的球探。他在防守中能够坐镇多个位置，也能司职中场。珀蒂在阿森纳签下他之前差点加入格拉斯哥流浪者队和托特纳姆队。他曾和当时的托特纳姆俱乐部主席艾伦·休格爵士会谈，阿森纳队风闻此事，给他发了一条消息，让他听听温格的意见再决定是否签约热刺队。珀蒂告诉休格，他需要时间考虑一下，打算回酒店。热刺队甚至为他付了出租车的费用，不过他并没有回酒店，而是与温格和戴恩会面。对此浑然不知的热刺队为珀蒂付了加盟阿森纳队的车费。因金色马尾辫而为人熟知的珀蒂和他的老乡维埃拉成为了强大的中场搭档。

在格拉汉姆时代，奥维马斯就差点加入阿森纳队，但是他决定留在阿贾

第二章　法国革命

克斯队，签署了一份新合同。后来，这位荷兰边锋遭受了严重的膝伤，当他以700万英镑转会而来，签下周薪约为18000英镑的合同时，从阿森纳队的角度看是一个赌博。更衣室发生了突变，变得更加多元化了。据雷·帕洛尔回忆，温格精于此道，能够保持球员的活力，使他们都能团结，不会失去团队精神。

帕洛尔说："我记得马努·珀蒂先走进来。他直接从我们身边走过，对我们视而不见。我们想：'那家伙有点无礼。'但是在我们的更衣室中，可以对他说点什么，告诉他要说'早上好'——要是他不干，我们会把他的马尾辫剪掉！"

斯蒂芬·休斯回想起那段变革时期：

队中的英国小伙子们都很有个性，这是一个真正强大的更衣室。现在听到球员们说自己有多了不起会让我发笑，我会想："等等，他们一定相互仇视！"但是这真的没有关系，看着我家里那张1998年双冠王球队的大幅照片，我会想……这个集体很强大，充满个性。

这是一个疯狂的集体，因为内部总有人充当"警察"的角色——如果团队的行为变得过于愚蠢或者疯狂，人们可以畅所欲言。赖特是个性很强的人，丹尼斯对我很好，他有着很强的幽默感，看似枯燥无味却又如此有趣。毫无疑问，丹尼斯是我见过的最有趣的人之一……马克有一种愚蠢的幽默感，那正是我所喜欢的。丹尼斯总是忽悠马丁。我总是坐在那里发笑，马丁就像哑剧里的小丑。我们喜欢彼此的陪伴。丹尼斯是一个可爱的家伙，而且引人发笑。

法国球员坐在一张桌子旁，而冷静的英国球员坐在另一张桌子旁，营造出一种古怪的氛围。我曾把自己、马丁、马克和丹尼斯称作"不合群者"。和英国帮在一起时马丁显得不够冷静，我则是和马丁同屋的"讨厌鬼"，因为我是被强拉进那间屋子的，荷兰小伙子们喜欢马丁和我。

新球员们中最有趣、也可能最不为人知的一位是尼古拉·阿内尔卡，这位小将是从巴黎圣日耳曼队转会来的，阿森纳为此付出了50万英镑的赔

温格：阿森纳时代

偿金。在两年内，阿内尔卡就以2250万英镑的身价转会皇家马德里队，这是一次痛苦而丑陋的转会，阿内尔卡对阿森纳和温格的回报是威胁罢赛。他被媒体称为"愤怒先生"（Le Sulk），但是在阿森纳度过两个令人吃惊的赛季之后，他引起了轰动。

可以说，阿内尔卡代表了温格的一切典型特点——对年轻球员、速度、力量和技巧的信念。阿内尔卡具备这一切特点，为阿森纳队赢得了奖杯，作为球员，他在温格手下取得了进步，因为他被放在第一阵容中，为俱乐部赚取了丰厚的利润。在温格执教期间，以低廉的价格买入、然后以高价转会的这类球员数不胜数。埃马纽埃尔·阿德巴约为阿森纳俱乐部赚了将近2000万英镑，科洛·图雷赚了大约1800万英镑，罗宾·范佩西则带来了2000万英镑的利润。

这些记录证明了温格的能力，他能够发现球员的天赋，并通过提高球员能力、提供上场机会实现天赋的潜力，然后在合适的时机将其卖出。在其他任何一个行业，温格都会被称为天才的销售人员和商人——确实，他总是对足球和商业管理的相似性感兴趣。在足球界，当球员被出售时，即使有很大的利润，出售方俱乐部会被打上缺乏野心的标签，出售球员的教练会遭到背叛球迷的指责。

但是，那样的日子还没有到来。在第一个赛季中，阿森纳队最后因为净胜球数较少而排在纽卡斯尔队之后，名列第三，这意味着他们只能参加欧洲联盟杯而不是冠军联赛。但是，这还是被看成一种成功。温格在前两个月中没有负责训练工作；在赛季中途接手其他球队的球员总是困难的，人们只有在第一个完整赛季末才会对他做出评判。

1997年夏季，温格非常忙碌。保罗·默森、约翰·哈特森、艾迪·麦戈德里克、大卫·希利尔、安迪·林尼安和保罗·迪茨科夫离队，为俱乐部带来了超过1000万英镑的转会费。这个夏天另一位得到离队允许的球员是阿德里安·克拉克，在里奥奇执教时他已经逐步成为球队中坚，但是在温格手下却难以得到机会。

但是在克拉克的记忆中，温格是一位很好的教练，以尊重的态度对待球员。在温格执教初期，克拉克先和第一阵容一起训练，后来被降入预备队。克拉克要求面见教练。

在会谈中，温格的方针是："告诉我你的情况。"他希望知道我的家庭背景、在足球之外喜欢做什么等。我还告诉他，我正在利用业余时间准备大学入学考试，他对此很感兴趣。他认为，得到良好的教育是很重要的。我们最终谈了很多与足球无关的内容。他真的很健谈，我们就足球之外的事情讲了大约半个小时。

当我们聊到足球时，我对他说："我来见你的原因是觉得有些沮丧。上一赛季的每个星期我都随第一阵容训练，并出战7场，但是今年我每天都待在预备队里。"他看上去很为难："你上过场？真的很抱歉，我不知道这件事。"这听起来有些荒诞，不管是真是假，都让我觉得还有一线希望。

他承诺会更仔细地考察我。但是很不走运，我踢得好时他不在场，而在他出现时我又没有什么特殊的表现。当时我被放在边后卫的位置上，这对我来说如同鱼儿离开了水！我无法给人留下印象，所以一切努力都失败了，几周之内我就被租借到其他球队。不过，在谈话结束时我是昂首离开的，那是因为他对我表现出了真正的兴趣。

在租借给绍森德队一个赛季之后，克拉克在1997年夏季得到温格的召见，尽管和球队解约，他仍然称赞自己的前教练。克拉克现在是名记者，他说道：

我的合同到期了，当我被召到思博温酒店面见老板时，已经知道不会有新合同了。在这家俱乐部待了12年，我终于和他两人坐在空荡荡的酒店餐厅里。

老实说，阿尔塞纳·温格说明情况时很公平，我不能生气或者因为他而心烦。他解释球员在某个年龄——我当时22岁——必须打上主力，而在下一赛季，他无法保证我能够在他的队里做到这一点。

我已经和租借我的绍森德队接触过，他们希望我长久地留下来。阿

温格：阿森纳时代

森纳队最初想要转会费，这成了症结所在，但是温格说他已经放弃了转会费，这样我前面的路就没有障碍了。我记得自己对他说："我无法为自己辩解，从你到来之后我没有达到标准，证明你的错误只能靠我自己。"他说他希望我能做到，但是显然这一切并没有发生。温格还说，他听说我在绍森德队表现得很好，因此不能阻碍我的发展。

谈话仅仅持续了5分钟，但是持续下去毫无必要！这是我生命中值得怀念的一刻，但是从个人角度我不能生温格的气。我在这里12年了，他让我走——我最终还得感谢他！他将一切说得明明白白，我无法反驳，离开俱乐部似乎是为了我的利益。感谢他对我的公平和真诚显得很奇怪，但是那就是我在会面中感觉到的。这有点像休格勋爵在《学徒》节目上淘汰选手，后者还得感谢他给了自己机会！

我走出屋外，看到马修·厄普森等在那里准备签约，这给人一种"除旧迎新"的感觉。这几乎象征着，我在预备队中认识的这位更年轻的球员加入，而我被踢出局了。我走进自己的轿车，悲从中来，开始痛哭！我知道自己必须打电话给朋友们诉说发生的一切，也知道自己再也不能为阿森纳队效力了，这令我万分难过。

约翰·哈特森身上也发生了类似的事情。温格和俱乐部副主席大卫·戴恩为他提供了一份4年的合同，但是西汉姆联队主教练哈里·雷德克纳普能提供更多上场的机会。哈特森说："我在1997年离开阿森纳；他们在1998年赢得了双冠王，这仍然让我有些心痛。我在一个伟大的时代之前离开了。阿尔塞纳·温格为我提供了一份4年的合同；他喜欢我的为人，也喜欢我在场上的表现。"

"我在很年轻的时候就到了阿森纳；打破了最昂贵青少年球员的纪录。我也碰到了一些困难的时期。当哈里·雷德克纳普接触我时，我作出了一个重大的决定，但是老实说，如果能够重来一次，我愿意留在阿森纳。不过，我有自己的行事方式，非常固执。我在西汉姆、温布尔登、凯尔特人和威尔士队度过了美好的职业生涯。但是事后诸葛亮，我希望让温格得到我，因为

第二章 法国革命

那样我就可能成为阿森纳队的一个传奇,可能在那里待上10年。"

温格温和、乐于助人的一面,以及他对前球员的忠诚在2009年得到了很好的表现。哈特森在睾丸癌扩散到脑部和肺部之后,住院进行了紧急手术,他回忆了在自己与病魔搏斗时温格给予的巨大支持。"阿尔塞纳·温格制作了一张巨大的卡片,放在我的阿森纳队装备前面,上面有我的照片和五六十条留言。最上面是他自己的话:'约翰,和你共事是一种光荣,我真的希望你能挺过去。'在我人生的最低谷,这令人感动。所有员工都在卡片上签了名,包括擦洗装备的女孩、厨师、装备员。"

在哈特森转会之后加入球队的不仅有厄普森、阿内尔卡、珀蒂、格里马尔迪和奥维马斯,还有许多球员,包括亚历克斯·曼宁格和路易斯·博阿·莫特。由于签下阿内尔卡之后立刻造成轰动,温格很快赢得了声誉,人们认为他能够选中不为人知的球员,将其打造成明星。

1997年的英国球迷比现在要闭塞得多。除了真正研究足球的人,即使是法国的国际球员也相对不太为人熟知,但是温格很快使法国球员成为英国家喻户晓的人物。他挖掘出市场中相对廉价的球员,并且选择他知道适合自己风格和体系的球员。

阿森纳队在1997/98赛季取得了开门红。他们使用了全新的阵容,也包括一位熟悉的英雄。在9月13日以4比1击败博尔顿队的比赛中,伊恩·赖特打破了俱乐部进球纪录。接着是一个不可思议的时刻:阿森纳队在海布利球场上演的一场进球大战中以3:2击败赛季初的领先者曼彻斯特联队,这是一个有希望的信号。在11月1日之前他们保持不败——那一天他们在德比郡队的主场遭到0:3的惨痛失败。

但是接下来发生的一切将阿森纳充满希望的开始变成了一场危机,特别是接下来的4场比赛中输了3场,使他们落后领先的曼彻斯特联队10分,滑落到第5位。赛季初的承诺化为泡影,阿森纳队似乎已经丢掉了冠军。

雷·帕洛尔记得那个时候,特别是阿森纳的"11月诅咒"。他们似乎总是在11月出错。"许多球队都有倒霉的时期,我们总是在11月走背运。即使在

温格：阿森纳时代

1998赛季，我们也在这一时刻出了问题。不知道为什么，坏运气总是出现在11月。"

12月13日在主场以1∶3负于布莱克本之后，阿森纳队迎来了一个转折点，这个决定性的时刻使他们恢复了本赛季的希望，重回成功之路。这也展现出了温格执教期间一再出现的熟悉主题。当危机袭来，球员们往往召开会议。多年以来，这种情况经常发生，肯定也是温格鼓励球员的一种做法。球员会议每个赛季只开一次，通常是在大败或者严重的失望情绪出现之后，球员们聚集到一起，互相讲出"逆耳忠言"。温格不喜欢对抗，有些球员说，他对此很挣扎，以至于很少看着球员们的眼睛，特别是球员不在球队里的时候。相反，他常常让球员们监督自己。

斯蒂芬·休斯回忆道："在装备员那里你会受到更多的打击。维克·埃克斯为每件事情计时。我记得在一场比赛之后，我们打了一场平局或者输球了，没有人愿意说话，更衣室里一片寂静。我记得自己刚刚进入第一阵容时，碰到这种情况就像发生了第三次世界大战，每个人都想和别人打架。但是这里却很安静，没有人说话……维克走过来说，'孩子，是不是输了球？'这时我就想要一个拥抱，但他接着又说，'他妈的，输了一场，是不是？'我饱受打击。"

在对布莱克本队的比赛之后，球员们自发地召开了一个会议。这种会议有时候由球员召集，有时则由温格召集。输给布莱克本队之后，大家并没有说什么，但是几天之后，球员们在思博温酒店召开了会议，这是一次真正的讨论，为那个赛季定下了调子，确立了一个转折点。球员们毫无顾忌，畅所欲言，重新振作了起来。

后防线球员（大卫·希曼、托尼·亚当斯、史蒂夫·博尔德、李·迪克森、马丁·基翁和奈吉尔·温特伯恩）和埃马纽埃尔·珀蒂及帕特里克·维埃拉坐在一起，告诉他们："你们没有理解自己的任务——我们需要一些保护。我们没有得到你们的任何帮助。"从那以后，珀蒂和维埃拉完全改变了自己的踢球方式，球队在赛季剩下的时间保持了很长的不败纪录，最终得到了

第二章 法国革命

联赛和足总杯的双冠王。

从此以后，珀蒂和维埃拉组成的中场轴心成为了英超联赛历史上最好的搭档之一，他们攻防兼备，在参加的几乎所有比赛中，他们在中场的争夺中都占据上风。很明显，珀蒂和维埃拉的组合是在球员会议之后才完全确立的。温格签下他们两人是富有远见的，但如何比赛却是队友告诉他们的。

在温格执教下，这是一种熟悉的常态，他喜欢在更衣室里进行心平气和的讨论，也乐见球员介入，自我管理。

雷·帕洛尔说："老实说，他从来不是一个在比赛结束后就失去理智的教练。以我来看，在事后再进行处理总是要好得多。你可以平静下来，理解和思考比赛。有时候，在比赛之后立刻这样做就完全错了。他似乎总是回看录像，在周末仔细看两三遍，然后在周一早上开会时说'是哪里出了问题？'"

"他总是希望得到你的反馈。他会说，他认为有一个要素出现了问题，然后要球员们说出自己的想法。然后，我们以球员的方式试图解决问题，他则给出建议。但是，他希望得到你对比赛中所发生情况的个人意见。他始终是那种类型的教练。"

马克·奥维马斯和尼古拉·阿内尔卡在1997/98赛季下半段也展现出了真正的潜力。阿内尔卡在更衣室中被称为"可怜虫"，苦苦地寻求融入其他球员，但是在球场上则完全是另一回事。从第一场预备队比赛到双冠王赛季下半段的辉煌表现看来，阿内尔卡显然是一个特殊的天才，兼具力量、速度和进球能力。

显而易见，在阿森纳持续着非凡表现、重新踏上争冠路途时，曼联队却失去了冲劲，在客场负于南安普敦队，主场负于莱斯特队。

阿森纳队落后很多，但是他们找到了取胜的方法并保持稳定；尽管一些赌徒在曼联队身上下注，但是温格拒绝放弃。进入3月，曼联队领先第二名11分，领先阿森纳队12分，一切尽在掌握之中。但是你可以从温格的微笑中看出，他说的不是空话——他真的相信夺冠是有可能的。

在阿森纳队前往老特拉福德球场准备赛季中最重要的一战之前，温格声

温格：阿森纳时代

称，曼联队有"责任"使联赛变得"有趣"。报刊、电视台和广播电台都喜欢温格和他说的话。这位镇静、"厚脸皮"和迷人的外国教练和亚历克斯·弗格森截然不同，后者除了恼怒之外，没给媒体留下太多东西。

1998年3月14日的比赛真的预示着权力交接。阿森纳队凭借马克·奥维马斯的精彩进球在老特拉福德球场获胜。帕洛尔回忆道："我认为那可能是马克·奥维马斯为俱乐部踢得最好的一场球。那个进球绝对是他一生中最重要的进球。"

曼联队曾经有过疏忽、曾经放弃过比赛，但是弗格森特别擅长在重大比赛中保持镇静。阿森纳队在老特拉福德获胜的事实发出了一个强烈的信号，弗格森并非无懈可击。

第二天，《星期日邮报》副刊头条标题是个很好的总结——"温格：现在你们相信我了吗？"在这一天之前，愤青们、球迷们、记者们和整个足球界都怀疑温格、阿森纳队和他们的新挑战。周六中午的胜利改变了一切。温格在赛后说："这场比赛令每个人兴奋不已。我始终坚信，球员们也重新开始相信了。"

有趣的是，看上去健康、快乐、充满生机的温格从未在意弗格森的心理战，曼联队教练声称，现在压力在阿森纳队一边，他们将会失分。弗格森说："他们从未承受过压力——让我们看看会发生什么。"

温格的回应是简单地说曼联队在积分榜上仍然领先，而球员们的反应是继续打破纪录、追逐冠军的征程。与此同时，克里斯托弗·雷——他用一个空翻庆祝进球——帮助他们击败狼队，进入足总杯决赛。阿森纳队此时处于最佳状态，到4月10日曼联队在利物浦队身上失分之后，阿森纳队在少赛3场的情况下落后7分。连弗格森都承认："力量平衡倒向阿森纳队了，只是他们可能会错过机会。"

阿森纳队决心不放过夺冠的机会。他们在夺冠之战中击败埃弗顿，创造了十连胜的英超联赛最佳战绩，最终提前夺冠。阿森纳队著名的"后场四虎"中的两人——亚当斯和博尔德——此时已经适应了温格的欧陆风格打

第二章 法国革命

法，成为了5月3日（星期日）战胜埃弗顿的核心，帮助温格在海布利赢得了第一个冠军。第89分钟，亚当斯接博尔德直传射进一球时的现场解说，也成了英超联赛历史上最具标志性的一幕。

天空电视台评论员马丁·泰勒的解说词现在已经非常出名，已在阿联酋航空球场的墙上展示："托尼·亚当斯接到了史蒂夫·博尔德的传球……你相信吗？那是最好的总结！"这是一个令人难忘的魔幻时刻，证明温格通过一些练习和信念，能够让任何人踢出漂亮的比赛。

根据泰勒的回忆，那个进球不仅是他的职业生涯中最难忘的，也是超级联赛时代中最令人难忘的。

和我交谈过的大部分评论员都说，我太幸运了，能够见证这个足球史上标志性的瞬间。塞尔吉奥·阿圭罗是最近的一个。能在那里出现，真称得上是个幸运儿。如果心里没有装着莎士比亚的作品，知道将要发生令人吃惊的事，就无法做到这一点。在一瞬间，你就必须知道将要发生的情况，那就是足球的第六感（你也可以用自己喜欢的词来称呼它）。

当托尼启动时，我认为这是难以置信的，因为温格以对阿森纳队的革新而闻名，他继承的这两位中后卫是后防线上的堡垒——他大大发扬了这种精神，在托尼启动的一刹那，博尔德就找到了他，进球也就水到渠成了：这个进球总结了阿尔塞纳·温格到来之后带给阿森纳的东西。

我想，如此重要的比赛中以这样的进球结束真是太幸运了。它在我的脑袋里按下了一个按钮，这么多年过去了我们仍然常常谈起它。

托尼·亚当斯和史蒂夫·博尔德是如此合拍——不仅在阿尔塞纳到来之前合力阻挡对手的进攻，而且在阿尔塞纳为他们的比赛注入新的理念之后，具备支持这种理念的能力。这是一个奇妙的时刻。我铭记着托尼·亚当斯预先启动、奋力抢点的时刻，而忘掉了许多其他的瞬间。这是释放的时刻。我认为，阿尔塞纳带给阿森纳和英国足球的东西太多了。

胜利接踵而来：阿森纳队在温布利大球场击败纽卡斯尔联队，夺得足总杯。奥维马斯和阿内尔卡在一边倒的决赛中双双破门。

温格：阿森纳时代

对手的看法可能是对1998年球队最大的赞许。作为冠军的主要争夺者，曼联队在1998~2004年间和此后的几个赛季中与阿森纳队对抗。在所有惊心动魄的争夺中，曼联球员眼中最好的球队毫无疑问是1998年的双冠王球队，甚至超过了2004年的无敌之师。

曼联队边锋、曾13次夺冠的瑞恩·吉格斯说："就我个人而言，最难对付的阿森纳队是1997/98年夺得双冠王的那一支。他们实际上拥有夺冠所需的一切要素。博格坎普的素养、阿内尔卡和奥维马斯的速度、四名后卫的经验和维埃拉及珀蒂统领的强大中场。"

阿森纳队具有伟大球队的一切特质，更衣室中曾在三支冠军球队中效力过的球员的意见最为有趣。帕特里克·维埃拉说："【我最好的时期】是1998年跟随阿森纳队夺得双冠王的赛季。我记得每场比赛中体育场上的气氛，以及主客场球迷的反应。"

"球场中人山人海。球迷的反应令人难以置信，那也是我享受在英国踢的每一场比赛的原因。那是一种特别的体验，因为我们有一支不可思议的球队。我第一次真正达到高水平，并赢得荣誉。就在那个时候，我真正爱上了英国足球。"

当然，打造了三支夺冠球队（1998、2002和2004）的温格和1987~2000年间一直为俱乐部效力的温特伯恩也认为，第一支球队绝对能与另两支球队抗衡。

它们都是相当强大的球队。当我在阿森纳队效力时，1998年的球队是最好的一支。幸运的是，我们原有的球员和温格带来的球员似乎非常互补，显而易见，这种互补很快结出了硕果——双冠王。

那支球队拥有一切。有速度优势、能进球、边路有奥维马斯、中场强大——真是令人难以置信。这支队伍不管做什么都能得到成果，如果我们输了球，你也会觉得偶尔输球是理所当然的，我们可以踢球，也可以做别的事情。这就是描述那支球队的最好方式，很难与2002年和2004年的球队相比。

第二章 法国革命

2004年的那支球队不可战胜。但是非要我表态，我可能会说三支球队难分伯仲，无法挑出一个胜者。它们各不相同。蒂埃里·亨利在我的最后一个赛季来到球队，渐入佳境。2004年是他的鼎盛时期；我只和他做了一年的队友，当时他还在寻找自己的路。三支球队在不同方面都略有不同。我效力时的球队能够最大限度地获得好的结果。但是在球路流畅方面，2004年的那支队伍最好。2002年，阿尔塞纳改变了球队，更换了后防线上的4名球员。这三支球队水平太接近了，都可能在某种场合下战胜其他两支球队。

阿森纳已经设定了标准，所下的赌注得到了回报。温格改革了阿森纳的训练方法、改变了更衣室文化、将球员阵容变得充满天赋、娱乐性，更重要的是，使他们成为胜利者。他们重新夺回了在足球界的地位——凭借的是华丽的风格。温格成为了第一位赢得英格兰联赛冠军的外籍教练，在此之前取得成功的只有1997年率领切尔西队夺得足总杯的路德·古利特和同一赛季夺得联赛杯的吉安卢卡·维亚利。

但是，温格的成功与众不同。赢得冠军，成为整个赛季的最佳球队，是成功的终极度量。温格以杰出的风格完成了这一切。他深受球迷的欢迎，毫无悬念地成为了潮流引领者。从那以后，任命外籍教练取代英国教练真正成为了常规。这证明阿森纳队做出了正确的选择，也证明了大卫·戴恩引进这位不知名的法国教练的努力没有白费。

戴恩说："人们总是问我，是怎么知道阿尔塞纳适合这家俱乐部的。我的回答是，在完整执教的第一个赛季就赢得双冠王，就是很好的线索！"

拥有了强大的球员班底、大牌国际球员、具有前瞻性的新教练并立即取得成功，阿森纳队已经进入了一个美好的新世界。

第三章
适应的英国人

阿尔塞纳·温格已经成为第一位夺得英超联赛冠军的外籍教练。这使他成为了开路先锋,再加上他迷人的比赛风格、有趣的言论和尖锐的评论,温格突然间变成了体育副刊的新王者。他与亚历克斯·弗格森的多次较量既有趣又残酷,令各大报刊趋之若鹜。不管是对中立球迷还是对铁杆球迷而言,阿森纳队都代表着曼联队统治地位发生的新鲜变化。

温格统率的阿森纳队还有另一个吸引人的地方,那就是风格上的彻底改变。他们已经从"无聊透顶的阿森纳队"变成了英超联赛中最具娱乐性、最有吸引力的球队。现在很容易忘记这一点,但是在温格执教早期,人们应该都记得他是一位革新者。温格使球队变得富有魅力,引进了蒂埃里·亨利、罗伯特·皮雷斯和尼古拉·阿内尔卡等优秀球员。温格继承了丹尼斯·博格坎普,围绕这位荷兰前锋的能力打造新球队,博格坎普是英超联赛史上最好的球员之一,也是阿森纳队史上令人铭记的伟大球员。其他球队的支持者可能不愿意承认,但是他们对阿森纳队越来越钦佩,就像现在的中立球迷

温格：阿森纳时代

为罗纳德·科曼的南安普敦队鼓掌一样。

当时的温格崇尚4-4-2阵型，认为自己的风格足以击败对手。他对于失败并不过分担心，因为他相信对手无法阻止他的球队，也就是说，对自己的风格充满骄傲。亚历克斯·弗格森的曼联队凭借天分赢得了多个奖杯，证明这种方法是可行的。但是，阿森纳队在20世纪80年代末和90年代初获得的成功则基于安全第一的方法。格拉汉姆总是埋怨，他的球队拥有大卫·罗卡斯尔、安德斯·林帕尔和伊恩·赖特等天才球员，却被称作"无聊"的球队。可是，格拉汉姆的风格是公式化的，首先是防守，然后才是取胜。

管理的"神奇公式"就是在娱乐性和取胜之间的复杂平衡。有些教练（如何塞·穆里尼奥）建立的球队不惜一切代价取胜，然后再加入天才。温格这样的教练则从娱乐开始，然后再悟出取胜之道。他们建队的基础是进球、创造机会和技术。他是认为取胜和风格同等重要的少数教练之一。

温格详细地介绍了自己的哲学："我们的职业就是要取胜。但是真相是，任何伟大球队都必须拥有以华丽的方式取得胜利的雄心，必须想着那些花许多钱看比赛的人们。你必须始终将这一点放在心上，希望早上醒来怀着热爱前往体育场的人们能够在回到家之后仍然感觉到这份享受。实际上，职业足球的真正目标不是取胜，而是让人们能够发现观看精彩球赛的乐趣。"

在1997/98年的双冠王赛季中，当阿森纳队反超曼联队赢得联赛冠军，然后在温布利以2∶0击败纽卡斯尔联队获得足总杯时，球迷们欣然接受了成功和迷人的足球。但是复制成功始终是一件难事。在下一个赛季中，阿森纳队竭力重复1998年的双冠旅程——最终两手空空。

缺乏耐心是足球迷的天性，他们总是要求更多。在取得双冠王之后仅仅6个月，阿森纳队的球迷就开始变得焦躁不安。1998年11月的主场比赛中令人失望地以1∶1打平米德尔斯堡队之后，球迷中就出现了不满和挫折感。赛后的新闻发布会上，温格的回应仍然一如既往地精彩："如果你每天都吃鱼子酱，就很难回到香肠上来了。"

足球的胜负总在毫厘之间，阿森纳队和曼联队在1999年4月14日的足总

第三章 适应的英国人

杯半决赛中共同创造了经典之战。他们最终因为瑞恩·吉格斯加时赛中令人难以置信的一条龙进球而失利,但是在此之前丹尼斯·博格坎普错失了赢得比赛的大好机会,他在伤停补时阶段的点球被彼得·舒梅切尔扑出。

这还不是最糟糕的情况,阿森纳队在联赛倒数第二轮做客利兹时失利,最终以一分之差落后曼联获得亚军。在这场比赛中,替补奈杰尔·温特伯恩上场的阿根廷后卫内尔松·维瓦斯未能阻止荷兰前锋吉米·弗洛伊德·哈塞尔巴因克射入制胜一球。温格很少公开批评球员,但维瓦斯是个例外,他的沮丧之情溢于言表,阿根廷人在阿森纳队的职业生涯再也无法得到恢复。

但是温格相信,维拉公园球场半决赛重赛的失利是阿森纳队赛季的转折点,并觉得其余波可以持续很长的时间,甚至可能延续到下两三个赛季。在这场比赛之后,温格愤怒、沮丧、悲观——在球员通道、回家的大巴车上和接下来的几天内都是如此——有些目击者看到了他的行为。实际上,有些人认为这是他有史以来最愤怒的时刻。

温格感到愤怒的原因很简单:在两个队之间棋逢对手的冠军争夺战中,曼联队通过那场胜利获得了动力。亚历克斯·弗格森也承认那场半决赛重赛的重要性,以及它对赛季其余比赛的影响。他说:"实际上,我们本来应该已经取胜了。罗伊·基恩打进了一个好球,他从边线回撤射门得分,但是司线员判定越位。不过依我看来,那场重赛对该赛季起了激励作用。当瑞恩射进制胜球时,支持者冲进球场,更衣室里的人都不敢相信。场上的气氛好极了。"

"球迷们急不可待地回到家里,告诉他们的孩子、妻子和所有人。更衣室里更不可思议,球员们疯狂地蹦蹦跳跳。这一幕棒极了,从那一刻起,我就在想:'我们得到了一个绝佳的机会。'毫无疑问,打败阿森纳队给了我们很大的鼓舞。"

曼联队继续取胜,在1999年夺得三冠王:在英超、足总杯和欧洲冠军联赛中都取得胜利,而阿森纳队一无所获。温格关于1999年半决赛改变了游戏规则的判断是正确的——球队失去了斗志,至少像温格所预见的那样,在接下来的三个赛季中他们都没能赢得任何冠军。

055

温格：阿森纳时代

雷·帕洛尔认为，这场失利是那个赛季的关键时刻，并承认亚历克斯·弗格森由此得到了动力：

我们绝对是那年最好的球队。如果博格坎普射出的点球没有被舒梅切尔扑出，我们肯定能更进一步，赢得联赛，再得一个双冠王。

在欧冠决赛中，剩下10分钟时曼联队还以0：1落后，但是以2：1逆转取胜。足球的比分总是这么接近。我想你可以换个方向想一想，在我们保持不败的那个赛季，路德·范尼斯特鲁伊击中横梁的那个时刻，与此非常相似。在那个时候，我们和曼联队之间的交锋总是棋逢对手，竞争太激烈了。

在1999年之后，竞争并没有停歇。我们以一球之差未能进入足总杯决赛。丹尼斯·博格坎普射失了一个点球。我们差一分钟就能夺得联赛冠军，但是哈塞尔巴因克为利兹联队打进了一球。我不愿意说这是一个间歇，它只是那些竞争激烈的赛季中的一个。我们距离再获双冠王只有一步之遥。有时候，足球当中就有这么细的一条线。

但是，1999年的局面实在太接近了。舒梅切尔扑出了点球，瑞恩·吉格斯打进了漂亮的一球；奈杰尔·温特伯恩受伤，内尔松·维瓦斯替补上场，他就掉电了一瞬间，利兹联队就赢了，我们也失去了联赛冠军。从那时开始，曼联队保持了势头，我们在两三年内未能战胜他们。但是这一切绝对是从那场半决赛开始的。

温特伯恩补充道："当你仔细观察那个赛季，就会意识到我们距离冠军有多近。博格坎普射失点球，输给利兹联队——我甚至到两天以后都不知道那场比赛的结果，因为我直接到医院动了手术。你可能会说'如果……会怎么样？'我们可能会赢得足总杯、联赛冠军，曼联队就得不到三冠王了。就差那么一点。"

天空电视台评论员马丁·泰勒也记得维拉公园球场那个成为温格和阿森纳队转折点的夜晚：

温格是我见过的最糟糕的失败者——比弗格森更糟糕。我这样说是一种恭维。在1999年足总杯半决赛之后，他绝对怒不可遏。他们错失了点球，在那个时候，他们的战绩好于曼联队。他觉得那场半决赛使曼联起死回生了，当然他是对的。接下来两三年都属于曼联，直到阿森纳队东山再起。

那是我从他身上看到的最糟糕的状态。阿森纳队曾有过许多难堪的场面，例如在曼联队的主场以2：8或者1：6失利，温格被罚上看台，或者推搡何塞·穆里尼奥。但是我恰好看到维拉公园赛后的他，从中意识到他是怎样的一个竞争者。他已经很久没有出现过那样的情况了，只有在1999年的时候，他真的气疯了。结果证明，他可能是对的。他闻到了危险的味道……这场比赛使曼联队重新走上了正轨；他们赢得了三冠王，而阿森纳队不得不等待下一个奖杯的到来。

阿森纳队在悲观和垂头丧气中结束了1998/99赛季的征程。但是在一些教练改变哲学之时，温格在接下来的两个夏天被迫重建球队。在1999年的休赛期中，尼古拉·阿内尔卡明确表示想要离开。这成为了一场旷日持久的转会传奇，俱乐部将其出售给皇家马德里队获得巨额利润，缓解了他离去造成的打击。用他交换来的蒂埃里·亨利则更进一步舒缓了压力。

阿内尔卡的转会成为了温格最后悔的一件事，因为他能够看到阿内尔卡的天赋和潜力，希望后者能留下来成为球队的一部分。如果阿内尔卡没有被出售，阿森纳队会不会买下亨利？这是一个有趣的问题。

阿内尔卡和他的哥哥克劳德（也是他的经纪人）在圣奥尔本斯的思博温酒店与温格和大卫·戴恩会面。这位球星告诉温格二人，他想要离开，并且明确表示，如果不允许他离开，他不会回队里报到。温格明显地感到烦恼和失望。他花了很多时间和精力将阿内尔卡打造成一位大明星，将后者从默默无闻的小将变成欧洲赛场上最激动人心的天才之一，但是温格知道，阿森纳没有选择，只能将其出售。他们唯一的难题是，尽其所能赚到更多的钱。

当阿内尔卡最终成行时，重感情的温格拍着他的肩膀说："尼古拉，我希望有朝一日你能想起，我曾经稍稍改善了你的职业生涯。再见。"2007年温

温格：阿森纳时代

格几乎重新签回阿内尔卡，说明他不是一个记恨的人。

但是，尽管亨利承认自己花了一段时间才适应了阿森纳队，他也达到了同样的高度。温格将他从边锋转变成一位彻头彻尾的中锋，他的射门能力与日俱增。我记得1999年9月中旬采访阿森纳队击败南安普敦队比赛的情景，亨利在第9次出场时才打破了进球荒。那是他的职业生涯中典型的精彩进球，亨利从侧翼切入，然后皮球如闪电一般地飞入球门远角，阿森纳队凭借此球以1∶0取胜。我走到球员通道和亨利对话，他对自己的英语不像现在那样自信，虽然是世界杯冠军队成员，但是他坦诚而谦虚。随着进球越来越多（这一赛季他最终打进了26个球），自信心逐渐加强，他也成为了一位世界超级球星。

在接下来的两年中，由于温格继承的后防线开始老化，他进入转会市场寻求补强，引进了一些鲜为人知的球员，如伊格尔斯·斯捷潘诺夫斯、莫里茨·福尔茨、居伊·德梅尔和尼科洛·加里。虽然温格在挑选前锋时很有眼光，但是在签下防守球员时就没有那么成功了，这可能表现出了温格优先考虑的方面。他甚至和后卫队员们开玩笑，希望他们更像边锋一点。

温格一再遭到批评的一点是，他只继承了阿森纳队著名的后防四老将——迪克森、博尔德、亚当斯和温特伯恩，从未能打造一条稳固的后防线，因为他痴迷于进攻的方面。

在此之前，温格花了很大的精力，试图延长老队员们的职业生涯。托尼·亚当斯长期饱受背伤困扰，温格敦促医疗人员努力寻找不同的解决方案。在很长的一段时间内，理疗师带着湿海绵在球场上奔跑的形象常常被用来说明足球场上的伤病处理方式。但是科学和体育医疗的快速发展，以及温格的不同训练方法和最好的专家（加里·卢因后来成为英格兰队的理疗师），使阿森纳队渴望接受新的理论，尽管这些理论看上去十分荒诞。

亚当斯飞往法国，与离经叛道的法国健康专家提布鲁斯·达鲁见面，亚当斯拔掉了智齿，因为达鲁认为它们是一些背部伤病的根源，会引起肌肉痉挛、影响平衡、姿态和整个背部。后来，罗伯特·皮雷斯在膝部十字韧带损

第三章 适应的英国人

伤之后也曾前往法国南部面见达鲁。温格很善于接受新的医学、生理学和心理学思想，并且广泛地阅读了这一领域的书籍。

在1999年功亏一篑之后，2000年更令人失望，阿森纳队最终再次一无所获。在超级联赛中他们再次位居曼联之后获得亚军，但是这一次落后的分差达到了18分，在哥本哈根举行的欧洲联盟杯决赛中，他们表现不佳，经过点球大战输给了加拉塔萨雷队。这场比赛还出现了双方支持者的暴力冲突，各个方面的结果都令人不快。

温格在转会时的犹豫不决是出了名的，他的优柔寡断曾经导致错失了许多潜在的签约。相反，他对球员们的态度一直是：如果球员们想要离开阿森纳，他通常不会阻碍他们。当然也有少数的例外。阿森纳队年复一年地努力保住帕特里克·维埃拉，即使在他的行为广受批评的时候（他在客场与西汉姆联队进行的一场激烈的伦敦德比中向尼尔·拉多克吐唾沫）。这几乎成了一年一度的传奇故事，以皇家马德里为首的顶级俱乐部不断地追逐维埃拉。在多年后，阿森纳队又苦苦挽留塞斯克·法布雷加斯。

但是，在2000年夏天，温格作出了更重大的改变。在此之前，他每年都做一些小的调整。这一次，阿森纳队发展成为温格执教下的新球队，这一切主要是因为他们决定以巨额转会费将埃马纽埃尔·珀蒂和马克·奥维马斯出售给巴塞罗那队。谈判持续了数周，因为巴塞罗那公开宣布他们对交易的兴趣之后又不断地讨价还价。

珀蒂和维埃拉的中场搭档是英超联赛中最强大的，但是在之前两个赛季中，珀蒂对英国足球十分失望，他坚称自己常常受到不公平的待遇。

珀蒂在《每日镜报》上发表了一篇专栏文章，这是他最后一次痛骂裁判和官员。在阿森纳队的17个月中，他被罚下4次，在文章中他抱怨道："我受够了。我不会改变自己的想法，我对这里发生的一切感到厌倦。如果每当我开口说话或者在球场上犯错都会被出示黄牌，而其他情节更恶劣的人却能侥幸逃脱，那么我在这里就是浪费时间。"

珀蒂对英国足球的失望情绪并没有阻止他在效力西班牙联赛一年之后

温格：阿森纳时代

就返回英超的切尔西队。和离开的少数几位球员一样，珀蒂再也没有展示出早年和维埃拉一起踢球时的能力，当时他们曾是英超历史上最好的中场二人组之一：凶猛、才华横溢并且极富统治力。他们确实陷入了麻烦之中，现在想想，温格抱怨自己的球队受到不公的待遇是件有趣的事情，在他执教的早期，他们常常是陷入犯规麻烦的一方。

有一段时间，记者们采访每场阿森纳比赛的时候都会统计红牌总数。红牌数的纪录似乎每周都会被打破。记者席上有人大声叫道："这是温格执教期间的第40张红牌。"此后，温格被问及此事时的回答已经成为笑谈，他总是坚持说："我没有看到。"

2000年夏天，在售出珀蒂和奥维马斯之后，阿森纳队再次花大价钱从法国市场上购得两位国际球员。他们打破了俱乐部的转会费纪录：西尔万·维尔托德签约金额为1200万英镑，为罗伯特·皮雷斯支付了1000万英镑。维尔托德是一位全能型前锋，能够胜任边锋、影子前锋或者中锋，有着闪电一般的速度。

皮雷斯则是一名攻击型中场，他花了一段时间才在英超联赛中安定下来。皮雷斯的奔跑风格有些古怪，好像有些扁平足，他似乎被英国足球重视身体对抗的特性吓住了，花了整整一个赛季才站稳了脚跟。在与托特纳姆队的一场北伦敦德比中，他明显完全无法发挥作用，似乎不愿意靠近边线，当他在场地一角向主队球迷要回皮球时，遭到了连珠炮般的怒骂。

尽管招募了这些球员，阿森纳队要开启新时代仍需假以时日，2000/01赛季迎来了一些意料之外、令人震惊的结果，其中最糟糕的是客场以1∶6负于曼联队。在那场比赛中，伊格尔斯·斯捷潘诺夫斯的防守漏洞暴露无遗，任由曼联队横冲直撞；中场休息时温格在更衣室里大发雷霆（此时的比分为1∶5），很明显，阿森纳队是一支处于过渡期的球队。他们从1998年的双冠王到1999年的功亏一篑，再到2000年和2001年的一无所获，但是连续三年夺得了联赛亚军，2000年夺得欧洲联盟杯亚军，2001年夺得足总杯亚军（以1∶2负于利物浦）。他们正在接近自己的目标，但仍然急需找回失去的要素，才能回到统治地位。

在2000/01赛季揭幕战对阵桑德兰队时，皮雷斯在下半场替补上场，这是他在阿森纳队的首秀。终场哨响，比赛变成了一场全面战争。当维埃拉在最后一分钟被罚出场时，温格再次暴露了他的脾气。他一边走向更衣室一边大声指责，在球员通道里与第四官员保罗·泰勒和桑德兰队老板彼得·里德发生了争吵。

在光明球场球员通道的电视台摄制组和电台采访记者面前，温格完全失去理智，对指责维埃拉的里德大发雷霆。一位目击者说："那天他对里德发了脾气。这相当滑稽，又是帕特里克。帕特里克被罚出场，里德肯定被这一质疑气疯了。阿尔塞纳认为，帕特里克遭受犯规的次数和他自己犯规的次数一样多。"

"终场之后在球员通道里，彼得和他互相对骂。阿尔塞纳喊道：'不，你这个混蛋！不，不，不，去你的！'球员们都在说：'我的天啊。'要知道这可是阿尔塞纳·温格，每个人都觉得他很学究气和冷静。然后，他就像大家心目中那样平静地出席了记者招待会，完全控制住了自己的情绪。"

泰勒和桑德兰队的达伦·威廉姆斯都为此事作证，足协裁定温格有过失之后对其处以12场禁赛。温格坚持这是一个"小"事故，申诉自己只是为了分隔开球员们。

但是，这提醒人们，温格是个严肃而心思细密的人，但是也有着暴躁的脾气。这也是皮雷斯永生难忘的"英国足球欢迎仪式"。温格笑着说："我记得在首场对阵桑德兰队之前，我对皮雷斯说，'今天不是你的起点——你坐在我身边。'半个小时之后，他对我说：'情况一直是这样吗？'我说：'可能会更糟！'有时候，球员们在开始时会大吃一惊。但是，当我【1996年】来到这里时，球场上要比现在粗暴得多。"

皮雷斯已经是公认的法国国际球星，他于1996年首次上场，是法国队称霸世界和欧洲赛场时的主力队员。因此，2000年马赛队决定出售他时，希望签下他的球队很多。皇家马德里队是其中之一，对皮雷斯是个很大的诱惑，

温格：阿森纳时代

因为在少年时代，他就是穿着马德里的白色衬衫长大的。

但是，皮雷斯承认，是温格说服他加入阿森纳队，并帮助他成为世界级的球星。"2000年，马德里队想要我加入。但是阿森纳队也想签下我，我选择伦敦是因为温格。我和他交谈了许多次，知道他希望我加入，也知道自己愿意为他踢球。皇家马德里当然是个伟大的俱乐部，但是缺乏稳定性。每个人都认为我正在走向马德里，但是我并不希望如此。"

"每天和阿尔塞纳·温格一起工作是一种荣耀。他是一位伟大的教师——无愧'教授'的外号。他总是教给我技战术上的东西。毫无疑问，我职业生涯中最好的岁月是2000年到2006年间和他在阿森纳队度过的。"

但是那个时期——因为新球员需要花时间适应——阿森纳队的表现时好时坏。在2000年和2001年，他们都非常接近于成功，就像1999年那样，最有标志性的是2001年的足总杯比赛，他们统治了比赛，但是却在临近结束时连失两球，负于利物浦队。在联赛中，阿森纳队缺乏稳定性，而那正是赶超最靠近、最凶猛的竞争对手（曼联队）所必需的。1999年双方的差距很小，而在2000年曼联队领先18分，2001年则领先10分。

帕勒将大部分责任归咎于温格彻底改变著名的四后卫阵型，因为至少后防线需要经历一个过渡期。"在那个时期，后防线上的四位大将有点老化了，有些人离开了，温格真正地改变了这条防线。他更换了四位后卫，劳伦出任右后卫，阿什利·科尔代替奈杰尔·温特伯恩，引进了科洛·图雷，俱乐部作出了很多的改变，有时候这需要时间。"

温格为一个顶级俱乐部招来了大量试训队员；此外，大门始终为前来训练的前球员敞开。这在私下造成了一些不安，因为训练场变成了一个"老男人俱乐部"。但是温格不惜一切代价回避对抗，不喜欢说"不"。在很多的时候，大卫·贝克汉姆、皮雷斯或者蒂埃里·亨利都可以来到伦敦科尔尼训练。

对于试训球员来说也是如此。在经纪人的推荐下，身材修长的拉脱维亚国际球星斯捷潘诺夫斯受到了欢迎。他真的非常努力，也成为了球员们中的笑谈，马丁·基翁容易上当，因此经常成为爱在更衣室中开玩笑的丹尼斯·博格坎普和雷·帕洛尔等人的目标。他们骗基翁说训练场上来的快递小哥实际上是一位新的中后卫，基翁信以为真，面见温格以打消疑虑。

此后，少数球员开始在温格和基翁听得见的范围内评头品足，说斯捷潘诺夫斯是一位很好的球员，这只是为了刺激他们的队友，他们从不相信这位拉脱维亚大个子会被签下。即使在友谊赛中，这几个爱开玩笑的家伙也会坐在板凳上，每当斯捷潘诺夫斯触球就鼓掌，说他踢了一场好球，以此来刺激基翁。谁知道这些评论是不是影响了温格的想法？但是在几周后斯捷潘诺夫斯签约时，一些人面露惊讶之色。

斯捷潘诺夫斯在阿森纳待了四年，只在17场联赛中首发出场，他的低谷出现在老特拉福德球场以1：6负于曼联队的比赛中，温格中场休息时在更衣室大发雷霆，这是在阿森纳队执教期间他最为生气的一次。迄今为止，温格身边的人都坚称那是他在中场休息时最不冷静的一次。法国人从球员通道走向更衣室时似乎气得发抖。帕洛尔回忆了那一幕：

在我们以1：6输给曼联队的那场比赛中场休息时，他气疯了。那天后防线的四位球员是奥列格·卢日内、伊格尔斯·斯捷潘诺夫斯、吉莱·格里马尔迪和阿什利·科尔。我们在半场时以1：5落后，大卫·希曼表现上佳，他一次次地把对方的射门托出横梁，要不然可能就是1：10了。

我忘不了阿尔塞纳·温格的样子。我们不习惯于这种情况，他是个很镇静的人。但是他开始骂人了，用的是英语——但是听上去就像一个法国人！我真的想笑，因为那声音听起来很奇怪；没人敢和别人对视，否则我们会开始捧腹大笑，把别人也给逗笑。你能够想象乔治·格拉汉姆或者亚历克斯·弗格森爵士骂人，但是轮到阿尔塞纳·温格就会觉得不对劲。那是他唯一一次真的发火。我在之前或者之后都没有看见他生气到如此地步。那真是一场糟糕的比赛，在半场就以1：5落后，不能打成这个样子……【他】和弗格森正在进行一些心理战，因此对这种结果感觉很不好。

如果你在半场时以0：1或者0：2落后，他会保持冷静的。他知道对哪些人可以鼓励，对哪些人无能为力。

温格：阿森纳时代

在出现这种结果之后，星期一的会议最为重要。我们谈了自己的看法，周二和周三则都用来恢复活力。你不可能总是表现得很好。和曼联队的那场比赛之后以及任何惨败之后的会议，都是重要的进步。

我记得在海布利的另一场比赛中，我们以0∶2落后于阿斯顿维拉队。球员们都不愿意积极拼抢了。可以看到帕特·赖斯真的发火了，他走进更衣室，开始责骂球员们。然后温格走进更衣室说："闭嘴，帕特。"

他的理论是，如果你指责球员们，他们只会躲起来，不敢要球，就像罗伯特·皮雷斯那样。我们早早取得了进球，并最终赢下了这场球。他认为每个球员都是不一样的课题，都需要不同的管理方法。

在老特拉福德球场以1∶6惨败的时候，温特伯恩已经离开了球队，他补充道：

在我和温格共事的4年中，他从未高声说话，更别说发火了。这是一种古怪的感觉，因为有些时候，你认为他一定会痛骂球队，或者在你表现得不好时感觉可能会遭到训斥。但是什么都没有发生。他只是谈到如何改善当前的处境。在此之前和之后的整个职业生涯中，我都没有经历过这样的时期。

他和任何人都不同——特别是那些斥骂球员的教练们，就是如此。在对阵阿斯顿维拉的一场比赛中，帕特·赖斯指责球员们，阿尔塞纳进来反而骂了帕特一顿！

这太与众不同了。乔治·格拉汉姆在各个方面都和温格有很大的不同。他做了很多团队工作；在每个方面都制定了明确的边界，告诉我们："我是教练，你们是球员。"托尼·亚当斯是乔治和球员们之间的媒介。在比赛期间或者中场休息时，我曾和乔治有过多次争执。这种事情确实常常发生，但是正如其他的一切，你都会忘掉，进入下一场比赛……

【在温格时代】如果中场休息或者比赛结束时有分歧，球员们将会进行辩论。温格不参与，而是顺其自然。他会在旁边聆听，突然插嘴说："对了，这就是我们要做的。"他似乎在做记录，采纳球员们的意见并评估下一步的措施。我认为这种情况在很多教练身上都发生过,但是他很擅长利用球员们的反应:他让球员们畅所欲言,然后从他们的意见中找出自己需要的。

在比赛中,不管是在中场休息还是其他时候,他都会讲出自己的观点——例如节奏太慢、必须加快反击速度、防守要更遵守战术纪律等。他会尽力让你平静下来,将注意力集中在他关于如何赢得比赛的信念中。从我听到的情况上看,现在这方面也没有太大的变化。

那一天,阿森纳队在曼联队的闪击下疲于奔命,德怀特·约克上演帽子戏法,奥勒·贡纳尔·索尔斯克亚、泰迪·谢林汉姆和罗伊·基恩也都进了球,促成了这场溃败。阿森纳队本应该是与曼联队水平最接近的球队,但是在温格的最大对手亚历克斯·弗格森爵士的率领下,阿森纳队在这个强硬对手面前遭到了羞辱,温格的自尊心受到了伤害。

在失望的2000年和2001年之后,温格对自己的需求有了明确的想法:他必须解决防守问题,开始重建阿森纳队的四后卫阵型,一个新的辉煌时代开始了。

第四章
荣耀之战

2001年夏天无疑为阿尔塞纳·温格率领下的阿森纳队取得新成功打下了基础。有趣的是，他们遇到了转会市场非常复杂而昂贵的一个时期，这一点从许多方面上可以看出。他们以800万英镑购得弗朗西斯·杰弗斯、600万英镑购得理查德·赖特、850万英镑购得吉奥瓦尼·范布隆克霍斯特，在众多交易中最吸引人们眼球的是按照《博斯曼法案》免费转会的索尔·坎贝尔。

坎贝尔是从托特纳姆热刺队转会而来的——这是温格最出人意料的转会动作，他看中了这位死敌的最佳球员和队长，抢在国际米兰队、曼联队和巴塞罗那队之前说服坎贝尔加入阿森纳。这是令人震惊的一次转会，表明了新赛季的目标，是阿森纳队在沉闷的三年之后决心回到巅峰的一个信号。

毫无疑问，温格也希望花费巨资，向一些心怀不满的球员发出非常清晰的信号。亨利在2001年足总杯决赛失利之后十分沮丧。帕特里克·维埃拉在2001年4月阿森纳队于冠军联赛客场负于瓦伦西亚队、再次告别欧战之后的发怒可能更能说明问题。

在西班牙的比赛之后，维埃拉无法控制自己的

温格：阿森纳时代

怒气，坚称他不会讨论或者回答关于自己在阿森纳队未来的问题，人们因此怀疑他可能将要离开该俱乐部。这一信息很清晰，欧洲最吃香的中场队员之一维埃拉告诉温格和阿森纳队，必须改善球队班底，使其重新具备竞争力。这个夏天和温格执教前半段时间中的任何一年一样，他们努力挖掘转会市场。

当坎贝尔在俱乐部训练场上面对媒体，人们看着他走过场地大门时都错愕不已。这是一笔震惊英格兰足坛的交易，坎贝尔的作用不应该被低估。在他效力于阿森纳队期间，该队赢得了联赛和足总杯双冠王，另外还获得两次足总杯冠军，并在2003/04赛季以不败纪录夺得联赛冠军，2006年进入欧洲冠军联赛决赛。

就坎贝尔的交易来看，他们签下的是一个巨人，其重要性堪比同时代的任何球员（包括蒂埃里·亨利、丹尼斯·博格坎普、帕特里克·维埃拉和罗伯特·皮雷斯）。相反，其他交易并不成功。范布隆克霍斯特遭遇膝盖十字韧带损伤，使其无法上场，他在被出售前从未成为阿森纳队正式阵容的一员。

从伊普斯维奇队签来的赖特是英国足坛寄予厚望的守门员，曾短暂地被人看成大卫·希曼的潜在继任者，在海布利球场与阿森纳队的比赛中有过精彩的表演，但是在俱乐部中从未表现出他的潜力。

这个夏天签下的其他英国球员包括前途光明的年轻前锋杰弗斯，他的职业生涯饱受伤病困扰，常常被视为温格在接下来几年不签约英国球员的原因。当球员的职业生涯陷入伤病危机的时候，很难去指责他。但是在一张2002年夺冠庆祝的照片中，杰弗斯（仅在该赛季出场6次）仍在伦敦科尔尼训练场上占据重要的位置——他在前排，戴着一副巨大、可笑的太阳镜。

滑稽的是，杰弗斯之所以一直没有被人遗忘，是因为他总会成为阿森纳队进球问题和寻找多产射手的原因。人们希望他是一位抢点型射手，弥补阿森纳队优秀前锋们缺乏的决胜能力。

杰弗斯被称为阿森纳的"禁区之狐"，这个词是在2001年足总杯决赛之后创造出来的。阿森纳队统治了这一场比赛，利物浦队后卫斯特凡·昂绍在情急之下手球本应该判罚点球。阿森纳队后来由弗雷迪·永贝里得分，但是迈克尔·欧文在最后7分钟里连进两球，夺走了奖杯。

赛后在千禧球场的混合采访区（球员接受媒体采访的地方），阿森纳球员十分沮丧，很难从他们口中听到一句话。蒂埃里·亨利在接受法国媒体采访的时候一语中的：阿森纳队需要一位"renard sur le terrain"——从字面上理解，是"球场上的狐狸"——后来又被改成了"禁区之狐"。实际上，亨利几年之后甚至在采访中用这个绰号的英语版本称呼自己。签下杰弗斯就是为了得到"禁区之狐"，但是他从未达到这一目标，两年之后，他被租借到埃弗顿队。

但是，在阿森纳队竭力寻找对方禁区内高能杀手的同时，他们已经签下了己方罚球区内的一位巨人。坎贝尔是一位强力后卫，正是温格为其球队寻找的典型球员。阿森纳的关键球员如坎贝尔、维埃拉和亨利都适合强力球员的新模板。

不过这对于阿森纳俱乐部来说是一笔胆大的交易。坎贝尔深深记得那段日子。阿森纳副主席大卫·戴恩是关键的谈判者，他说服坎贝尔离开自己担任队长的俱乐部，加入最大的竞争对手。很明显，坎贝尔相信温格和戴恩之间的化学反应使他们成为转会市场上的完美搭档。温格确定球员；戴恩则以其魅力吸引这些球员，完成交易。

从主要对手托特纳姆热刺队那里招募坎贝尔花费了数月时间。坎贝尔在白鹿巷球场感到不满和沮丧。阿森纳队做好了准备，要抓住他成为自由球员的机会。前往国外踢球是一个很轻松的选择，但是戴恩决心说服坎贝尔，尽管可能加剧北伦敦的对立，当然这个困难的选择也可能有更大的回报。

坎贝尔与阿森纳的谈判在戴恩家里秘密进行，他们在那里反复讨论。因为苦于媒体的纠缠，坎贝尔坚持在深夜到戴恩家里。他们在黑暗中漫步于戴恩家的花园，讨论可能的转会方案。

坎贝尔是一个思想深刻的人。让他加入，说服他此时是离开热刺队的合适时机，这是一个巨大的挑战。戴恩最终说服坎贝尔转会阿森纳，这是英超历史上最富争议的交易之一。坎贝尔在阿森纳队支持者心目中是一个传奇，

温格：阿森纳时代

但是在他们的最大对手看来，坎贝尔做了卑鄙的事情。坎贝尔的回忆让我们深入了解到戴恩与温格的关系在转会市场上产生的巨大作用：

我此前见到阿尔塞纳的次数不多，更多的是和大卫·戴恩见面。戴恩具有卓越的沟通能力。他知道足球界的运行方式。他可以和主席、董事长、教练甚至小卖部的女士们交谈。他也有人性化的一面，那对我来说是个很大的优势。他们两人是成功的搭档。大卫是阿尔塞纳的决策咨询人，他们在一起太合适了……

在托特纳姆队，我东奔西跑、为三四名球员提供保护，完成自己的任务，赢得队友的信任和自信，同时也信任其他人，并将这种信念传达到整个队伍，那是一种很棒的感觉。这也包括守门员，虽然没有心灵感应，但是你确实能感觉到场上的某些位置。随之而来是一群小伙子们中间的化学反应和相互理解。加入攻防两端都十分出色的一支球队，是绝妙的体验。

遗憾的是，在托特纳姆队我经历了许多位教练，太多了。最终，我在一个阶段里都只是浪费天赋。球队毫无结构、毫无哲学。其他教练来了之后，就会带来新的哲学。这就像一个旋转门，球队完全没有稳定的前瞻性思路。

我前往阿森纳队的原因之一是结构。那里已经有了一种哲学、一个稳定的环境，以及一种足球之道。关键是，我融入得很好。如果你的心态和踢球风格融入了一支球队，那么就不会有任何问题，它就是适合你的地方。是的，拥有出色的世界级球员也很有帮助。我是球队运转的一个部件，所有球员组合在一起，形成了一部绝妙的机器，我们都是机器的一个部件，你知道的，那是一部有机的机器。

从个人层面，转会必须进行，我没有选择。我必须赢得某种荣誉。这个大动作面临许多压力，半数的北伦敦人可能都希望自己只是弄错了。但那是必须进行的，我遭遇伤病，必须克服这种状况，加入球队中，还要跨越许多障碍。但是，最终我对自己说："这是正确的；如果这个日子不属于你，那你必须努力使其变成属于自己的日子。"

第四章 荣耀之战

这个赛季阿森纳队对阵托特纳姆热刺队时，观众的目光不可避免地落在坎贝尔身上，特别是这位前热刺队队长在2001年11月第一次回到白鹿巷球场的时候。阿森纳队的大巴进出白鹿巷球场时被砖块砸中——主队的支持者们藏在邻近的露天啤酒屋里投掷砖块——坎贝尔遭到了球迷的大肆辱骂。托特纳姆队的球迷绝不会原谅坎贝尔在他们心目中的背叛行为。

想起那场难忘的比赛，坎贝尔既骄傲又害怕。他还记得，尽管由于有腹股沟拉伤的借口，不参加这场比赛也毫无问题，但温格固执地认为他应该上场。

你可以看到人们眼中的仇恨，这很可笑。妇女、儿童，所有人几乎都口沫横飞地叫骂。他们在场外焚烧我的肖像。我知道这一切会发生，但是程度超出了我的想象。球场挤得水泄不通，停车场也被打开了。我走进场内，却走错了更衣室！太滑稽了，这只是因为习惯。

每个人都看着我。我很注重热身和熟悉球场的各个角落。场上的气氛很恶劣、很令人厌烦，但是我必须坚持下去。换好衣服之后，我跑到球场的四个角落，适应一下发生在我身上的情况，听听他们对我说的每句话。我跑到场地四周仔细聆听……我制订了一个比赛计划，为此做好了准备。在我的脑海中，最难忘的是那些横幅。这对我来说是一场艰苦的比赛——和足球无关，而关乎情感。

当天，阿森纳队与托特纳姆热刺队打成平手，皮雷斯在比赛后半段首开纪录，但是格斯·普瓦耶在最后一刻扳平了比分。

坎贝尔对温格的足球哲学也有有趣的理解。劳伦和阿什利·科尔担当边后卫，加上亚当斯、基翁和坎贝尔的中卫组合，阿森纳队又有了牢固的后卫线和很多出色的进攻天才。但是坎贝尔表明，温格希望球员自己负责许多战术问题。他觉得球队拥有足够的战术素养，皮雷斯、博格坎普、亨利、维尔托德和永贝里这样的球员足以击败任何对手。因此，他们不需要过分依赖战术或者灵光一闪的换人来改变比赛面貌或者赢球。本质上，温格的看法是，对手能做什么并不重要——阿森纳能够做得更好。坎贝尔还补充道：

温格：阿森纳时代

【温格】将许多改变比赛的任务交给球员，他坚信这一点。球队建立了某种结构，他希望以某种方式比赛。但是他希望某些球员——特别是最后的三位球员——能够有所创造，给比赛带来不同的东西。

他追求那种魔法。每个人都在追逐那种魔法，但是如果你让三、四或者五位已经得到那种魔法的球员发动进攻，那就太棒了，简直不可思议。这将使其他球队踌躇不前；他们不知道到底要前进还是后退。他们总是知道在一场比赛中自己要怎么做，因为如果……有两名球员被重点防范，仍然有其他两名球员是无人防守的。那就是你想要的：不管你和谁对抗，他们都无法完全防范和阻挡你们。

温格再次建立了一支有着完美节奏的球队：坚固的防守、强大而有创造力的中场和具有出色天赋的攻击线。温格以低调的方式悄悄地建立了另一支阿森纳队，正如坎贝尔所说，这支球队有足够的领军人物，能够确保教练的意图和指令贯彻到球场上。温格并未做出彻底改变就实现了这一切，坎贝尔是2001年夏天签入的重要球员中唯一给球队带来显著影响的。

2000年签约的球员【如皮雷斯和维尔托德】已经花费时间适应球队，并且形成了各自最佳的组织方式，但是他们在2001~2002年才真正开始发挥作用。维尔托德在老特拉福德打进制胜球确保联赛冠军的情景总是被人记起。那可能是对1999年阿森纳队在足总杯半决赛负于曼联最好的报复，不仅如此，这还证明阿森纳已经夺回了在英国足球中的领军地位。

随之而来的是令人难忘的冠军争夺，瑞典中场弗雷迪·永贝里在最后13场联赛胜利中经常成为关键人物。他在这一段时间中享受着进球，夺冠道路上打入7球，还在2002年5月足总杯决赛中击败切尔西时进球。

永贝里深情地回忆起那段日子："那绝对是我的职业生涯中最好的时期。那段时间我十分快乐、感觉良好，主教练给予我很大的信任。对于每个球员来说，赢得奖杯都是高光时刻。而且，我和阿森纳队的球迷有了很好的关系。那对我来说很特别。在个人方面，我赢得了英超联赛年度最佳球员奖【2001/02赛季】。其他瑞典球员没有得到过如此殊荣，我真是幸运。"

第四章 荣耀之战

在这个时候，温布利球场正在重建，所以前往千禧球场观看足总杯决赛成了朝圣之旅，塞文桥上漫长的堵车时间和杯赛本身一样令人记忆深刻。

2002年的足总杯决赛令人难忘，那是因为阿森纳队在一个阳光明媚的周六击败了切尔西队，然后在下一周的周三于老特拉福德球场迎来了联赛冠军的决战，当时他们已经知道击败曼联队就能赢得双冠王。温格知道，不管足总杯决赛会耗费球员们多少体力和精神，在这种场合取得胜利都将是很关键的。他当然不希望重复1999年那场打击士气的足总杯半决赛。

这是一场紧张激烈的决赛，切尔西此时虽然还没有进入罗曼·阿布拉莫维奇时代，但也拥有马赛尔·德塞利、弗兰克·兰帕德和威廉·加拉斯等优秀球员。然而，阿森纳队当天的阵容看上去势不可挡，表现了他们的实力：希曼；劳伦，亚当斯，坎贝尔，科尔；维尔托德，帕洛尔，维埃拉，永贝里；亨利，博格坎普。阿森纳队显然是这一赛季英国最佳球队。

尽管如此，阿森纳队仍然到很晚才取得进球，雷·帕洛尔在第70分钟以其生涯最佳进球之一——一记距离25码（约23米）、直挂球门上角的弧线球——打破了僵局，然后，永贝里在剩下的20分钟里继续着他的进球表演。帕洛尔对此记忆犹新：

那可能是我职业生涯最重要的进球，和切尔西队的比赛真的很艰苦。他们也买入了很好的球员。

这是古怪的一周……老实说，小伙子们有些厌倦，感受到疲劳。当你参加足总杯决赛时绝不应该感到厌倦。但是我们知道，如果输了，就会觉得厌倦。

我记得儿时观看每一届足总杯的情景。第一次参加足总杯决赛时，我感受到了真正的荣耀；在决赛时打进一球则是美梦成真。我记得自己积极跑位，蒂埃里·亨利出色的跑动将两名防守人从我面前引开，此时只剩下我和德塞利的对决，我所做的就是射出弧线球绕开他，期待最好的结果。

我曾在训练中多次这样得分！但是在比赛中并不多见。看到球划出弧线飞进上角真是美妙的感觉。那对于我和主教练阿尔塞纳·温格来说都是

温格：阿森纳时代

伟大的一周。罗曼·阿布拉莫维奇进军英国足坛，在切尔西投入巨资，改变了冠军争夺的格局。但是在此之前的那场决赛中，切尔西队仍是一支优秀的球队，击败他们之后，我们又在一场最好的客场比赛中，于老特拉福德球场赢得联赛冠军，这真的太不可思议了。

在那一场足总杯决赛之后，阿森纳队四处奔忙。我还记得，当时坐火车从尤斯顿前往曼彻斯特观看2002年5月8日（星期三）在老特拉福德的比赛。到曼彻斯特观看比赛时，很少会像那一次那样，强烈地感觉到客队将取胜。阿森纳队是一支优秀的球队，具有强大的统治力，这似乎没有人怀疑，胜利看上去是必然的结果。

由于蒂埃里·亨利、托尼·亚当斯和丹尼斯·博格坎普缺阵，阿森纳队不得不作出改变，但是他们可以排出马丁·基翁、埃杜和卡努的阵容。曼联队受到了鼓舞，保罗·斯科尔斯、菲尔·内维尔和罗伊·基恩在疯狂的上半场中都侥幸躲过了红牌。亚历克斯·弗格森爵士决心不放弃这场比赛。但是据帕洛尔回忆，在老特拉福德的那个晚上是他职业生涯里最好的经历之一，第55分钟，永贝里的射门被法比安·巴特兹扑出，西尔万·维尔托德迎球补射，打进制胜球。帕洛尔说道："曼联队孤注一掷，他们渴望着战胜我们。我们表现得很好。这是我职业生涯中最好的一周，因为我在老特拉福德被评为当场最佳球员——在足总杯决赛中进球之后，又在夺得联赛冠军的周三荣膺当场最佳球员。我们赢得了双冠王，很难找到更好的一周了。"

阿森纳队以双冠王的身份进入2002/03赛季，他们充满信心，昂首阔步地表现着自己的风格，打出了很好的开局。形势一片大好，以至于经常报道阿森纳队的《每日星报》记者大卫·伍兹问温格，他是否认为能够在整个赛季中保持不败。

伍兹回忆道："可以看出，温格并不确定是否要追逐这个目标，但是稍作踌躇之后，他给出了我们没有意料到的答案。他坚持说，这是可能做到的，其他顶级教练（包括亚历克斯·弗格森爵士）也有相同的感觉，只是因为这句话太耸人听闻才没有说出来。他说话时脸上带着惯常的微笑，他还指出，AC米兰队已经做到了。"

"当时我们都知道，教练们想的和实际说的完全是两回事，当我们亲耳听到这句话时，可以想象，一些球员听到他们的教练说的话也觉得惊讶。"

在2002年夏天温格完成了两笔令人难忘的签约，结果大不相同。他以200万英镑的价格从里尔队购得法国后卫帕斯卡·西甘，并从巴西梅内罗竞技俱乐部购得刚刚随巴西队夺得世界杯的吉尔伯托·席尔瓦。

吉尔伯托是一位口气温和、很有魅力的男士，他在阿森纳队度过了巅峰时期，司职中场指挥官，是位置在四名后卫之前的两名后腰之一。他常常是阿森纳中场的无名英雄，而西甘则成了温格签下的另一位未达期望的球员。

吉尔伯托在2014年夏天巴西世界杯期间和温格相聚，还会见了促成交易的大卫·戴恩。他回忆了自己转会阿森纳的过程：

我有过一些选择，但是回顾起来很有趣。在巴西世界杯期间，大卫·戴恩告诉我当时是如何将我带到阿森纳的。他在2002年韩日世界杯期间和阿尔塞纳一起看到了我的表现，阿尔塞纳在某个场合曾说过："他是个好球员。"大卫问他，是不是想要这名球员，阿尔塞纳回答："是的。"大卫说一切包在自己身上，他和我一起飞往巴西，并打趣道，他把我装在一个盒子里，不让我逃脱！

我不会说英语，因此花了一段时间才在那个国家安定下来。重要的是我适应英国生活的方法。我刚刚随巴西队赢得世界杯，到那里时可以这么想："我是世界冠军，在那个位置上我是最好的。"对我来说，确保从零开始是非常重要的，在英格兰，我只是个无名小卒。

我对英国的足球文化知之甚少，必须全面学习。尽管一切对我来说都是全新的，但是我很愿意学习和解决一切问题。在俱乐部中，埃杜对我很重要，他在训练时和俱乐部之外照顾我，对我真的太好了。

吉尔伯托认为温格非常善于组合不同国家、不同个性和心态的球员，慢慢地打造一个能够很快达到新高度的更衣室。

球员的组合真的很重要。尽管我们队里有法国人、英国人和两个巴西

温格：阿森纳时代

人（我和埃杜），还有一些其他国家的球员，但是组合确实很重要，因为每个人都能以相同的方式思考，赢得比赛，击败对手。我们都有很棒的心态，渴望胜利。

即使在训练中对抗，我们也想要取胜。我们在每场球中都竭尽全力，这就是能以不败战绩赢得联赛冠军的原因。因为有了这种心态，我们投入比赛时心中深信自己可以赢球。我们努力工作以赢下比赛，战胜对手。

温格率领的球队在客场横扫利兹联队，并在与西布罗姆维奇、查尔顿和伯明翰的比赛中取得完胜，但却在10月中旬以1∶2负于埃弗顿队，结束了开赛以来的不败纪录。在这场比赛中，年仅17岁的韦恩·鲁尼在第90分钟时打入了制胜一球。

第二年，温格当然仍以不败赛季作为目标。但是阿森纳队在2002/03赛季中一直苦苦挣扎，不败的目标持续了9场。

他们面对一支复兴的曼联队，该队以创纪录的价格签下了里奥·费迪南德，在圣诞节之后的联赛中保持不败。4月16日在海布利球场以1∶1打平的战绩不足以夺冠。2003年5月，阿森纳队在主场以2∶3负于利兹联队（在前一场比赛对阵博尔顿队时已经失分），将冠军奖杯送回了曼彻斯特。和许多教练一样，毫无意义的胜利只会使他们疑惑于之前发生的一切。当阿森纳队在下一场比赛中以6∶1重创南安普敦队时——年轻的杰梅因·彭南特完成了帽子戏法——温格心中充满的是后悔而不是欢乐。

温格当时可能不知道，彭南特在赛前没有想到自己能上场，因此出外狂欢了一夜。也许宿醉未醒，但他仍然射进了三个球。

两周以后，阿森纳队在千禧球场与南安普敦队争夺2003年足总杯。在这场被人遗忘的决赛中，皮雷斯于上半场打进了制胜球，这场比赛中最令人难忘的是老门将大卫·希曼最后一次作为场上队长出赛，这也是他在俱乐部的告别赛。

有趣的是，因为阿森纳队没能夺得联赛冠军，因此没有在伊斯灵顿街上举行敞篷大巴游行，而是在大理石拱门周围的一家酒店里举行了周六晚间的俱乐部派对。参加的人没人记得那是一场捧杯的庆祝聚会，而更像是对赛季中出现的问题进行的讨论，这表明了阿森纳队已经达到了何种的高度，以及球队内部的预期和取胜欲望。

老将们甚至集合起来，表示现在的成绩还不够，他们希望在下一年中变得更强，拥有更好的赛季。聚会充满了失望和阴郁的气氛，亨利、坎贝尔和皮雷斯等大牌球员接管了聚会，他们每个赛季都希望做得更好。

这也是吉尔伯托·席尔瓦在俱乐部的第一个赛季，虽然夺得了足总杯，但球员们明显只将其看作一个安慰奖：

夺得足总杯的感觉很棒。这种奇妙的感觉是因为你身处一个伟大的俱乐部，必须努力工作以赢得冠军，那是人们对你的期望。我们失去了联赛冠军，能够补偿我们在这个赛季的牺牲、向球迷表达敬意的唯一方法就是赢得足总杯，尽管我们想要的是双冠王……但是，具备赢家思维的强力集团在失望之后将变得更加坚定。你想要更加努力，在前一年的基础上提高自己。不能让任何东西与你擦肩而过。那个赛季有点令人失望，【因为】我们让赢得联赛冠军的机会从面前溜掉了……

我们从那个赛季中学到了很多。对我来说，我在阿森纳的起点和俱乐部的成就都很了不起。我想，在欧洲的第一年开了个好头。那里有许多出色的球员，有外界的球迷支持。但是在球队里，最重要的是个性、决心和取胜的欲望。

温格已经看到球队中发展出了卓越的心态和个性。但是即使有了对未来的展望和雄心，下一个赛季仍然超越了他们最为狂野的梦想。

第五章
无敌之师

阿森纳队训练场门廊上悬挂的一张照片提醒人们牢记俱乐部历史上最伟大的一个赛季。在这张合影中,索尔·坎贝尔和帕特里克·维埃拉的手臂扣在一起,那正是这支无敌之师能够在整个赛季中保持不败、夺得英超冠军的原因。在38轮联赛中,他们取得了26胜12平的不败战绩。

坎贝尔在2003/04赛季中创造了球员们中的一个传统。开球之前,他们在场上围成一个圈,将手臂放在一起,然后坎贝尔喊道:"一起努力!"这个动作象征着一支不可战胜的现象级球队的精神。他们也有两次不可思议的幸运经历:在赛季开始不久对阵曼联队的时候,路德·范尼斯特鲁伊在比赛快结束时主罚的点球击中了横梁。然后是罗伯特·皮雷斯的假摔——连他们的教练都承认了——因此赢得一个点球,蒂埃里·亨利打进点球之后他们才幸运地逼平了朴次茅斯队。

但是,在这个赛季中,阿森纳队成为英超历史上第一支保持不败的球队,这也是对温格执教阿森纳的最大证明和致敬。他们后防坚固、中场具有创造力,拥有世界上最具杀伤力的前锋。那个赛季的

温格：阿森纳时代

蒂埃里·亨利不可阻挡。

他们一开始时很幸运，后来则越来越强大。他们凭借坚定的意志熬过了复活节期间的艰苦赛程，这也是温格坚信那支不败之师是他手下最好的球队的原因，尽管那不是他最艰苦的赛季。

谈到这个问题，温格说道："答案很简单——就是2004年那支球队，因为我们是唯一以不败战绩夺得冠军的球队。但是最好的赛季不一定是最艰难的赛季。最难的是……例如2013年，当时我们不能犯任何错误，有时候，在球队陷入挣扎时教练的工作会更加困难。但是最好的球队无疑是2004年那一支。"

不败之师中两位参加过前冠军球队的球员也支持温格的观点。丹尼斯·博格坎普说："我不得不说，不败之师是最好的球队！在比赛时我们觉得'今天将会以3∶0或者4∶0取胜'，胜利来得毫不费力。"

罗伯特·皮雷斯承认，阿森纳队总是相信自己能够赢得每场比赛——而且赢得漂亮。"在不败的那个赛季里，我们是否能赢根本不是问题——只是赢多少的问题。那并不是自大，而是因为我们觉得自己很强大、自信，我们会对彼此说：'今天，我们是不可战胜的。'那也就是整个赛季都没有输球的原因……那是伟大的时刻、伟大的时代。"

阿森纳在那个赛季势不可挡：他们将2003年的失败化作动力，在2002年的双冠王队伍基础上（2003年夏天唯一值得一提的签约是从多特蒙德队签来了延斯·莱曼）组成了一支非凡的球队。他们已经发展成了一个真正的团队。喀麦隆国际球星劳伦从中场移到右后卫的位置上，科洛·图雷则在中后卫位置上找到了感觉，在其他位置上，帕特里克·维埃拉、蒂埃里·亨利和罗伯特·皮雷斯则将天赋和体能熔于一炉，这真是个了不起的组合。

温格坚持认为，后防线——门将莱曼、劳伦、图雷、坎贝尔和阿什利·科尔——没有得到应有的赞许。懒惰的老评论家们总是说温格继承了著名的后卫线——迪克森、亚当斯、博尔德和温特伯恩，那并不是真话，他也打造了自己的防线，引进了莱曼，将劳伦和图雷从中场改踢后卫，从阿森纳的最大对手那里签下了坎贝尔，并帮助科尔从青年队里成长起来。我们不应

第五章 无敌之师

该忘记，图雷在2002年还是一名默默无闻的试训球员，从科特迪瓦的ASEC米莫萨队转会而来时签约金额仅为15万英镑。

对于温格来说，这几乎是完美的组合——自己培养的天才球员、发现不为人知的黑马、从最大对手那里签下自由球员，将一名中场球员培养成为后卫。从温格自身来讲，依靠这些人员组建一支球队，要比创纪录的签约组成的足球队更让人满意。

但图雷在球队的试训仍然带来很多乐趣，雷·帕洛尔清楚地记得：

有一天，科洛·图雷加入了训练。【温格】为试训球员组织了比赛。他让马丁·基翁在比赛中担任中锋——基翁是很好的试金石，他能够对球员们造成冲击，帮助你发现球员的能力。

我记得科洛·图雷和马丁·基翁在同一个队里。丹尼斯·博格坎普和蒂埃里·亨利在另一个队。我的位置在右路。阿尔塞纳坐在那里；这不过是一场按部就班的比赛，但是我记得在球滚向蒂埃里·亨利时，科洛·图雷不知从什么地方冲出来，在后面将其撞倒。这是一个可怕的铲球动作，在常规比赛中会吃红牌，我们的最佳球员在地上打滚。

温格喊道："科洛，你在干什么？不要铲球！"话音刚落，丹尼斯·博格坎普得球之后科洛又做了同样的动作。我们都在想："我们努力地想要赢得联赛冠军，可是一名试训球员干掉了两名最好的球员。"温格说："不要再铲球了。"

我们继续比赛，这一次科洛完成了很精彩的抢断，球飞到半空中，落到阿尔塞纳·温格的脚边。他正站在球场上观看训练。下一幕你应该可以猜到，科洛·图雷来了一个双脚的飞铲，把他踢倒在地！满场都听到了温格的尖叫声，他不得不回到医务室，这名试训球员撂倒了亨利、博格坎普和主教练！

科洛几乎哭了出来，他毁了自己的重要日子。我走进医务室，阿尔塞纳的脚踝上放着一个冰袋。我说："我想他不是故意的。"他当场告诉我们："我们明天就跟他签约，我喜欢他的争胜欲望。"温格知道可以从图雷身上

温格：阿森纳时代

得到最好的结果，他会成为俱乐部的伟大球员之一。

图雷改踢中后卫，和坎贝尔并肩作战，他们成为了2003年夏天的最佳搭档。这是一对优秀的搭档，坎贝尔身材高大、力量强、有空中优势，图雷速度快、坚韧、具备难以置信的争胜欲望。阿森纳队在全场都有完美的组合，中场有维埃拉和吉尔伯托·席尔瓦，边线有永贝里、皮雷斯和帕洛尔，前锋线上亨利的天赋无人能敌，而且还有球风奇诡难测的博格坎普提供支持。

西尔万·维尔托德和何塞·安东尼奥·雷耶斯为阿森纳队提供了更多的选择，在1月份签下的后者常常被误认为是失败的引援，实际上在赛季中加盟之后，他的速度和进球给阿森纳队带来了提升。

这就是温格的终极球队，结合了速度、力量、经验和青春的活力，训练营中的情绪使他们拥有了永不言败的决心。帕洛尔的职业生涯从1991年延续到2004年，在他所效力过的球队中，他认为这支无敌之师是最棒的。

那支无敌之师太不可思议了。没有人知道它什么时候才会输球。那是一支非常稳定的球队。我们拥有所有的特质和天赋。1998年的那支球队很有才气，但可选择的球员要少得多……2004年，我们的班底更大，温格有更多的选择，在必要时有机会进行改变，因为你总会遇到发挥不佳的比赛，但是球场上有人可以站出来。他们是生来的胜利者，从不知道自己何时会被击败。有些时候，我们在比赛中落后，似乎应该输掉比赛，但是仍然能够追平比分甚至反超……

比较球队、选出绝对的最佳是很难的。从纸面上看，保持不败的那支球队肯定是最好的。但是我仍然认为1998年的阿森纳队是一支伟大的球队。不同之处在于，1998年我们只有曼联队一个对手。而在2004年，切尔西加入了争夺，曼联也更具竞争力了……但是，我认为无敌之师具有一切特质。

从中场改踢右后卫的劳伦一直都是一名斗士。他仍是一名热心的业余拳击手，在运动健身之外还是一名成功的足球经纪人。但是在他生涯中做过的所有事情当中，没有什么能比得上成为无敌之师的一员。他现在动情地谈起阿森纳队时仍然称之为"我们",将温格称为"父亲一样的人"。劳伦承认:"我们都没有想过成为无敌之师,或者不失一场夺得联赛冠军。"

我们一场一场地取得胜利,只关注下一场比赛……一开始,我们的心中从未闪过不败或者成为无敌之师的念头。这是一个空前绝后的成就,完成这一壮举太困难了。我们能够做到,是因为拥有渴望胜利的球员,每个人都专注于同一个目标。更衣室里有许多大人物。

在足球界,什么都不能保证,4加4不一定等于8。当我来到球队时,他们刚刚在1998年赢得双冠王,在1998到2001年的过渡期中,球队一无所获。温格打造了一支拥有优秀球员、强硬性格和夺冠雄心的球队。

我们的无敌之师【赛季】中有许多大人物,不仅仅是场上的11人,而是20名出色的球员。每个人都渴望取胜,每个人都想上场,而且都有赢球的动力和雄心。你能够感觉到这一点,谁在队里并不重要,从球员身上你能看到这种精神。训练场、更衣室里,这种赢球和表现的欲望无所不在。

温格告诉我们,前一个赛季我们就能做到【以不败战绩夺冠】。我们没有实现那个目标,但是他保持着这一信念。他心中始终没有忘记,在赛季前准备时,甚至在赢得联赛冠军之后,他仍然对每个人说:"我们有机会做些非常重要的事情——保持专注力,这可能是一个非常特殊的成就。"

阿森纳队防守核心索尔·坎贝尔补充道:

和那些家伙在一起踢球简直太棒了。阿什利·科尔身材高大,劳伦技术娴熟,科洛则有着令人吃惊的学习意愿。对我来说,进入这样的球队简直像一个梦——特别是和那样的后卫线在一起——他们狂热地为彼此而战。我们有一支卓越的球队,只有在梦里才能进入那样的球队。能在那么伟大的球队里效力的机会真的不多。

阿森纳队拥有着梦幻般的后卫线、优秀的中场,前锋线上的球员能得到很好的搭档,许多优秀的球员都从未有机会加盟这样的球队。除非你转会,否则很难到那里去。有些球员非常幸运——比如瑞恩·吉格斯,如果曼联队长期没有达到最佳状态,我敢肯定他已经转会了。作为球员,你要

温格：阿森纳时代

有足够好的运气才能进入那样的球队，如果这一切没有发生，你就会转会。

我们是真正强大的球队，身体强壮、经验也很丰富。即使到现在，我仍然认为【温格】应该召回经过考验的球员；可以花时间培养和发展球员，但是也应该签下有经验的球员。在我入队之前，他们曾经在达沃·苏克身上这么做过，确实是行得通的。你需要经验和大牌球员，那是无敌之师中所具备的。

对劳伦来说，他的决心和对温格的忠诚都很容易理解，因为阿森纳队主教练不仅在球场上帮助他，还发展了他的个性。从第一天起，温格就告诉劳伦，从长远角度看，他更适合右后卫而非中场，因为他有很好的位置感、身体素质和韧劲。

阿森纳队的三条线都有大人物，劳伦认为，他们同时效力于一支球队有幸运的因素，但是温格在人员管理和球员培养上非常精明。当我和劳伦交谈时，他明显仍对温格充满尊敬：

温格就像我父亲一样，对我的职业生涯起了最大、最好的影响。你可以和他谈任何事情，他是一个杰出的人。我至今仍然叫他"老板"！总体上说，他是在训练场上对战术、足球理念有着非常清晰思路的教练，但是在其他方面也非常有智慧……

如果有一天想成为一名教练，我希望成为像他那样的人。他照料一切。不管你需要和他谈什么，他总是愿意聆听。不仅是足球，你在比赛中的位置或者踢4-4-2阵型时碰到无法理解的问题，都可以和他谈，他会提出最好的建议。

在你自己的生活中，如果有任何问题，都可以说"老板，我想跟你谈谈这个"，他会认真地聆听。他是个愿意倾听球员意见的教练。

他希望球员们有个性，他不会让你们回家研究有关对手的任何情况；不会让你去关注某些战术问题。而是希望你可以干自己想干的事情，表现自我。

温格的思路就是这样的，从我自马洛卡转会而来时，他就有这样的

第五章 无敌之师

想法。当我刚到队里时,希望踢中场或者右前卫的位置,因为这是我熟悉的位置。但是在他心目中,将我看作右后卫,认为我具备来回奔跑的条件和身体素质;他希望球员能够内切、擅长控球,希望球员和中场更好地结合。这是他的一贯思路。

我不认为他是根据球员来建设这支队伍的,而是让球员们逐渐适应自己的位置。你可以观察球员、监视他们,但是如果不和他们朝夕相处,就无法了解他们的特点。我不认为他是根据球员的个性签下他们的,他当然希望球员有好的性格,并努力地去了解他们。但是在我看来,那一代球员能够在同一支球队踢球纯粹是巧合……

你可以签下五六名球员,但是他们不总是有你所需要的性格、勇气和取胜的动力。他们不总是具备那些特质,这就是我们在三四年里一无所获的原因。我们在自己的时代里再一次突然成功了。

老实说,我和老板的联系并不多。我也希望能更多地和他联系。我曾经和他一起去看比赛,完全没有问题,他总是那么友好,仿佛我们仍然在一起工作。他会洞悉一切,注意每个小的细节。在当球员的时候,有时你无法注意到那些小节,温格擅长此道,他会管理所有的事情。

帕洛尔对此也有同感,他说温格的长处在于人员管理,他用成年人的方式去对待球员,在训练中就开始灌输永不言败的精神。

作为球员就应该有那种精神,个性非常重要。你可以输掉比赛、可以失望,但是必须始终具有争胜的信念。在赛季开始之前,你必须相信自己能赢得某种荣耀。

我们习惯在赛季开始之前召开会议,制定目标。我们在每个赛季的目标都是努力赢下所有比赛。你必须这么做。在无敌赛季的前一年,我们就那么做了,但是却没能实现目标。有的人会想:"他在干什么?"但是,这个目标就是为了推动我们尽可能向前。他非常精于此道,善于为球员设定目标。每家俱乐部都有自己的目标,对于某些球队来说,目标是保级,而我们拥有足以赢得双冠王的素质……

温格：阿森纳时代

在一个星期中，他最糟糕的时间就是周五下午训练课上的8对8比赛。激烈的拼抢不时出现——我都不知道大家是怎么熬下来的。我们浑身是劲，互不相让，双方都努力争胜。那就是取胜的欲望和赢球的方程式，他允许球员们铲球，因为那能够展现出赢得比赛所需要的欲望和特质。将16名球员团结在一起对抗其他球队，就总是有机会赢得每一场比赛，他深知这一点。

我们全神贯注，努力工作，但是在训练课之前也会找点乐子。那真的可以归结为良好的团队精神——确保每个人知道自己的任务，但是在场外也要有点乐趣。

他表现自己的方式、日常工作的方式和将你保持在球队框架中的方式，都能够保证你或早或晚地融入。这也确保了你离队之后保持融洽的关系。他在这方面十分出色，每个离开俱乐部的球员——就连伊恩·赖特之类的球员——都对阿尔塞纳·温格交口称赞。

我当然和他关系很好。我是个喜欢胡闹的人，他知道这一点，但是也知道其他人的反应。因此，他在很多时候都放过了我。但是我知道，在必须工作的时候，我会非常专注，因此可以捣蛋工作两不误，他了解我。

在2002/03赛季末落后曼联队获得亚军之后，有些球员（如马丁·基翁）认为谈论保持不败造成了太大的压力，温格将目标定为重夺冠军。前阿森纳队队长、无敌之师的核心人物吉尔伯托·席尔瓦忆起了球队营地中产生的信念，和那支球队真正与众不同的要素：

教练创造了一种健康的压力，将其加诸球员身上。在前一赛季遭到失败，以很大分差输给曼联之后，我们更加坚定地迈向新赛季。我们知道，前一赛季本可以取胜，对我们来说，那是个非常失望的结果。

我们的球员都是胜利者，他们希望赢得冠军，这就是他们的工作。我们不慌不忙地开始，随着赛季的推进，我们一场比一场强大。大约10场保持不败之后，我们更深入地了解了自己，大家说道："这很好，我们感觉很棒，可以继续下去。"我们给自己制造压力，没有停止努力，争胜的心态给

第五章 无敌之师

我们带来了不同的面貌,因为我们到球场上就是为了取胜,尽一切所能赢得比赛,如果赢不下比赛,那么不要输球就变得很重要了。

吉尔伯托相信,阿森纳全面的能力是不败赛季的最重要因素,他说,那也是对温格的人员管理方法和保持球员精神愉快的能力的一种回报:

我们有许多特质。最难的工作是让所有人都能参加比赛,以及将具有许多特质的家伙们放在替补席上。如果你是一位好教练,就会知道如何控制所有球员。他能控制经常出现在第一阵容上的球员,也能控制其他人……而且仍然保持着球队的平衡。

每位球员在赛季中都会参加一些比赛,可能是联赛、足总杯、欧洲三大杯比赛或者其他比赛。这很重要,因为那能够保持每个人的活力;他们都做好了准备,在需要时出场,我们的一些大牌国际球星都曾待在替补席上。但是不管上的是什么阵容,我们都拥有足够的素质。那可能是最为重要的——整支队伍都具有素质和很好的心态。没有人消沉,或者不能融入球队,这是难以置信的团队精神。

在某些时候,你总是需要球队,这很重要。我们有许多国际球员,在国际比赛日时,许多球员将为他们的国家队出赛。例如,我会回到南美洲参加比赛。当我回到英格兰时,比赛和旅途会使我感到疲劳。大部分时候,国际比赛日之后的第一场比赛我不会出场,因为温格会派上另一位球员,这对球队也很有好处,因为他可以派上某位素质出色的球员,使所有人始终保持活力和能量。如果你派上每一位疲劳不堪的球员,结果就不会太好了,毫无疑问,我们将遭受许多失败。

蒂埃里太出色了,那一年他简直令人惊讶。他的表现很重要,因为他使前锋线变得不一样了。当然,他得到了其余队员的支持。他总是希望我们从后面提供支持。但是我们的每个位置——从后卫线到中场都很强,你甚至无法看出我们换人之后有何不同。我有时候和埃杜搭档,有时候和雷·帕洛尔搭档,有时则不在首发阵容上。帕特里克【维埃拉】曾经和其他人搭档,但是球队的平衡同样保持得很好……

温格：阿森纳时代

当时你拥有一切——首发十一人中的大牌球员，还有可以派上场改变局面的替补队员。全场对蒂埃里的支持太重要了，我们在许多方面帮助他，他对我们也十分重要。我们还有着像皮雷斯、博格坎普、弗雷迪那样的高水平球员，那真是一支不可思议的球队。

赛季初从老特拉福德全身而退并逼平朴次茅斯之后，阿森纳队变得越来越强大。随着信念的增强，结果也变得越来越好：他们在艾兰路球场以4：1击溃利兹联队，并在梅阿查球场以5：1大胜国际米兰。

但是，当一切似乎非常顺利的时候，4月开始的6天里，阿森纳队几乎又掉了链子。他们不仅在联赛里保持不败，还进入了足总杯半决赛和欧洲冠军联赛的1/4决赛。4月3日，他们在维拉公园球场进行的足总杯比赛中负于曼联队。他们当然不想遭遇和1999年相同的命运——那时他们在维拉公园负于曼联，导致赛季崩盘了。

阿森纳队在冠军联赛对切尔西队的第一回合比赛中占尽优势，却无法赢得比赛，在海布利则遭到韦恩·布里奇的绝杀。他们在欧洲赛场的梦想终结了。

劳伦记得，即使在那一段难熬的日子里，温格始终保持冷静和中场休息时很少讲话的习惯：

人们质疑他的战术或者训练方法，但是他在中场休息时知道发生了什么情况。他不会和球员们对抗或者喊叫、摔东西和发火。他不需要那么做……他什么也不说，让大家冷静，然后才开始讲话。他总能一语中的，能够看到对手的漏洞："你必须这么做、那么做，采取这一措施，就能取得成功。"我们回到球场上，发生的一切就和他告诉我们的一样。

当然，你必须拥有能够领会教练意图的球员。但是如果教练脑子里没有想法，球员们就无能为力。教练传达自己的思想，让球员能够理解场上发生的一切，是真正的天赐之福。他的想法是完美的，我们的理解力也是如此。

在遇到温格之前和之后，我都没有碰到那样的情况。我曾经在国际米兰队追随另一位大牌教练赫克托·库珀，但是两人完全不同。温格很冷

第五章 无敌之师

静,有着很强的感染力,总是显得学识渊博。这真是令人吃惊的差异。

2004年的耶稣受难节,阿森纳队需要的不仅是冷静,还需要取胜的决心。在欧冠联赛遭到淘汰之后仅仅三天,他们在海布利球场迎来了利物浦队,要知道,他们刚刚失去了有史以来赢得欧冠联赛冠军的最佳时机。刚刚遭受两次沉重打击的阿森纳队士气低落,上半场以1∶2落后。观众们屏住呼吸,想看看温格的整个赛季是否会突然崩溃。但是在中场休息,阿森纳队再次振奋精神。当天替补上场的马丁·基翁努力地唤醒队友们,激发他们的精神和个性,去扭转局面。

"马丁?不,我不记得他的讲话了!"帕洛尔喜欢取笑他的前队友,基翁是他们开玩笑的头号目标。帕洛尔补充道:

我永远记得噩梦般的那一周,我们在冠军联赛中失利,足总杯被淘汰出局,然后又必须战胜利物浦队。我们一直处于落后,这时蒂埃里·亨利找回了自我,他上演帽子戏法,扭转了局面,令我们重回正轨。

每个人都知道,和利物浦的比赛很重要。我们刚刚遭受了两次重大打击,在一周之内连遭淘汰。那在足球界是多么糟糕的处境。如果遭遇失败,你就必须努力尽快回到胜利的道路上来,在更衣室中必须有人鼓舞球员的士气。你需要反弹。

阿尔塞纳·温格为我们带来了超凡的心态。英国小伙子们从乔治·格拉汉姆时代就有了那种心理,乔治是一个胜利者。后防四老知道如何赢得比赛,然后就是温格带来的球员,如维埃拉、珀蒂等,他们也都是胜利者。有时候,当你遇到困局,需要坚强的个性才能回到正轨上来,那是人们所不知道的……球员们必须说:"我们必须平静下来,否则就会在联赛中失利,从而一无所获。我们必须处理好这件事。"

许多因素都归结于更衣室中的个性,这也是成功的重要组成部分。我想,有这样的更衣室还应该归功于教练。但是,他也常常让我们自己处理不利的局面,让我们彼此交谈,努力地纠正各种错误,从而表现出最好的一面。

温格：阿森纳时代

吉尔伯托也同意，在与利物浦队的下半场比赛中发动反攻——亨利连进两球完成帽子戏法、皮雷斯也射进一球，以4∶2赢得比赛——是团队精神的证明。"我们在之前一周内遭到了两次重大挫折。比赛结果令我们失望。但是我们希望将局面转向于己有利的方向，展现球队的个性。其他球队变得越来越棘手，因为随着赛季的推进，成为第一支击败我们的球队的欲望也越来越强烈。但是我们拒绝失败，这成为了我们的一种象征，也成为了我们的动力，特别是在欧冠和足总杯遭到挫折之后。"

击败利物浦队之后，阿森纳队还剩下7场比赛：他们在这些比赛中取得3胜4平的战绩。他们在客场迎战最大对手托特纳姆热刺队的比赛中锁定了冠军，但是却觉得有些失望。比赛中他们取得了两球的领先，但是在最后一分钟，延斯·莱曼没能控制住自己的情绪，送给了托特纳姆队一个点球：罗比·基恩踩到莱曼的脚趾，惹恼了莱曼，他推搡了基恩。但是2∶2的平局仍然足以赢得冠军。劳伦将这场比赛看成该赛季的"幸运大逃亡"之一，不败纪录险些落空：

有许多关键比赛，不仅是客场对阵曼联队。我们主场击败切尔西，主场击败、客场打平托特纳姆队的比赛都很重要。当你赢得重要比赛时，会发出一个信号。对手突然想到："小心这些家伙——他们赢得了重要的比赛。"他们有些忧虑，有些害怕。这支阿森纳队能够击败曼联、切尔西和利物浦，在赛前这些球队总是有点担忧、有点怕我们。那是我的印象。

在球员通道里，你能从对手的眼中看到恐惧。我们看着其他球员，能感觉到他们在想："我们不知道将发生什么，我想他们今天会击败我们。"你能够感觉到那种气氛。我们拥有取胜的心态，这带来了不同的结果，对我们非常重要。

很少有人能在争胜意识上和阿森纳队的队长们相提并论。从1998年取得双冠王到帕特里克·维埃拉为阿森纳队踢的最后一场球，他的中场争夺都是温格成功的关键，在最后一场球中，他在和曼联队的点球决胜中罚入制胜球，帮助球队夺得了2005年足总杯冠军。但是据维埃拉说，他的成功经历中

第五章 无敌之师

最令人难忘的还是2003/04的不败赛季：

我记得那个赛季的每一件事，因为我认为有一天那个纪录会被打破。纪录就是用来被打破的。我想会有一支队伍做得比那时的我们还要好，但是我们不知道哪一天才能出现那样的球队。我记得每一件事还因为我仍然和一些球员联系。我们实现了那个纪录是因为我们【在场下】很亲近，并凭借这种关系成为了一支强大的球队。

当你的球队中有丹尼斯·博格坎普和蒂埃里·亨利这样的高素质球员时，你就有更大的机会创造这类【纪录】。我们在蒂埃里的巅峰时期拥有他。我们始终坚信他能得分，丹尼斯则会创造某种机会。我们很团结，有着强健的纽带。在0比1落后时，我们知道自己会得分，因为队里有能够进球的球员。

那支球队无懈可击。我们的身体很强壮，拥有具备超凡控球能力的球员，也有得分手。因此，我们具有那一代球员的所有素质，是一支完美的球队。

在那个赛季，阿森纳队与曼联队四次相遇：联赛两次、社区盾杯和足总杯半决赛中各一次。两队三次打成平局，曼联队在足总杯中获胜，在每场比赛中维埃拉都和罗伊·基恩激烈较量。他们的竞争是那个赛季的一个特色，尤其是9月在老特拉福德首次相遇时，维埃拉被罚出场。明显，两人彼此尊重——在电视纪录片《基恩和维埃拉：最好的对手》中强调了这一点。

"如果发生争夺，必须花很多时间才能击败他，我最终也要脱层皮。"维埃拉笑着回忆起从2003/04赛季起和基恩长达10年的竞争。"我不认为他会轻易放弃！他不是那种半途而废的人——他的信条是要么赢得一切，要么一无所有。作为球员，我们有着类似的特质。我们都很坚定、渴望取胜，也都是各自球队的领袖。阿森纳俱乐部建立了一支强大的球队来挑战已经建立王朝的曼联。曼联和罗伊可能不习惯这种挑战。"

正如维埃拉的回忆中所述，曼联和阿森纳在那个赛季中实力极其相近——在联赛中的两场平局就是证明。但是温格手下的球员凭借决心、精神

温格：阿森纳时代

和战斗素质熬过了那些艰难的比赛。曼联队结束了阿森纳队的足总杯征程，而切尔西在冠军杯中也给了阿森纳队当头一棒。

劳伦说："那件事我一直记在心上，我们在足总杯和联赛中击败了切尔西，但是却输掉了最重要的比赛。我敢保证，如果你像阿尔塞纳·温格现在那样带领那支球队15年、17年，如果你率领的这支队伍在冠军联赛中有更多的经验，那么我想我们已经赢得冠军杯了。"

不败赛季当然仍是温格最伟大的成就，尽管切尔西和曼联队都曾统治联赛，但是都无法复制这一战绩，那正说明了这一成就有多么了不起。回顾往事，温格仍然对38场联赛不败的纪录感到无比骄傲："在完成这一切时，看上去似乎是水到渠成的。但在今天我看到当年的照片时，我仍能感受到每位球员的特质，我认为这时最能让你感受到，那是一支非凡的球队。不仅常规阵容上的球员，连板凳上的球员们也十分了得。"

"这是英超联赛上从没有过的壮举，我不记得有什么人未输一场就夺走冠军。对此我十分自豪，因为已经没办法做得更好了。除此之外，我所拥有的球员们绝对有着不同寻常的素质。"

阿森纳队势不可挡，创纪录地保持了49场不败，当这一纪录于2004年10月终结时，对胜利的留恋造成了球队的崩溃。那种愤怒之感至今仍然挥之不去。臭名昭著的老特拉福德球场"比萨门"球员通道冲突的起因是阿森纳队以0∶2负于曼联队。至关重要的第一个进球是路德·范尼斯特鲁伊罚进的点球，裁判员麦克·莱利判定索尔·坎贝尔绊倒了韦恩·鲁尼。

坎贝尔说："那是个假摔。如果我的脚在那里，那么就是犯规，但是我移开了脚，就像斗牛士的红斗篷……在赛后我没有和他握手。"

在达到如此高度、看上去无法战胜之后，这种失望感是难以抗拒的。坎贝尔拒绝和英格兰队队友握手充分说明了这种苦涩和对立。失败的打击太大了，令那一代球员无法承受，他们再也无法恢复过来。而且，新的竞争者出现了，前几个赛季中的巨人阿森纳队和曼联队很快就不得不努力追赶罗曼·阿布拉莫维奇和何塞·穆里尼奥的切尔西队的脚步。

第六章
欧洲赛场上的惨败

阿尔塞纳·温格执教期间最大的遗憾毫无疑问是，迄今为止未能在欧洲三大杯上赢得冠军。他最好的机会是2006年冠军联赛与巴塞罗那队的决赛，正如无敌之师不败纪录的终结，这场失利标志着阿森纳队一个时代的结束。

温格的球队在2004年10月负于曼联队之后艰难地试图恢复状态。这次灾难性失败的打击和创纪录的49场不败终结造成的影响超出了任何人的想象。曾经令人感觉无懈可击的他们慢慢变得脆弱，毫无疑问，阿森纳队正在走向衰落。

只有后来回顾该赛季，才能知道个中缘由。球队的瓦解加上新体育场带来的财政问题影响了新签入球员的水平，切尔西新引进的财源又彻底改变了英国足坛的形势。

那段时间离开的球员中，最重要的可能是帕特里克·维埃拉了，他不仅拥有足球天赋和身高优势，还是阿森纳队的队长、领袖和中场发动机。在温格辉煌的早期岁月中，维埃拉是世界上同类中场球员的王者。他在阿森纳队踢进的最后一个球可能最能配得上这个称号——在千禧球场举行的2005年

温格：阿森纳时代

足总杯决赛中，他在与曼联队的点球大战中罚入制胜一球。

维埃拉的离去带有讽刺意味。这位法国球员多年来似乎都对皇家马德里队暗送秋波，埋怨阿森纳队没有签入足够多的球员以保证竞争力，但最终都宣布献身于阿森纳队。有些人认为他喜欢成为人们注意力的中心，就像享受阿森纳中场核心位置一样。但是，就在他没有卷入转会流言的那一年，阿森纳队卖掉了他。

在举起足总杯之后，维埃拉站在千禧球场的混合采访区，开玩笑地说这个夏天他的未来不是个问题。实际上，在我问及他的未来时，维埃拉甚至笑着说："不，不，不是今年。"然后他热情地说起要在阿森纳队终老，在2007年合同到期之后将会续约。维埃拉说："我和阿森纳队的合同仍在执行中，我不想离开。"

在几周之内，一切都变了。大卫·戴恩通知维埃拉，尤文图斯俱乐部对他感兴趣。维埃拉说，他问戴恩球队是否仍然需要自己。在《维埃拉：我的自传》一书中，他声称戴恩对他说："我们持中立态度，你可以选择自己想要做的。"

维埃拉说，在俱乐部服役9年之后，他感到"愤怒、惊讶和懊恼"。他知道："如果阿森纳队真的想留住一名球员，就会全力以赴。"他得出的结论是："'中立'的说法只是将皮球踢给我"，这已经不再是其他球队是否出价的问题了。

温格已经做出决定，维埃拉跑动距离、速度和抢断的数据显示，29岁的他脚步正在变慢。那就是温格决定卖掉他的原因。

后来，虽然阿森纳队球迷认为卖出维埃拉的决定是个巨大的错误，是俱乐部的一个转折点，但温格不仅声称对将他卖给尤文图斯毫不后悔，而且也不后悔在他短暂地与阿森纳队（以及托特纳姆等队）传出绯闻的时候没有重新签下他，此后，维埃拉于2010年加入曼彻斯特城队，那里成为他职业生涯的最后一站。

在2011年的一次谈话中，温格说："帕特里克是一位伟大的球员，但是很难料到发生的一切。我们的球队虽然年轻，但是已经积累了丰富的经验。他们的平均年龄只有23岁，但是从足球上来讲他们已经达到了26岁或者27岁的成熟度了。我从年轻起就给他们上场的机会，对此我并不后悔。我可能可以得到一些更有经验的球员，但是说起来轻松做起来难。"

回顾在阿森纳队生涯的早期，维埃拉常常以欧洲赛场的失败作为想要离开、加盟成绩更稳定的欧洲超级俱乐部的理由。最接近于成功的一次是2004年夏天，他直到最后一刻才改变心意，温格和戴恩与他进行了一次充满感情的会谈，说服他留下。

我记得蒂埃里·亨利在2004年休赛期打来的一个电话，那段时间他经常会这样做。他暗示有些球员已经厌烦了维埃拉和其他俱乐部眉来眼去，以及在国家队中与人争吵的流言，亨利对那些说法很不高兴。值得赞扬的是，亨利总是在不同意某个报道或者记者们写的东西时打电话给记者。这一次，他是在维埃拉前一天晚上会见温格和戴恩之后打来电话的。大部分报纸都刊登了维埃拉将要离开的消息。在否认这些不和谐的传闻之后，亨利笑着说："你会看到的。"他知道维埃拉将会留下来，几小时后之后，消息传开，全世界都知道了。

维埃拉和温格一样，渴望在欧洲赛场上取得成功。他在2001年4月阿森纳队负于巴伦西亚队之后发泄了自己的失望之情，这场失利使他们告别了冠军联赛。《每日星报》的大卫·伍兹和我在混合采访区叫住了维埃拉，他明显感到心烦意乱。他称阿森纳队这个赛季"乏善可陈"，坚持说"现在不想讨论他的未来"。

维埃拉说道："对于阿森纳来说，这是重要的年头，我们有很好的机会进入冠军联赛决赛。我不认为还能遇到这样的机会，因为你不会看到各支球队再犯下相同的错误。那种情况可能永远不会再发生了。"

维埃拉是个性情急躁、率直而坚定的人。他知道自己在说什么，不怎么需要激励。作为新闻记者，我们唯一后悔的是当晚没能进行采访。相反，我们决定推迟采访，这让听到大卫·伍兹和我提出问题的《标准晚报》记者在

温格：阿森纳时代

次日下午先进行了采访。俱乐部及时询问维埃拉为什么决定说出这么激烈的话。维埃拉回答道："我是认真的。"

维埃拉的坚持得到了回报，他随队又获得了两次英超冠军，他在这次争执和2001年夏天中提出的抱怨成为了阿森纳队投入巨资签下索尔·坎贝尔的前奏。但是他对欧洲冠军联赛的说法是正确的。维埃拉于2005年被出售，阿森纳队在第二年的5月才进入冠军联赛决赛。他的机会失去了，史上最好的中场战将之一没能实现这一雄心。

2004年之后，英超联赛的排名可能最能充分证明阿森纳队的衰落：2006年5月，阿森纳队最终排名第四。在那个赛季之前，温格执教下的他们从未掉出前两名（除了只执教部分场次的第一个赛季——1996/97赛季——那一年他们最终获得第三名）。

在那个赛季的最后一个比赛日，阿森纳队才悄悄地赶超了最大的竞争对手，升至第四位，在这一轮比赛中，马丁·乔尔执教的托特纳姆热刺队被胃肠问题击倒，客场负于西汉姆联队，这一事件通常被归咎于前一晚上大部分球员吃的意大利面条。多达10名托特纳姆球员病倒（迈克尔·卡里克几乎无法跑动），热刺队在厄普顿公园球场以1∶2失利，而阿森纳队以4∶1击败维甘队攀升至第四位，获得了下赛季冠军联赛的入场券。

一切都变了；阿森纳队的统治地位随着温格开始打散无敌之师、开始为新球场的未来规划而丧失。在英超联赛中，切尔西队紧握冠军奖杯，而曼联队和前一年刚刚在欧冠联赛中夺冠的利物浦队成为了主要的挑战者。阿森纳队与蓝军的分差达到24分。

虽然在联赛中表现令人失望，但是他们有机会用最后一个奖杯为一个辉煌的时代拉下帷幕。从许多方面来说，这对温格都是最重要的奖杯：欧冠联赛的冠军奖杯。

阿森纳队当然是2003/04赛季欧洲最佳球队，但是他们却倒在1/4决赛：在斯坦福桥客场1∶1逼平切尔西队之后，在主场以1∶2落败。虽然温格雄心勃勃地想要在欧洲赛场证明自己，让阿森纳队成为真正的欧洲超级球队，但

第六章 欧洲赛场上的惨败

是他们在冠军联赛中从没有复制国内联赛时的风格和表现。

年复一年，在每次比赛开始时的记者招待会上，温格都会告诉我们，为什么这是属于阿森纳的一年——但他们总是无法达到预期的目标。前阿森纳队后卫、2004年无敌之师成员劳伦认为，在欧洲赛场未能取得成功是温格最大的遗憾，他将此归结为，和其他大牌俱乐部相比，阿森纳队缺乏经验。

没能在欧冠联赛中夺冠是很令人失望的。但是正如教练经常说的，我们不是一支经常参加冠军联赛的球队。我们只在四年或者五年中进入了冠军联赛，我认为米兰、巴塞罗那、皇家马德里在1/4决赛、半决赛等重大比赛中即使踢得不好，经验也会告诉他们如何比赛。他们已经在冠军联赛中打了20年、30年甚至40年了。这种经验是很有价值的。毋庸讳言……任何人只要穿上皇家马德里、巴塞罗那和哈维的球衣……在那种氛围下，这些球员都会在1/4决赛中有好的表现。

在我们的时代里，我们在冠军联赛中出场的时间不超过五到六年，所以我们没有打这种比赛的经验和见识，那也就是无法充分表现的原因。

劳伦是因伤错过在巴黎举行的2006年冠军联赛决赛的球员之一。但是首发阵容上有无敌之师的大部分球员，其中有8名2003/04赛季联赛冠军队的主力：延斯·莱曼、索尔·坎贝尔、阿什利·科尔、弗雷迪·永贝里、吉尔伯托·席尔瓦、罗伯特·皮雷斯、科洛·图雷和蒂埃里·亨利。另三名球员是塞斯克·法布雷加斯——2003/04赛季涌现出来的一位天才——亚历山大·赫莱布和埃马纽埃尔·埃布埃。这是一支强大的球队，替补席上还有丹尼斯·博格坎普、罗宾·范佩西、马蒂厄·弗拉米尼和何塞·安东尼奥·雷耶斯等精兵强将。

巴塞罗那是一支出色的球队，但是他们未来的超级明星哈维和安德烈斯·伊涅斯塔并未首发，而是待在替补席上。这是阿森纳队的好机会，特别是因为他们一路杀进决赛的经历。他们在淘汰赛第一轮击败了皇家马德里队，在1/4决赛中击败尤文图斯队，半决赛甚至在终场前被判罚点球的情况下惊险击败比利亚雷亚尔队。在这些胜利中，击败皇家马德里队的比赛最为

097

温格：阿森纳时代

精彩，亨利打进了两回合中唯一的进球。这是英国球队取得的最好战果之一。最不同凡响的是，阿森纳队在淘汰赛阶段未失一球。

温格认为自己进入冠军杯决赛的战绩没有得到充分的肯定，从未举起奖杯明显让他感到烦恼。

2006年，我们进入了冠军联赛的决赛。现在没有人谈起了，但是这仍然是一项成就。我们没有赢得奖杯，但是我们在整个【淘汰赛阶段】未失一球，我们只是在冠军联赛的最后13分钟才输掉了一场比赛。你能说那个赛季失败了吗？我不这么认为。在此基础上，我们在该赛季还是保住了前四名。

我们击败了拥有齐达内、贝克汉姆等大牌球星的皇家马德里队，但是没有人谈到这一点，就像我们什么大事也没有做成一样。为什么？因为在赛季结束时，你没有能带着奖杯游行。

如果我们赢得联赛杯【阿森纳队在1/4决赛中被维甘队淘汰】，人们会说：“啊，他们在2006年赢得了联赛杯。”但是作为教练，你真的会将赢得联赛杯和未失一场进入冠军联赛决赛作比较，看看有何差别吗？

你必须和那种想法保持一点距离，然后评估具体的差别，怎样的赛季才是一个出色的赛季。我知道奖杯很重要。但是并不是说，没有赢得奖杯，整个赛季就等于什么都没发生，变成一场灾难。你仍然在踢球，有好的比赛，也有糟糕的比赛，在赢得奖杯的赛季你也仍然会踢出糟糕的比赛。即使奖杯真的那么重要，你也必须远离那种想法。

温格总能率队进入冠军联赛的淘汰赛阶段，但是尽管距离目标如此之近，在他执教期间从未能像利物浦、切尔西和曼联队那样更进一步。

几年之后，切尔西队在英超联赛中仅获第六名，但是却成为第一支赢得欧洲冠军杯的伦敦俱乐部，温格谈到此事时难掩失望之感。一方面，他表达了举起奖杯的渴望和对那种成就的向往。但是，在切尔西和利物浦（2005赛季）都赢得奖杯之后，温格将其比作是奖杯的竞争，甚至使用"幸运"一词来描述切尔西队的成功。温格一点也不肯服输。以下是他当时的回应：

第六章　欧洲赛场上的惨败

是的，这令人吃惊，但是在赛季末，他们【切尔西队】可能更专注于各种奖杯，特别是冠军联赛，这样做的代价就是失去了几分。你必须考虑这一点。在冠军联赛中，你一次只踢一场重大比赛。而在英超联赛中，你必须和许多优秀球队较量，必须击败所有对手。我仍然相信英超联赛是一个重大的考验。

如果你问我愿不愿意赢得冠军杯，我当然会说"愿意"，但这是对奖杯的竞争。真正的奖杯竞争不是在开始，而是在最后的部分。你必须在3月和4月保证最佳球员的健康，那并不容易，特别是在参加英超联赛的情况下。

切尔西队幸运的一点是迪迪埃·德罗巴在上半赛季出场次数不多。他在下半段上场之后改变了局面——他充满活力、专注，得到了良好的休息并且仍然充满对胜利的渴望，他拥有取胜所需的素质。

这种幸运并不只取决于切尔西队，还取决于其他球队。并不是每年都会碰到莱昂内尔·梅西在半决赛射失点球、击中横梁的情况，所以你需要一些运气，但是这对我们是一个很好的激励，让我们表现出相同的韧性和希望，因为有时候当你坚韧不拔时，运气就会在你这一边，所以我们必须表现出这种特质。

这【切尔西赢得冠军杯】不会令我烦恼。对我来说，重要的是为英超联赛的冠军队夺魁而感到骄傲。令我担心的是在英超联赛中没有机会。英超联赛的球队赢得冠军杯是了不起的事情。你可以对人们说，在联赛中仅获第六的球队就能赢得欧洲冠军。这对英超联赛来说绝对是件大事。

阿森纳队在2006年的巴黎之夜并没有找到这种韧劲。正如维埃拉在2005年足总杯决赛为阿森纳队最后一次出场那样，冠军杯的决赛是另一个转折点。索尔·坎贝尔和罗伯特·皮雷斯参加了他们的最后一场比赛，丹尼斯·博格坎普则一直待在替补席上。但是围绕那场决赛，最大的不确定性是蒂埃里·亨利之后会不会留下来。阿森纳队的决赛对手巴塞罗那渴望签下亨利已经不是秘密了。这件事中最令人注目的是，尽管巴塞罗那队公开追逐亨

温格：阿森纳时代

利，但是媒体并没有大肆报道，也没有影响到职业素养极高的亨利的表现（当然不会那样，因为他对阿森纳队有很深的感情）。

在赛季的最后一天挤入前四名，获得2006/07赛季冠军联赛参赛资格，至少减轻了阿森纳队的压力。否则，他们在与巴塞罗那队比赛时就会知道，只有取胜才能保证他们在下一赛季回到这项比赛中。比赛前夜在法兰西体育场面对媒体时，温格精神抖擞，看上去镇静自若、享受着赛前的气氛。温格在防守上作出了关键的决定，将菲利佩·森德罗斯和加尔·克里希放在替补席上，由坎贝尔和阿什利·科尔担任首发。坎贝尔在其自传推介会上承认，他和科尔都很幸运："森德罗斯和克里希本应上场，但是他们受伤了，那是我和阿什利·科尔上场的唯一原因。阿尔塞纳在书中说，他愿意让我上场，但是没有机会，没有可能。发生那一幕只是因为命运站在了我这一边，他不得不让我上场。但是如果那两个家伙保持健康，我和阿什利就不会上场了，绝无可能。"

但是，温格最大的决定是带有感情色彩的，他选择皮雷斯首发，而不是雷耶斯。然而仅仅18分钟之后，温格就把皮雷斯换下，因为延斯·莱曼撞倒塞缪尔·埃托奥而被罚下场，他只能牺牲一名球员，让替补守门员曼努埃尔·阿穆尼亚上场。虽然卢多维克·久利已经将球射入网内，但裁判还是叫停了比赛，判罚任意球并将莱曼罚出场。这使阿森纳队只能十人应战，取胜似乎已无可能，不过至少比分仍然是0：0。

令人难以置信的是，坎贝尔在37分钟为阿森纳队取得领先，他们一直保持着领先优势，亨利甚至有机会扩大战果，但是他的单刀球射在巴塞罗那守门员维克多·巴尔德斯身上了。巴塞罗那最终击倒了阿森纳队，在最后13分钟内，埃托奥和尤利亚诺·贝莱蒂连进两球，为西班牙俱乐部锁定胜局。这只是他们第二次赢得欧洲冠军。

留给温格的是闷闷不乐的皮雷斯和前途未卜的亨利、伤感和苦涩的失败。尤其是皮雷斯觉得自己受到了不公的待遇：

我非常失望。当我在第四官员举起的替补牌上看到自己的号码时，简

第六章 欧洲赛场上的惨败

直不敢相信。这是我在俱乐部效力6年后的最后一场比赛，在我获得世界杯冠军的地方、所有家人面前参加的比赛，却仅仅18分钟就结束了，真让人难以承受。

我永远忘不了那一刻。我知道比利亚雷亚尔队想签下我，但是我还没有做出决定，那场决赛中发生的一切令我伤心欲绝。那是一个结束；我的心意已决。我知道在出示红牌之后必须有一名球员下场，但是从未想到是我。当我看到自己的号码时，心如刀割。

在巴黎的那场决赛是我的职业生涯中最糟糕的时刻。两天之后，我们谈到了两件事。我宣布将签约比利亚雷亚尔，我想要知道为什么被替换下场。温格感到很抱歉，但是他知道我在场上时球队踢得更偏向防守一些；以十人应战巴塞罗那队是很复杂的事情。

离开阿森纳队是我职业生涯中最困难的决定。我愿意在那里结束足球生涯，但是从对巴塞罗那队的决赛中可以看出，温格已经对我失去了信任。只能在那场决赛中踢18分钟仍然令我痛苦。我从不认为他做出的是正确的决定。

我一点也不生阿尔塞纳·温格的气。我应该感谢他给予我的信任和我们赢得的冠军。这一点小事不会影响我们的关系，它不能抹去6年间我从他那里学到的东西。我已经将这些不快抛诸脑后，他是我永远难忘的一位教练。

2009年冠军联赛1/4决赛阿森纳队对阵比利亚雷亚尔队，皮雷斯回到酋长球场时，温格甚至向他道歉："我对做了这件事感到很抱歉，为他感到可惜。但是我必须换下一名防守型球员，而不能换下亨利，因为我们必须发动反攻。必须将最强、最快的球员留在场上。也许【我对此感到后悔】很难说出口。我们留下了赫莱布、法布雷加斯和永贝里这些攻击型球员——还有吉尔伯托，我们已经留下了一名防守球员。"

吉尔伯托·席尔瓦忆起那场决赛也充满了悔恨。和温格一样，没能赢得欧洲冠军杯也是他职业生涯中最失望的一件事，输给巴塞罗那是最惨痛的一

温格：阿森纳时代

次失败：

这种失败对我们来说非常糟糕。我们知道打败巴塞罗那并不容易。但我们对此充满信心。以那种方式输球是非常痛苦的，对我来说更是如此。这是我的职业生涯中经常想起的一场失利，回忆起来总是充满伤感。想起这场比赛，总有愁绪涌上心头，那就是足球的一部分。你必须面对它，面对失望的结局，但是确实非常困难。赛后我痛哭不已，我们是那么接近胜利，眼看就能够取得真正想要夺取的最后一座奖杯。

这就是在你生命中铭刻下的那种故事。我会永远记住它。我认为每个遭遇失败的人都会记得。尽管我们输了球，但是观看那场比赛的人会留下美好的记忆，他们会记得我们的表现和我们曾经多么接近胜利。

当时，媒体记者会和少数高级球迷与球队同乘一架飞机。我们总是匆忙离开记者招待会、混合采访区或者改写的稿子，赶上机场大巴，与球员和管理人员一起登上飞机。

这意味着，多年以来，我们亲眼目睹了一些不同寻常的景象。例如，有时候我们在赶飞机时会看到，以鸡冠头发型闻名的马鲁万·沙马赫被安检人员挡住，因为他的包里有好多发胶罐。在多年以后接受采访时，沙马赫忆起当时的尴尬情景也忍俊不禁。

球员们通常会走到飞机的后排聊天或者嬉戏。但是2006年那场决赛之后的返程航班可能是最令人难忘的，因为亨利在35000英尺高空通过公共广播系统发表了讲话。

在决赛之后的新闻发布会上，亨利和温格埋怨埃托奥的进球是越位球，裁判对不断的犯规过于仁慈，但两人都回避亨利的未来这一问题。温格坚称，他觉得亨利会留下，但是无法肯定。亨利则声明在比赛之后不愿意谈论这件事，在混合采访区遭到追问时甚至离开了成群结队的记者们。

在返程的飞机上，亨利拿起麦克风，颤抖的声音中充满感情："这是蒂埃里在讲话。"当他动情地讲述，以坚定的语调谈到下一个赛季，清楚地表明他要留下来时，乘客们热情地鼓掌叫好。"我们不得不吞下失败的苦果，但是必须振作起来，明年我们将更加强势地回归。"

亨利所说的"明年强势回归"清楚地表明他已经决定留下。许多交易都是事先进行的，当报刊上连篇累牍地报道时，球员们表面上说着敷衍之词，内心深处已经决定自己是去是留，有些讲话只是为了吸引眼球。但是亨利的未来确实还没有决定。如果阿森纳队取得冠军杯，他也许就更倾向于离开。可是失利后亨利清楚地感觉到，他在这里还有未竟的事业。

亨利用机长的广播系统对机上其余200多名乘客（包括队友、球队员工、记者和几十名甘愿花巨资随专机旅行的球迷）说的话成为了阿森纳欧洲赛场旅程的熟悉旋律。从皇家马德里和尤文图斯主场返程航班上的演讲令人振奋，充满了胜利的喜悦，但是在决赛失利后，亨利简短的讲话充满了感情和沮丧，同时也带来了对未来的希望。

帕特里克·维埃拉和亨利始终保持着发表演讲的传统，但是在塞斯克·法布雷加斯和罗宾·范佩西接过队长袖标时却逐渐消失。这可能从某种程度上反映了球员和球迷之间的纽带慢慢减弱了。亨利和俱乐部一直保持着那种关系，现在仍是如此，其他人的关系就不那么密切了。这无疑是亨利决定留在阿森纳至少再踢一年的一部分原因。

航班在深夜抵达卢顿，接下来的一天大家都试图确定"他会不会留下"。在听到他的演讲之后，我的直觉是他不会离开，但是确定这一点仍然付出了疯狂的努力。周五早上，《每日镜报》副刊宣布，亨利将会留下。

新闻发布会在阿森纳队的训练场举行。亨利、温格和大卫·戴恩一起出席了发布会，法国前锋极好的耐性和对以连珠炮般的速度讲出冗长答案的喜好相得益彰，让他足足讲了将近一个小时。

由于博格坎普、坎贝尔和皮雷斯离开，亨利的留下变得至关重要，尤其是在阿森纳将要搬迁到新体育场的时候，这似乎标志着一个新时代的开始。如果他们卖掉自己的最佳球员、世界上最好的前锋之一，人们会怎么看呢？

29岁的亨利签下了一份周薪11万英镑的4年合同，这是阿森纳队历史上最高价格的合同。为了说服他留下，俱乐部还给了他一大笔签约费，亨利还

温格：阿森纳时代

提到了在2005/06赛季最后一个比赛日里海布利球迷们的反应所起的作用，当时他们高喊着亨利的名字，请求他不要离开。

此时，阿森纳队已经成为了冠军联赛中的真正竞争者。他们在2004年拥有最佳阵容时本应拿下冠军；此后在2006年的决赛失利，在2009年的半决赛中负于曼联队，2008年则在1/4决赛中负于利物浦队。但是，在后来的几年中，他们成了竞争中的失败者，从2010/11赛季起连续五年未能进入16强。

温格认为现在赢得这场竞争比以前难得多，他说，冠军联赛已经变得太容易预测了：

我们热切地想赢下这个奖杯，因为俱乐部历史上还从未获此殊荣，我们曾经有几次与冠军擦肩而过，但是，我觉得近几年的抽签对我们不利。我们总是抽到下下签，和巴萨、米兰、拜仁这些球队分在一组。近年，我们没有打破这种困局所需的素质。

冠军联赛的局势很难预料，因为这是一个需要经过小组赛阶段的杯赛。在圣诞节之后，你很难计划有哪些球员可用、谁保持健康、谁会遭遇伤病。在两三年之后，巴塞罗那将会一枝独秀。如果在10月你得知梅西没有受伤，那他们就会赢得冠军……

在欧洲，我们曾经击败过任何球队，这正是人们遗忘的一个事实。尽管我们的防守记录从来都不好，但我们是唯一在进入决赛之前【淘汰赛阶段】未失一球的球队。

当然，我错失了夺冠的机会，我将会努力奋斗，争取将它写入我的履历中。但是，你要面对巴塞罗那、拜仁、皇家马德里——每年他们都很有可能挡在你的征途上。你总是在想："今年让我们成就冠军吧——总有一年是属于你的。"竞争比以前更激烈了。

索尔·坎贝尔认为存在运气的成分，但是也坚持认为每个球队都会有好运的时候：

你可以说自己不走运。最重要的是，你必须走到那一步。进入决赛的次数越多，你的运气越可能改变。但是如果10年或者20年才能进入一次欧

第六章 欧洲赛场上的惨败

冠决赛，那么就相当困难了，夺冠的概率会下降。有些俱乐部在杯赛决赛中的运气非常好。应该说切尔西队配得上冠军，毕竟他们赢了。但是，他们的运气太好了……

回顾过去，当我随阿森纳队征战欧冠决赛时——我射进了一个球，我们只是浪费了太多的机会。如果另一支球队有那么多机会，也许他们已经以3∶0或者3∶1取胜了。他们就是那种等待进球的类型。我们浪费了太多机会，蒂埃里在比赛结束前有一次机会、永贝里也有一次、亚历克斯·赫莱布也有一次绝佳的机会……失利的原因归根到底就是放跑了那些机会。我知道在大部分时间里，我们都只有十个人，但是我们仍然制造了机会，只是没能打进杀死比赛的一球。

你始终要相信自己能够进入决赛。每个人都必须相信。我们也必须要有真正优秀的球员，这些球员并不总能发挥作用，但是在那些重大比赛中很有帮助。

坎贝尔认为，阿森纳队现在已经落后得太多；他们从2006年开始衰落，需要巨大的投入才能再次跟上。他还认为，温格培养球员而不是购入现成的球员的做法，是阿森纳队犯下的一个错误。

如果阿森纳队真的想在欧洲赛场上有所作为，他们就必须投入更多，与其他球队竞争。你必须使其他球队害怕，必须在边路、中场和前场上都有优秀的球员，需要有能够打破对手封锁的球员。如果你在三条线上都有高素质的球员，对手就无法只依靠冻结三名球员来取胜。你需要有选择。

董事会可能必须花点钱，认真观察市场上的球员，并真正努力去争取。而且，不要害怕——即使购买的一位球员没有起作用，你仍然必须继续。

许多教练都曾经在转会市场上犯过大错，而且一错再错。你必须拨乱反正，不能只是说："我已经花了这笔钱，它没起作用，我们将回到过去的样子。"不能这样，那些日子已经一去不复返。如果你回到原地，而没有真的花钱去购买合适的球员，那么在所有的球队都在补强的时候，你就落后了。

如果你通过全世界的球探选择球员，那很好。但是最终，球队必须拥

温格：阿森纳时代

有许多的成名球员。你必须花大价钱才能邀请他们加入。我认为阿森纳队需要的是更多现成的世界级球员。

2006年夏天，球队发生了一些重大的变化。皮雷斯（比利亚雷亚尔）和坎贝尔（朴次茅斯）离队；阿什利·科尔在一桩令人不快、旷日持久的转会中加入了切尔西队；丹尼斯·博格坎普退役；劳伦受伤无法再为球队效力，最终在2007年1月转会朴次茅斯队。仅仅两年，无敌之师的班底所剩无几。

阿森纳队还抛弃了身材高大强壮的球员，转向较为矮小、传接球更快的球员，尽管温格否认，但是他似乎在寻求完全不同的球队风格和哲学。

阿森纳俱乐部财政状况的重大变化也是这种哲学变化的因素，因为他们不再能够承受现有球星的费用了。阿森纳队突然在不同的转会市场中购买球员，他们寻找的是有潜力的球员，而不是已经证明自己的天才和成名的球星。

他们将要搬迁到造价3.5亿英镑的新体育场，这将改变球场内外的整个局面，最重要的是，改变了温格的工作职责。他将成为教练兼会计师，力图在平衡账目的同时保持球队的竞争力。相反，切尔西独霸冠军，签下了迈克尔·巴拉克和安德烈·舍甫琴科等超级球星，以及阿什利·科尔、约翰·奥比·迈克尔和哈利德·布拉鲁兹等球员，而阿森纳队不得不追求更年轻的球员，比赛成为了男人和男孩的对抗。

温格多次对英超联赛中一些对手们的开支冷嘲热讽，声称他对竞争对手们在大额开支和造成的巨额亏损上的态度感到"震惊"。

此后阿森纳的策略被称为"青年军项目"，温格明确表示，他不能也不想签下大牌球员而阻挡年轻球员的发展道路："我们的决定是在建造新球场时更多地引进年轻球员，因为我们无法在球员们身上花费3000万或者4000万英镑。"

"在现代世界里，人们在银行出现亏损时感到愕然，而我对足球俱乐部亏损感到震惊。对于我来说，这是同一个过程。我们已经培养了年轻的球员，然后又在他们面前排出四五位球员，这就完全毁了你已经做的工作。"

阿森纳队曾经如此接近欧洲霸主的地位，但是现在这个俱乐部正处于过渡期，将要搬迁到新球场，进入温格执教生涯最为艰难的时期。

第七章
调情

"足球是一种艺术,正如舞蹈是一种艺术——但是只有技艺纯熟的人才能将其变成艺术。"阿尔塞纳·温格有许多令人吃惊的方面,其中之一是他喜欢跳舞,并且非常擅长。他脚步轻巧,在房间里来去自如,和舞伴配合得天衣无缝。在社交场合中,他不是和舞伴安妮翩翩起舞,就是在桌旁和其他人谈天说地。安妮是一位身材修长的高雅女性,总是穿着量身定做的名牌服装。在前切尔西俱乐部主席肯·贝茨举办的一次奢华的慈善活动中,温格和安妮跳的一支摇摆舞惊艳全场。

一位旁观者记得,在伦敦一家大舞厅举办的另一次慈善活动上,他看到温格坐在12名女士中间,温格让女士们非常开心,他们有说有笑。他是一个擅长社交的人,喜欢与人会面和联系。他享受女性的陪伴,甚至——在另一次著名的谈话中——将精彩的比赛比作美女:"足球队就像漂亮的女人。当你没有告诉她时,她会忘了自己很美。"

温格将许多个人的时间花在推动慈善事业、接受采访和参加募捐活动上。在一次此类活动中,阿森纳队拥趸、《X因素》主持人德莫特·奥利里竞拍

温格：阿森纳时代

到参加儿童聚会用的巨型阿森纳绿色吉祥物"蜥蜴枪手"，温格则捐赠了一大笔钱，为大奥蒙德街医院购买一台睡眠监控仪。当天晚上筹集的善款已经足以购买一台此类机器，但是温格的捐款可以增购一台。他对竞拍不感兴趣——他只想捐款。

虽然温格在世界杯和欧洲杯期间常常出席社交活动，但在赛季中他很少离开适合白天工作的区域。2002年9月的一个夜晚，温格少见地观看了一场音乐剧《西区故事》。他抱怨道："我不能这么做，那不是我，足球太消耗时间和精力了。我没有时间游览伦敦和它所提供的一切。"

温格更愿意待在家里，而不愿意到城里去。他十分注重隐私，以至于2011年搬进新居（距离托特里奇的旧房子只有几个门的距离）时，房子设置了门禁，不对外，也不太容易进入，那所房子很适合他。

温格的一天从家里的健康早餐开始。然后驾车前往训练场（常常是乘坐他代言的雷克萨斯）——大约需要花费半个小时，通常于早上9时抵达训练场中的办公室。训练之后，他在食堂里与球员们共进午餐。他经常选择鸡肉和蒸蔬菜。温格认为这种饮食很重要，因为不仅吃得健康，还可以向球员们表明自己和他们一样尽心尽力；他认为，他应该遵循相同的习惯，以此表示对球员们奉献的尊重。这是他的管理思想的关键部分：他不相信能够期望从球员那里得到自己没有准备要给予的东西。

温格喜欢打网球和健身；他每天跑步，如果没有在训练场上跑圈，就会在跑步机上锻炼。有几次，他在赛季前的旅行中出现在酒店健身馆里，发现自己就在某位记者身旁的跑步机上。他总是觉得这很有趣。

他是最后离开训练场的人之一，常常在下午6时左右才走，然后他会吃一份简单的晚餐，总是包含一份沙拉。有了这样的习惯，年过六旬的他看上去非常健康、苗条也就毫不奇怪了。

在家时，温格通常观看电视上的一场球赛。房子的一侧安装了卫星天线，他可以选择欧洲任何一个角落的球赛。近年以来，从卫星电视上跟踪世界上其他地方发生的事情变得很容易了。

第七章 调情

采访的记者们很喜欢在新闻发布会结束时和他开个小玩笑，可能是想找出温格的一句妙语或者有趣的俏皮话，尤其是在他生日的时候。温格总是带着恶作剧的微笑，"厚颜无耻"地回答建议他出外庆祝的记者们。

足球作家亨利·温特回忆起这样的一个场合："有一次我们惹恼了他。那是他的大生日，我们问他要做什么：去伦敦西区、举办聚会还是在托特里奇的酒吧里狂欢。他说'不，我必须看一场很重要的德甲比赛。'我们告诉他破个例，好好狂欢一场。他说'不，我必须看这场比赛——但是为了你们，我会把蜡烛插在电视上！'"

除了足球——以及对亚历山大大帝的痴迷，他读了很多关于亚历山大的书籍——他最热爱的是政治。温格曾在许多场合下前往国会，和各党派足球小组的议员们交谈。但是他很难定义自己的政治倾向。一位密友称他"在蓝色和红色中更偏向后者"[①]，但奇怪的是他对财富和收入持有资本主义者的态度。这位朋友补充道："弗格森从未停止过对工党的公开支持。"温格喜欢重要的辩论，承认自己经常从电视直播的政治讨论中获得对付阿森纳队新闻发布会的点子。

温格喜欢跟踪新闻时事，总是着迷于研究冠军联赛旅程中到过的国家。在乘坐欧洲足联的汽车参加赛前新闻发布会时，他总是和司机交谈。在乌克兰的一次此类场合下，温格询问司机和该国政治有关的情况、基辅的经济和预计观赛的球迷数量。

虽然工作就是他的生命，阿森纳队就是他的生命，但是毫无疑问，他在过去也曾和其他俱乐部眉来眼去，有几次已经接近离开——甚至连他自己都承认。但是，温格最终都无法隔断这条纽带。没有人能够质疑温格对阿森纳的忠诚。他拒绝了皇家马德里队、巴黎圣日耳曼队和英格兰国家队的邀请，

[①] 英国保守党的代表色是蓝色，工党的代表色是红色。

温格：阿森纳时代

以及曼彻斯特城队抛出的橄榄枝。

温格最接近离开阿森纳的一次可能是2007年，当时他的密友和同盟者大卫·戴恩在一场董事会政变中遭到驱逐。这一结果使温格怀疑自己能否在没有戴恩的情况下留下来，是否应该以辞职表示对朋友的支持。戴恩坚持说，他不希望温格因为他而离开，于是温格继续执教。

虽然他的忠诚令人钦佩，但是仍然有酒店中的密会、接触、电话联系和大额转会费的诱惑。曾经有报道称，他接受了皇家马德里的一份初步协议，但是温格拒绝了。真正知道温格有多接近离去的人就是他本人，但是有些人觉得难以理解，为什么他在完全不可能走的情况下仍与其他俱乐部会谈。

有趣的是，温格在2012年11月没有拒绝和巴黎圣日耳曼俱乐部老板谢赫·哈马德·萨尼的会面。对那次会面，他解释道，会面是因为自己和半岛电视台的合作，也因为他和谢赫有长期的联系。

温格也没有拒绝皇家马德里和拜仁慕尼黑报价。当有报道称皇家马德里主席弗洛伦蒂诺·佩雷斯2004年试图聘用温格时，阿森纳主教练对此的反应是，只有在他真的感到绝望时才会前往伯纳乌："如果明天我没有工作，独自走在街上，我不会拒绝马德里。我没有离开这里的愿望，在这里我很快乐，我对自己所拥有的很满足。我的目标是帮助俱乐部和球队发展，我觉得在这里还有很重要的工作要做。"

有些报纸对温格的评论做了带倾向的报道。《每日快报》伪造了一张他穿得像流浪汉的照片，断言即使他穷困潦倒，也不会离开阿森纳去皇家马德里。我记得一位阿森纳新闻官员曾给我来电，说温格真的为有些报纸对他的评论胡乱解读而烦恼——包括我所在的《每日镜报》。几天之后，我在伦敦机场的出发大厅遇见他，他即将启程去参加欧洲比赛。我走向他——没有为报道道歉，只是说如果他觉得受到了冒犯，我很遗憾——他看着我，好像我完全疯了。他不知道我在说什么，甚至觉得这事有些滑稽。

你永远无法知道温格什么时候会被一篇报道惹恼；但是和其他俱乐部扯上关系似乎不会令他心烦。其他主席、首席执行官和俱乐部的兴趣只会提高他的市场价值。

根据我的情报,温格最接近离开阿森纳去另一家俱乐部的情况出现在2006年。这对温格是关键的时刻,因为他们刚刚在冠军联赛决赛中失利,俱乐部将要搬迁到酋长球场,进入财政受限的过渡期。

皇家马德里队再次发出召唤。这一次行动的发起者是主席候选人之一胡安·米格尔·比利亚尔·米尔,他的整个行动都围绕着温格的聘任。2006年5月,温格在巴黎著名的克利翁酒店会见了这位工业巨子和皇家马德里的终身球迷,比利亚尔·米尔向他提供了一份意向协议。

比利亚尔·米尔在选举中得到了弗洛伦蒂诺的支持,他后来告诉记者温格签署了协议,西班牙媒体报道,温格是他们想要的教练。他们已经开始了细节上的商讨:温格有机会成为总经理,执教球队的同时还可以选择签约球员,就像在英格兰那样,教练可以完全控制球队。在西班牙和大部分欧洲国家,教练只管理球队的训练,与之一同工作的球员们是俱乐部、足球部门主管或者俱乐部主席帮助教练购买的。为了获得温格,皇家马德里队准备改变规程,他们认为自己已经成功了。

尽管作出了聘任温格的承诺,但比利亚尔·米尔在选举中败给了拉蒙·卡尔德隆,因此我们永远也不知道温格是否有兴趣加入皇家马德里。比利亚尔·米尔与佩雷斯的亲密关系可能使他们付出了巨大的代价:皇家马德里队希望摆脱"银河战舰"时代,因为在佩雷斯管理下,大牌球星没有带来成功。当然,佩雷斯后来又重新取得了权力,但是卡尔德隆确实将俱乐部带进了由法比奥·卡佩罗执教的新时代。

温格后来说过,皇家马德里曾向他提供过一份工作,但阿森纳俱乐部公开否认西班牙媒体有关签署意向协议的报道,毫无疑问,这一邀请是认真的。

据卡尔德隆回忆,佩雷斯在2004年曾将温格作为目标,他还认为,从多年来的历次会谈中看,温格在其他时候也发生过兴趣:

我想任何人——不管是教练还是球员——在职业生涯的某个时期都会对进入皇家马德里这样的俱乐部感兴趣,尤其是在一家英格兰俱乐部待了

温格：阿森纳时代

15年的情况下……在其他行业工作的任何人都对改变感兴趣。我认为拥有一位具有长期计划的教练是个好主意……

他曾经和我谈起皇家马德里，在那个时候，他对这个俱乐部以及其中发生的事情很感兴趣。我记得他说："你是想再去一趟好莱坞，还是想打造一支足球队？"他的意思是：你是想追求"银河战舰"那样的电影明星，还是打造一支好的球队。

有过在英格兰执教的经验是很好的事情。在阿森纳、曼联，主教练可以留任很长的时间。这在西班牙是不可能的。在西班牙，巴塞罗那和皇家马德里的球迷和追随者们只想要冠军和奖杯。英格兰的俱乐部在某些方面做得很好——给予教练信任和支持。俱乐部和教练保持着良好的关系，温格就是一个证明。

卡尔德隆很尊敬温格，虽然在2006年赢得俱乐部选举后他聘任了法比奥·卡佩罗，他仍然相信温格是历史上最好的教练之一。他说温格的举止、哲学甚至人情味都与众不同：

我敢肯定，阿森纳俱乐部能够领会到自己所拥有的财富，他们不希望温格离开，因为当一位大牌教练离开时，一切都很不容易。你们已经看到了曼联队发生的情况。他们做出了改变，但是没有取得成效。看看温格对年轻球员们所做的事情，他培养了他们，也发展了球队。

他是一位好教练；在世界上任何一个俱乐部都能取得成功。但麻烦的是，如果你打造了一支好球队、是一位好教练，但是没有赢得冠军，那么就会被炒鱿鱼。看看佩莱格里尼的遭遇。他是个很好的教练，可是来这里一年就被解雇了。看看穆里尼奥，他赢得了一座国王杯，但也被解雇了。当我引入卡佩罗……他很成功，但是支持者不喜欢球队的比赛方式，我们也不得不解雇他……支持者和穆里尼奥之间也有问题……阿尔塞纳·温格不是那类教练。他的球队也努力地为观众奉献精彩的比赛。

但是，同样的问题仍然存在。我们这里很难有教练能够执教超过3年。他们承受着很大的压力。西班牙媒体难以应付。如果一位教练不能赢球，那么就有真正的麻烦了，即使赢了，如果没有打出他们喜欢的风格，也仍然是不够的。他可能是成功的教练，但如果到这里来，还需要克服很多困难。

我可以想象，他对不能来这里感到伤心，因为这是一个机会、一次改变和新的挑战。但是天不遂人愿，他明显热爱在阿森纳的日子……

温格谦恭有礼。你从不会看见他与人争论。可能有些场合他会抱怨裁判，但他不会采用穆里尼奥的方式。他是个非常非常宽容的人。我记得2008年欧洲杯决赛和他坐在酒店之外喝咖啡聊天的情景，他只对足球充满热情。温格是很出色的教练，真正的好人，我对他的成功感到高兴，也认为他在马德里会干得很好。但是马德里有时候是个非常麻烦的俱乐部。

温格坦承了皇家马德里对他的兴趣，虽然最近更多地和巴黎圣日耳曼、法国国家队联系起来，但毫无疑问，西班牙俱乐部对他的示好要多于其他球队。2009年，西班牙媒体连篇累牍地发表报道，再次将他与皇家马德里队联系在一起，他概括了自己拒绝他们、保持对阿森纳俱乐部忠诚的原因：

皇家马德里想要的东西，我将其称为一个足球奇观——一支壮观的球队。但是在创建一支球队时，还存在其他的因素。我希望建立一支具有风格的球队，一支技术见长的球队，具备专属于俱乐部及其球迷和年轻人的足球文化的球队，并通过这样的球队来取得成功。那是我在足球生涯中选择，并希望在阿森纳队贯彻下去的东西。

我正在进行一个打造年轻球队的计划，我的意图是将这个计划推到极致。对于我来说，喜悦来自于看着那些球员表现出我乐见的足球风格。我们在谈到皇家马德里的投入金额时感到很震惊，但那是俱乐部投资者们深思熟虑的结果。

我认为忽视道德上的判断，简单地问问这项操作是否有利可图是很有必要的。在我看来，一个转会窗口期中像皇家马德里计划的那样招募超过3名球员，在技术上是一种冒险。

最近，温格承认忠诚感（即使在困难的时候）是他留下的原因。"这个

温格：阿森纳时代

俱乐部给了我机会。但我也认为，在重要的时期我已经表现出了忠诚，拒绝了许多邀请，并接受了和潜力有限的球队一起工作。我知道，必须保持顶级球队的水平，为此我全心奉献。"

"现在，我们在财政上又能够跟顶级俱乐部抗衡了。我相信今天的俱乐部处于很有利的地位。我可以对自己在俱乐部的作为做一个评价：在我看来，当你成为一名教练，就必须适应俱乐部的传统和价值，并引入自己的风格……当你热爱一份工作时，最重要的是每天早上起来都快乐地投入。即使在较为困难的时候，我在这里也保持着那种热爱，那也是我留下来的原因。"

球员们也知道其他俱乐部对温格感兴趣，正如雷·帕洛尔所承认的："有几次皇家马德里队加入了争夺，但是他【与阿森纳俱乐部】签下合同，向俱乐部表达尊敬，他对阿森纳非常忠诚。"

还有一次，温格在报刊的体育版上看到了怀疑其未来的报道。2000年，凯文·基冈辞去了英格兰国家队教练的职务，英国足总寻找他的继任者。

英国足总着手聘请一位能够带来更好的战术精神、更接近欧洲足球风格，在基冈的4-4-2时代之后能够鼓舞士气和赌彩者热情的外籍教练——那是英格兰队在2000年欧洲杯失利之后的主要话题，部分归功于温格在阿森纳队的成功。

阿森纳俱乐部副主席大卫·戴恩劝说足总首席执行官亚当·克洛泽追逐斯文-戈兰·埃里克森，代替温格并避免潜在的危机。戴恩那时回忆："我在斯文身上看到了阿尔塞纳具备的许多特质，他们可能是远房表亲。"

人们推测，戴恩希望温格留在阿森纳，因此当足总高层的其他人希望法国人执教时，他敦促足总追逐埃里克森。当我向埃里克森求证时，身为温格和戴恩密友的瑞典人露出了迷人的笑容。他说："我相信这一点！大卫和阿尔塞纳是那么亲近。他们打造了一个如此伟大的俱乐部；他们是俱乐部历史上极其重要的两个人，带来了一座新的体育场、一个新的训练场还有其他的一切。"

作为教练，温格始终很抢手，但是最近有些时候，法国人考虑离开可能是因为怀疑自己的能力。2011年11月，他在接受法国《队报》采访时吐露真情，暗示可能在下一个夏天离开。那次采访在阿森纳客场2∶8惨败于曼联队之后仅仅三个月。温格在法国讲的话常常在翻译中被遗漏了。他后来澄清了自己的意思：

我说，离开的唯一原因是我无法满足人们的期望。有许多人质疑我的工作。如果这个赛季你觉得自己无法完成任务，你就不得不考虑。除非我觉得自己不够好，否则就会为俱乐部献身并尊重它，直到合同的最后一天。我必须诚实地评估自己的表现——我是否最大限度地发挥了球员的能力？在15年之后，我有许多问题，必须客观地分析形势。这是我一生效力的俱乐部，除非我做得不够好，否则还将一直是这样。

我必须等待到赛季末，考察我的工作质量——不是简单的进入前四名或者其他目标。你们希望我现在说，如果没有进入前四名我就退出……但是我不会那么做，我不愿意那么说。

2∶8【在老特拉福德惨败】之后，我比以往更坚定地要拨乱反正。我必须以最诚实客观的态度分析形势。但是我不会质疑自己对合同的恪守，我认为我在过去已经表现出了这一点，未来我仍然会这样做。

在我们以2∶8失利后，我确实接受了另一家外国报纸的采访……但是我并没有什么特别的想法，只是那家伙问道："你绝对不会离开俱乐部吗？"我说，唯一可能迫使我离开的原因是，我真的感觉到自己成了俱乐部的痛苦。这些事情一直都留在我心里，每位主教练都是那么想的。

温格的另一个原则是，他在整个职业生涯从来没有撕毁过合同，但是他曾经坦率地承认自己尝试过一次。温格的理由是，他不能在自己违反合同的情况下，却在和球员谈判或者说服其留下时要求他们保持忠诚。这是坚持原则、值得尊敬的态度。但是，他自己承认，在拜仁慕尼黑与其接触时，他确实试图违反和摩纳哥的合同。

拜仁慕尼黑俱乐部主席乌利·赫内斯讲述了如下的故事：

在他【1995年】去日本之前，弗朗兹·贝肯鲍尔和我前往尼斯与他

温格：阿森纳时代

会谈，一切都很清楚了。但是在这一天晚上，他决定去日本。我们非常惊讶。他从日本去了阿森纳，多年以来，每当我们寻找新教练，温格始终都是我们考虑的人选之一。他是一个非常认真的人，非常强大，对足球有很好的思路。

这几年来，我们总是在某些时候提起他的名字。他总是对阿森纳保持忠诚，这是了不起的举动。但是我们有好几次真的希望他来拜仁。

温格解释道，他确实要求摩纳哥队解除合同，以便前往拜仁慕尼黑：

我不记得那些细节，因为我总是对所有人说"不"。我总是献身于此，始终尊重自己的合同。我第一次说【对拜仁】"不"是在摩纳哥的时候。我还有一年的合同，不想续约了，所以我问了俱乐部主席。他们不让我走，所以我信守自己的合同，拒绝了拜仁的邀请。

我对此并不后悔，完全没有。你遵从自己的感觉，做你所认为的自己。你相信自己的价值观，并按照这一观念去行事。做你自己认为对的事，不期望回报。

温格从来不羞于谈及自己的未来和处境，也不怕说明自己是其他俱乐部的目标。他最近的一次交易——2014年5月签下的3年合同——不仅是财务上的回报（总价值2400万英镑）——还确保了他的权力基础。他曾多次嘲笑过关于他为什么不希望一位足球主管协助工作的说法，那明显是因为他希望自己对转会和合同有最终决定权（他也仍然得到了这一权力），而不像越来越多的英超竞争对手们那样。毕竟，他每周都必须选择球队的上场阵容，当然应该保留对需要的球员们的全面控制权了。

温格知道自己是炙手可热的人物，这不仅使他更加自负，也表明如果阿森纳董事会开始怀疑他或者抢夺他的领地，他可以选择其他的工作机会。温格可能已经将阿森纳俱乐部玩弄于股掌之间，他拒绝与足球主管共事，是为了提醒人们，谁才是真正的负责人。他这样解释自己在这方面的想法：

我不愿意和一位足球主管共事，因为如果他们买来的球员不起作用，你就要背上没有很好地使用这些球员的黑锅。我不反对有人帮助我购买、

第七章 调情

出售和谈判，因为我不可能做所有的事情。但是我认为，最终的决定权始终应该属于教练，他应该决定谁进队、谁离开，因为他要对球队的风格和成绩负责。

这就像你们【记者】写了一篇文章，然后有个人说，我要改动这里、这里和那里。对此你不应该接受。一定要捍卫你写的东西！我捍卫自己选择的球队。教练应该为进入球队的球员负责，我周围有人帮助我，但是最终的决定必须由教练作出。

无论如何，温格毫无疑问在阿森纳俱乐部中属于他的世界里过得很愉快——只要他有机会不时提醒所有人，谁拥有权力。皇家马德里和巴黎圣日耳曼这样的俱乐部对他感兴趣，无疑也是令人欢喜的。每位教练都有自尊。但是，虽然偶尔有机会赚得更多、前往更大牌的俱乐部、赢得更多胜利，温格的心始终拒绝着离去的诱惑。

第八章
无果的岁月

阿尔塞纳·温格在阿森纳取得最大成功的那段日子里,俱乐部背后正在酝酿着一场财务和政治上的大阴谋。

从20世纪90年代中期起,阿森纳队就在谋求从1913年起的主场——海布利球场搬走。1989年希尔斯堡惨案发生之后引入的全座席球场意味着,海布利球场内观众人数的减少——记录显示,在1935年3月对阵桑德兰的比赛中有73295名观众,即使在20世纪70年代和80年代,观众人数也常常超过5万人。但是,尽管对时钟看台和北看台进行了大规模的重新开发,到20世纪90年代海布利球场成为全座席看台之时,容量已经降低到38500人左右。

体育场的各个部分因为精美的装饰设计而被列为保护区域,这意味着它已经无法再开发。俱乐部高层意识到,为了再进一步,他们只能搬迁。阿森纳俱乐部深知,他们能够吸引大量观众,尤其是因为他们与温布利球场协商了一次临时交易,将冠军联赛的主场放在这个国家体育场,在1998年11月对阵法国朗斯队时吸引了73707名观众。

大卫·戴恩是一位开拓者,在足球上具有远

温格：阿森纳时代

见，他发现了一个新的机遇，倾向于和温布利体育场签约。但是董事会的其他人，尤其是肯·弗里亚尔和丹尼·菲什曼，希望寻找离家更近的场地，强烈地认为应该留在伦敦伊斯灵顿区。他们觉得，阿森纳队在温布利球场进行的冠军联赛中战绩惨淡，几乎可以证明他们的观点。他们辩称，阿森纳队需要一个新主场，而不是租来的球场。

这当然造成了董事会成员的分歧，在2003年前后的艰难时期中，菲什曼和戴恩发生了争吵。他们曾经十分亲近，一位前董事长将他们称作"影子兄弟"，他们从2000到2003年一起致力于体育场项目。但是，根据一位亲历者的说法，他们的关系突然"完全破裂"。甚至在俱乐部搬迁到酋长球场，情况转好之后，两人的矛盾都无法弥合。

俱乐部历史上最重要的两个人物反目，戴恩与菲什曼之间的不和是10年来持续困扰阿森纳俱乐部（特别是温格）的董事会争斗的一个象征。那对阿森纳队是一段困难时期，他们知道，想要建成体育场，球队就必须继续取得成功，在比赛中名列前茅。

但是，建造新体育场这个雄心勃勃的项目所遇到的困难并不只在董事会内部。阿森纳队从银行贷款时也遇到了阻力，2003年一家银行退出之后，体育场的建造甚至遭到搁置。在球场上，阿森纳队将要迎来最辉煌的时期——在2003/04的不败赛季中夺冠——但是俱乐部却出现了瓦解的危险。

忧虑的情绪已经传到更衣室，球员们越来越担心，阿森纳队在财政上是否能够保持竞争力，尤其是在罗曼·阿布拉莫维奇君临切尔西的时候。这位俄罗斯亿万富翁预示着巨富们染指足球俱乐部的一股新浪潮，对温格在足坛的统治力造成了另一个威胁。

多名球员进见温格、董事们和其他关键人物，因为已经有传言称，阿森纳队正在建造一个"奢侈的摆设"。他们得到保证，俱乐部管理状况很好，但是一位始终致力于酋长球场搬迁的董事承认，新的体育场及其投资行动是"相当鲁莽的越轨之举"。

我们始终记得吞没其他俱乐部的财务危机。利兹联队在冠军联赛中进行

第八章　无果的岁月

了不可思议的豪赌，当巨额球员合同和转会费没有取得期望中的结果之后，俱乐部陷入崩溃的边缘，几乎使其退出了欧洲精英俱乐部的竞争。阿布拉莫维奇来到切尔西，将俱乐部从财政危机中挽救过来，而在芬威体育集团接管安菲尔德球场之前，利物浦俱乐部据说距离被接管只有"一天"的距离。再看看朴次茅斯俱乐部鲁莽的投资，是如何使其从足总杯冠军得主和超级联赛强队滑落到乙级联赛的。

但是阿森纳俱乐部和上述俱乐部不一样，它以保守著称。20世纪30年代起留下的"英格兰银行"绰号仍然通行，人们认为俱乐部很富有，背后有着理智的股东，在球场内外都不愿意接受风险。但是，在体育场搬迁期间，阿森纳俱乐部发生的财务危机远超过球迷们的想象。在那种背景下，从海布利搬迁到酋长球场期间，俱乐部捉襟见肘的状况越发明显。

2004年，在阿森纳俱乐部促成一笔地产交易以解决财政危机之前，他们距离无力支付工资只差一周了。想象一下那个时刻。当然，每位员工都已经受到影响，但是如果阿森纳队无法支付蒂埃里·亨利、帕特里克·维埃拉、索尔·坎贝尔和丹尼斯·博格坎普等巨星的薪水，后果将不堪设想，这可能成为足球财政史上最令人震惊的新情况之一。不仅如此，这几乎肯定会大大影响球员的表现。

拯救阿森纳的地产交易是与房地产开发商威尔逊·康诺利达成的，当时阿森纳俱乐部不得不卖出在霍洛韦镇洛夫路的地产，以脱离困境。在那个时候，俱乐部每周的工资账单将近150万英镑，是无敌赛季时英国工资总额第三高的雇主。

这几乎是阿森纳俱乐部史上遇到的最大灾难。酋长球场落在了财政的"刀锋"之上。洛夫路的一大片地产和之后德雷顿公园的出售保住了这个项目。俱乐部只能祈祷，在他们推进造价达到3.9亿英镑、可容纳6万个观众座席的体育场计划期间，地产市场保持稳定，利率保持在可控范围之内。

但是，关于财政紧张的传言在球员们中间传开了，至少在现代，保守即将到来的财政危机的秘密和球员们在这种时候保持专注和动力都是一种奇迹。

温格：阿森纳时代

温格对体育场规划和发展的参与程度往往在俱乐部高层人物中引起一些讨论，丹尼·菲什曼、肯·弗里亚尔和总经理基思·埃德尔曼无疑推动项目并保证土地和资金的筹措。温格确实对设计发表了一些意见，最明显的是在他发现建筑师规划的主队休息室有一根大柱子时。那天已经很晚了，建造工作正在顺利进行，但是温格坚持要去掉这根柱子，这样在他和球队谈话时，所有球员都能看见他，他也能看到大家。

温格在不止一个场合里，甚至在支持者会议上说过，有一家银行在他签下新合同之前不愿意放款，他们认为温格对确保俱乐部每个赛季进入冠军联赛、在欧洲赛场的收益起着非常重要的作用。很明显，温格取得的成功和将阿森纳队稳定在英国足坛顶尖水平的能力，对提供贷款的金融机构有着不同凡响的重要影响，实际上也对他们的"梦幻足球"起着重要作用。当温格选择这支球队，银行就觉得自己的钱应该是安全的。

2004年2月，阿森纳俱乐部确认了体育场的资金——温格于2004年10月签下新合同。由于背后的财政纠纷，对他的合同进行了多次谈判也就不足为奇了。他始终是英超联赛中工资最高的教练之一，但他的合同金额令人瞠目——这部分归功于蒂埃里·亨利。

阿森纳董事会同意在温格的合同中加入一项条款，这意味着他可以得到俱乐部最高薪球员的同等收入。当蒂埃里·亨利签下到2007年为止的5年大合同时，俱乐部以为他可能不会在那里待五年。当然，亨利依然在队中，在温格的下一次合同谈判中，阿森纳俱乐部不仅必须向他支付和法国超级前锋一样的工资，还试图出资买断该条款。温格的律师决定援引该条款，阿森纳教练的薪水达到了创纪录的高度。

但是，令阿森纳俱乐部心怀感激的是，温格还是承认自己不能赚太多的钱，允许俱乐部买断这一条款。温格的合同金额达到了前所未有的水平，据一个消息来源称："这几乎让我们破产"，在2014年签下的合同价值估计为每年800万英镑。

当温格的收入（前一个合同的价值已经达到750万英镑/年）在教练的圈

第八章 无果的岁月

子里流传开来时,其他教练很快以他的收入作为标杆。就连亚历克斯·弗格森爵士也以他作为基准,告诉曼联俱乐部首席执行官大卫·基尔,自己应该赚得更多些。曼联俱乐部经过调查发现这是真的。温格得到了巨额薪水,已经成为非常富有的人了。直到何塞·穆里尼奥在2013年重返切尔西时,才取代了温格英超最高薪教练的地位。

虽然温格的巨额收入成了批评者们打击他的武器,奈杰尔·温特伯恩仍然认为,因为可以理解的原因,2005年足总杯之后的"无果岁月"应该视为一种成功——也就是说,当时俱乐部财政受到限制,主要是因为体育场的搬迁。

我认为从1998年到2006年,以及那一场冠军杯的决赛,仍然称得上阿森纳队的辉煌时期。人们只记得胜利者,因为比赛就是为了取胜。但是阿森纳队仍然在每个赛季发起挑战……你已经向支持者们表现了自己,可以这样说:"我们已经做到了最好——只是没有达到预期的目标。"我认为在每个赛季的最后都这样面对球迷是很重要的,只要你愿意,就能给支持者带来真正的信念。

如果没有搬迁【到酋长球场】,很难说会发生什么情况。他们会将更多的钱花在球员身上吗?他们仍然能夺得冠军吗?在训练场和新球场【开发】期间,我确实感觉——很明显,我那时不在队里了——花的钱不如以前那么多了。

如果球队没有能力发起挑战,温格……肯定意识到需要签入更多的球员。当时他为引入球员花的钱是500万到1000万英镑,而不是3000万英镑。我怀疑是否有足够的钱进行真正重要的球员引进,那就是我对这一时期的评估。

你永远不能保证取胜。但是必须保持对冠军的挑战,可能还要将另一座奖杯带回俱乐部,人们才会说:俱乐部又走上了正轨。新的体育场是当时的重中之重。但是,现在他们必须说明,自己还能回到巅峰。

2006/07赛季之前两年十分拮据,温格没有多少钱可花。有讽刺意义的是,2006年夏天阿森纳队搬进酋长球场时,财务情况开始好转,因为真正

温格：阿森纳时代

困难的时期已经过去了。之前一段时间，阿森纳队确实享受着荣耀时刻：2003/04年的不败赛季、2005年足总杯冠军和2006年冠军联赛进入决赛。

温格排除万难完成了这些壮举，他面前的困难不仅是资金的短缺，还有罗曼·阿布拉莫维奇和何塞·穆里尼奥入主的切尔西。我们已经看到，这家伦敦西区的俱乐部能够一掷千金追求胜利，将阿森纳队赶下王座，在2005年和2006年连续夺得英超冠军。

无敌赛季可以说明温格面临的困难，当时阿森纳队是英超联赛中工资总额第三高的——每年6990万英镑，相比之下，切尔西队达到1.148亿英镑，曼联为7690万英镑——但是最终夺得了冠军。2010年，《华尔街日报》发表了一份报告，声称英超联赛的成功中有85%与工资关联。这更说明了温格在2003/04赛季取得的是超预期的成就。而且，在2000到2012的12年中，阿森纳队在转会上的净支出为5700万英镑，而切尔西为5.7亿英镑。

阿森纳队的工资总额一直排在联赛球队中的第三、第四甚至是第五，2009/10赛季落在利物浦之后，当时排在前列的是切尔西、曼联和曼城。除了温格与曼联队为争夺英国足坛霸主地位的长期斗争之外，切尔西和曼城的崛起也给他带来了新的威胁。

温格是一位合格的经济学家，那种情况可能更多地影响了他对转会的想法。他在球员的评价上相对谨慎，但是在戴恩时代，有人可以做出决定，不远千里地将教练需要的队员带回来。在他离去之后，俱乐部在交易上变得更保守了。关于转会交易的两个发人深省的故事充分表现出了戴恩离开阿森纳前后的差别。

温格在每个赛季将要结束之时总会召开"转会会议"，提出下一年想要购入的球员。参加会议的通常包括温格、戴恩、肯·弗里亚尔，在2000~2008年的大多数情况下还包括总经理基斯·埃德尔曼。他们将讨论转会球队的目标、结构和战略平衡。

2000年夏天，温格想要签入波尔多队的前锋西尔万·维尔托德。他提出了800万英镑的报价，并坚持说不能支付更高的工资。但是有人指出，波尔

第八章 无果的岁月

多队已经拒绝了价值1000万英镑的转会，在过去一年中维尔托德的球技有所提高的情况下，他们很难接受更低的报价。完成交易的任务由戴恩完成。他果真办到了，维尔托德以1200万英镑签约。

但是，在2011年夏天，温格为博尔顿队后卫加里·卡希尔提出了600万英镑的报价，博尔顿俱乐部主席菲尔·加特塞德称这个报价"低得离谱"。此后博尔顿队教练欧文·科伊尔又加了一句："低得离谱不足以说明这个报价的荒唐程度。"2012年1月，卡希尔签下了合同——以700万英镑加盟切尔西队，他赢得了英超、足总杯、冠军联赛和欧联杯冠军，并成为英格兰代表队的主力球员。如果温格做好了提高报价的准备，可能已经得到这名球员了。

温格对转会（特别是转会费）的观点是俱乐部中许多乐趣和失败的根源。他愿意支付巨额工资，但是对转会费的分解评估到了无以复加的程度，以至于有位消息人士将其比作购买一只卡地亚手表：如果表的价格为2000英镑，温格会以司法鉴定的眼光分解其零件和对应的价值，坚持说它应该定价为1500英镑。当然，珠宝商不会折价25%销售。这位消息人士笑道："他很有可能卷入一场争论，并且说'但那就是它的价值！'"

在两个夏天，温格有限的预算使他只能花费大约1500万英镑，而其他俱乐部花了1亿英镑以上，但是那种情况在2006年现金流改善之后出现了变化。重要的原因之一是，为了巩固关系，帮助将利息支出缩减到每年1500万至2000万英镑，阿森纳俱乐部和耐克公司及阿联酋航空公司达成了长期交易。

此后，球迷组织指责董事会达成的交易价值偏低，但真相是，他们需要长期合同，以说服银行提供贷款。他们必须将企业的长期存续放在短期利益之上；所以尽管价值一年不如一年，他们仍然必须接受较长期的合同，在那之后也对合同条款进行了重新谈判。

然而，尽管俱乐部进入酋长球场之后又进入了一个财务健康的新时期，温格仍然面对着严重的问题。他不仅变得越来越不愿意花费巨资，而且在2007年又失去了财政上的盟友大卫·戴恩，后来又遭遇多年的董事会动荡。许多接近他的人都认为，这是他在执教时期的后半段难以复制之前成功的根

温格：阿森纳时代

本原因之一。

金融专家、体育记者尼克·哈里斯管理"体育情报"（Sporting Intelligence）网站，他认为搬迁到酋长球场、切尔西和曼城队的崛起，以及最终失去戴恩，对温格都产生了深远的影响。他说：

罗曼·阿布拉莫维奇收购切尔西和谢赫·曼苏尔入主曼城对阿森纳俱乐部来说是难以抵挡的两次攻势，令他们在竞争中举步维艰。简单地说，这两位老板抛撒着数十亿英镑的金钱，将他们的俱乐部从失败者变成冠军。毫无疑问，这两家俱乐部接受的资金使阿森纳的处境更困难了。

很明显，搬迁到酋长球场给阿森纳带来了更大的压力和限制，使他们更难以在支出上赶上别人的脚步。所以，实际上对阿森纳俱乐部来说可谓祸不单行——面对两个开足马力的石油金元大亨的竞争，同时在这十年的大部分时间里将自己的资源投向一个项目，这个项目从长期来讲有利于俱乐部，但是花在球员身上的钱被抽走了，用于支付体育场的建造费用和由此产生的贷款利息。

俱乐部高层不得不这么做，因为他们都是明智的人。如果他们鲁莽从事，就会将钱花在转会市场上，但是他们谨慎精明，作出了理智的决定，将收入花在建造可以带来长期好处的大型体育场上。

曼城和切尔西投入巨资，赢得冠军无疑更难了。他们为教练提供数以亿计的英镑，引进最好的球员，也给了教练最高的工资——很明显，球队也会变得很强。

哈里斯还坚称，温格可以花更多的钱，只是他没有选择那么做，他还认为，温格需要周围的人更大的支持：

现在，阿森纳俱乐部公布财务数字几乎成了一个年度事件，如果你是个喜欢数字的书呆子，那么首先会注意到的是年度现金储备，因为它节节升高。

阿森纳俱乐部每年的现金储备有2亿英镑。在2014年公布的数据中，账户上的钱多得令人吃惊。从理论上讲，那些钱是用来花的。如果你为此

第八章 无果的岁月

写一篇报道,肯定会接到俱乐部的电话,告诉我们不能那么说。他们会说,那笔钱是用于清偿债务、应付未能进入冠军联赛的意外开支准备金,在收到季票购票金额之后总是会处于峰值。他们会努力说服你,那2亿英镑中实际上只有4000万英镑可用。但是这种说法没有什么说服力,因为事实是阿森纳可以投入的钱要远多于实际投入。他们每个夏天可花的钱不是1亿英镑,而是比这多得多。

我知道,他们以3300万英镑买下阿莱克西斯·桑切斯,4200万英镑买下梅苏特·厄齐尔,但是还有更多的钱可以花。为什么他不花呢?能够准确回答这个问题的,只有温格自己。我们都知道他是一名训练有素的经济学家,他似乎秉承着一个真正的信念——应该在转会市场上获得价值。为什么他不花更多的钱?当他花钱时,为什么总是购买相同类型的球员——技术出色的中场球员?这都是很合理的问题。

我们中的一些人见到了首席执行官伊凡·加齐迪斯,他和我们谈了这些数字和体育场的问题;钱就在那里,一切都会收到成果。我重弹老调:大卫·戴恩的离去对俱乐部有深远的影响,他明显是温格的有力盟友,帮助温格做到最好,鼓励他花钱——那似乎是温格缺乏的。

温格可能需要得到鼓励才会花钱。加齐迪斯说,事实并非如此,在和我们会谈时,他对所有与会者说,如果他认为大卫·戴恩回归对俱乐部有帮助,那么就会尽一切努力促成。但是他并不这样认为。他说,如果你们认为温格需要戴恩,那就是在贬低温格,说他不是一个有主见的人。

我的意思当然不是这样。我说的是,即使最好的教练也需要得到最好的支持。英国有史以来最好的教练弗格森也总是需要强有力的首席执行官和董事会,那些人将做出决定。

那是一种强有力的支持。利物浦队的拉法·贝尼特斯是过去几年战绩斐然的高素质教练之一,这么好的教练也需要有里克·帕里那样的强力人物掌舵。最好的教练需要盟友。作为旁观者的我,一直认为戴恩就是温格需要的那种人,阿森纳俱乐部很难复制这样的搭档。

温格：阿森纳时代

温格是个聪明的家伙……如果他没有意识到投入的资金和成功之间的关系，我肯定会很惊讶。作为经济学家，你会认为，他在花钱之道和对钱的理解上更为谨慎精明。那可能是他将钱更多花在工资上而非转会费上的原因之一；他可能认为过高的转会费是没有意义的。他喜欢培养球员，将年轻的球员发展成为一支球队，而不是像切尔西或者曼城那样四处求购大牌球员。他从没有兴趣效仿曼城或者切尔西的模式。他现在开始偶尔进行大笔签约，但那仍然是个例外。

你从未看到温格作出像路易斯·范加尔那样的举动，后者在2014年花费1.5亿英镑，为曼联队买进了5名球员。这种做法可能成功……但是，事实是阿森纳队无法像那样每个夏天都花费1.5亿英镑，因为那将危及温格和俱乐部努力达成的目标。温格已经买下一些名气不大的球员，试图将其改造成大牌球员。

但是，问题仍然存在：这种显而易见的谨慎做法到底是温格一人的风格，还是部分受到周围人的影响？过去十年间阿森纳董事会中的争斗，可以为最具戏剧性的政治恐怖片提供很好的脚本。毫无疑问，对温格来说，最重要的事件是大卫·戴恩的离去，正是那个人将他带进俱乐部，在很多年里，戴恩都代表着俱乐部的脉搏。

当戴恩被逐出阿森纳董事会时，温格没有预见到这一点。紧张的局势已经持续了一段时间，在尘埃落定之后不久，温格走进另一位员工的办公室，精疲力竭的他无法相信自己的朋友已经离开。一位知情人说道："他伤心欲绝。那时候他是不是想过要离开？老实说，我真的不知道。"

2007年4月18日是阿森纳俱乐部历史上的一个转折点。一名董事会成员深受球迷欢迎是很少见的事情。但是大卫·戴恩作为俱乐部副主席，从2003年起就成为董事会成员，为支持者所熟知，人们一眼就能认出他来，将他视为富有远见的人，更重要的是，正是他把温格带到阿森纳。而且，戴恩是一位了不起的沟通者、卓越的谈判专家，熟知足球圈内的每个人。在转会方面，他运用自己的魅力、有利地位和无可匹敌的人脉关系，打开一扇又一扇

第八章　无果的岁月

大门，成就了许多交易。他和温格看上去是密不可分的。

但是在那一天，戴恩和其他董事会成员（特别是菲什曼）之间的紧张局势全面爆发，戴恩遭到驱逐。实际上，正如俱乐部主席彼得·希尔-伍德冷酷无情的说法："我们把他开除了"，戴恩被保安架出了办公室，办公手机也被收走。这是一种耻辱，而且董事会采取行动时并没有先考虑温格的立场。

董事会相信，戴恩正在试图安排斯坦·克伦克对俱乐部的收购，他们将收购格拉纳达和妮娜·布雷斯维尔-史密斯女士的股份，戴恩自己的股份也将加进来，此后他们将共同管理这家俱乐部。戴恩对董事会否认了此事，但是在他离开之后，俱乐部对克伦克的态度却奇迹般地来了个180度大转弯——在希尔-伍德臭名昭著的讥讽"我们不想要他那号人"之后，克伦克已经被视为敌人——欢迎这位美国大亨进入董事会，而不是也已经拥有俱乐部大量股份的乌兹别克斯坦亿万富翁阿利舍尔·奥斯曼诺夫。

希尔伍德在当时的一次采访中说道："老实说，与大卫·戴恩的龃龉由来已久，但是除了这件事之外，并没有什么事导致我们的合作难以为继。我们有一种想法，他和克伦克结盟，而董事会不知道其中的情况。我们根据已经掌握的材料，得出了正确的答案。"

戴恩离去仅仅两天，希尔伍德又说道："你们可以说我老套，但是我们不需要克伦克的钱，我们不想要他那号人。我们的目标是保持阿森纳的英国血统，尽管俱乐部里有很多外国球员。我不知道克伦克是否发动恶意收购，但是我们将尽一切力量抵制。"

"我们都受到了诱惑，认为美国人会身携巨款冲进城里，购买新球员。事实并非如此，他们只是看到了一个赚钱的机会。他们绝对对我们的足球一无所知，我们不希望这类人掺和进来。"

戴恩后来在2007年8月以7500万英镑的价格将自己的股份卖给了奥斯曼诺夫，当时他们发动了竞争性收购。其余阿森纳董事会成员鼓动签署一份"坚守协议"，约定即使股价越来越高，他们也不出售。

戴恩是足球界中最有魅力的人物之一，他总是和蔼可亲、健谈且通晓各

温格：阿森纳时代

种奇闻逸事，但被解雇之后在伊斯灵顿弗雷德里克饭店举行的小规模媒体见面会上，他看上去紧张、急躁。董事会成员常常在那里用来招待记者、投资者和经纪人。戴恩心系阿森纳和温格，很难看到这样的人被深爱的俱乐部强迫离开，成为旁观者。

戴恩表达的信息很清楚：阿森纳队需要新的资金才能竞争。"为了提供这些财政资源，阿森纳俱乐部需要新的投资者。我认为，董事会应该欢迎英国之外的投资者参与。我觉得如果没有新的投资者，即使有阿尔塞纳·温格的出色工作，阿森纳队也可能很快就无法在最高级别上的竞争上取得成功。"

戴恩说这些话是出于真心，但是他的表达似乎有些冷漠，因为他深深知道，自己打了一场败仗。实际上，2008年戴恩退出了奥斯曼诺夫控股的红与白公司董事长的竞选，试图缓解敌意，提高奥斯曼诺夫在董事会中谋得一席之地的机会，但是为时已晚。

在这场不断升级的董事会争斗中，战线早已经划定，在每一次的新发展中，其余董事们似乎都意在将戴恩越推越远。阿森纳俱乐部董事会因为戴恩与奥斯曼诺夫结盟而决定重新接纳美国人，差不多就说明了这一点。

这场董事会之争既是戴恩与菲什曼之间的较量，也是奥斯曼诺夫和克伦克的角力。如果需要证明，菲什曼在2011年4月临终之时将他的股份卖给克伦克，表明了阻挡奥斯曼诺夫的决心。妮娜·布雷斯维尔-史密斯女士之后也将她15.9%的股份卖给了克伦克，使这位美国大亨于2011年4月成为了大股东。

董事会的冷战终于结束了，但是仍然存在一些奇怪的力量，在后来的几年内造成问题。2000年到2008年担任总经理的基斯·埃德尔曼被看作是效率极高、工作出色的人，他在与其他董事会成员争吵之后遭到解雇，根据个性而非能力解除一个人的职务，这种理由似乎也不够充分。

另一位董事哈里斯勋爵被某些人批评为只是个球迷，无法做出最好的决定，但是他却留在董事会。在很大程度上，理查德·卡尔管理着俱乐部伦敦科尔尼新训练场和学院的建设。他在董事会再次改组中离开，是俱乐部的又

第八章　无果的岁月

一个巨大损失，因为他被很多人视为一个"足球通"。

有些教练非常喜欢在没有董事会干扰的情况下独立处理问题。但是温格原本拥有实际经验丰富的董事会，得到具有深厚足球背景的董事们的大力支持，现在却遇到了一个全新的美国控股股东，以及一个由年老董事们组成的董事会。虽然如此，即使在菲什曼与戴恩冷战期间，温格和菲什曼也相处融洽、非常亲近。

虽然遇到了上面所说的那些巨变，阿森纳队最终保持了他们的"老派"作风。肯·弗里亚尔是为俱乐部服务最久的员工之一，他从端茶倒水的服务员一路当到了总经理，俱乐部里的人都熟知他的一件趣事：他的书桌里藏着一部"专用电话"，用于接听紧急电话和关于转会、合同或者董事会要事的重要电话。阿森纳就是这种类型的俱乐部。

传统上，阿森纳俱乐部的一切都是秘密，交易悄悄完成，他们在交易进行中从不会像其他俱乐部那样以泄露秘密而自豪。例如，众所周知，记者们很难进入俱乐部了解情况或者发现内部工作方式。这种气质也适合于温格，他认为更衣室是个圣地，厌恶从其"密室"传出消息的情况。

伊万·加齐迪斯是一位很受尊敬的首席执行官，他曾经目睹了俱乐部财政和市场交易的重大变化，于2009年1月取代了埃德尔曼的职务。2009年9月，阿森纳队任命迪克·劳为执行团队成员，但是他们急切地坚称他不是足球主管。

劳是一个友好、可爱的人，他最大的成功可能是在梅苏特·厄齐尔等人，特别是阿莱克西斯·桑切斯的签约中起到了重要作用。毫无疑问，劳通晓西班牙语和葡萄牙语，在南美有着广泛的人脉，因此和桑切斯有着最好的纽带，他在世界杯期间安排了和经纪人们的关键会谈，温格出席了这些会谈。

温格喜欢对每笔交易做出最后决定，这可能是每位教练最喜欢的工作方式。不过有时候，温格需要有很大的推动力才会完成交易。加齐迪斯在2014年夏天试图签下一位中卫，但是没有找到温格想要的人。相反，温格冒险牺牲了球队的防守，为此付出了沉重的代价。但是，如果说没有人试图推动温

温格：阿森纳时代

格，或者他没有得到所需要的支持，那是错误的。

谈论董事会事务时，温格通常非常谨慎，总是照本宣科地说自己只是个雇员。克伦克很少公开谈论温格，但是对他也有很深的敬意，两人关系很融洽。但是，2014年11月，温格在奥斯曼诺夫公开谴责阿森纳俱乐部时表达了愤怒——乌兹别克大亨声称，他们已经落后，不再具备竞争力，温格不能接受这种批评。

温格和奥斯曼诺夫有着友好的关系；他们曾在多个场合见面，奥斯曼诺夫曾经应邀进入阿森纳的董事包厢，这位大亨在体育场也有自己的专属包厢。但是，当奥斯曼诺夫指责温格实际上只是个局外人、不尊重俱乐部的价值观时，那些因素都无法阻止温格怒斥他："首先，我已经在这里18年了，可以接受批评。每个人都有权利表达自己的观点。话虽如此，我们这个俱乐部有着自己的价值观。首先是，当我们遇到困难，就要表现出团结，那是非常重要的一点。"

"其次，当你有什么要说时，可以面对面地交流，不需要找报社。我一点也不介意，尊重你的观点，但当你是俱乐部的人，就应该从俱乐部的角度出发。要么在圈内，要么在圈外，你不能有两副面孔。"

奥斯曼诺夫曾是俱乐部的第二大股东，而温格却可以直率地回应。这也说明了温格对自己工作的自信，毕竟，在其他俱乐部（更别说产业界了），很少有一位主教练能够如此公开地攻击大股东。

2014年3月，温格在执教第1000场比赛时对他的工作进行了一次极好的剖析，回顾了执教生涯遇到的各种挑战。他讲述了作为团队成员决定建设新体育场的过程，以及每年必须进入前四名以帮助清偿债务的压力，也承认他知道那会影响自己取得成功的能力。

温格明确地希望，有朝一日，他能因为俱乐部搬迁到酋长球场之后这段日子的工作得到更多的赞扬。

我是建设体育场初期项目的一分子，并推动俱乐部完成了这一工程……我觉得，尽自己所能帮助俱乐部度过那个困难时期是我的责任。我

第八章 无果的岁月

从一开始就知道,我们的财务状况与能否进入冠军联赛紧密相关。你可以想象我多年来在【每个赛季】最后三个月有多么努力!

这是一个重要的时期。但是你想的是未来还是眼下?你必须确保俱乐部的成长。我们做出那个决定时知道可能在财务上会遇到一些困难,而且与此同时,曼城和切尔西投入了巨资。我们面临的是双重效应,不仅要和同一级别的俱乐部竞争,而且突然加入了两个俱乐部。在那个时候,我们并没有料到这一点。

稳定性是最难实现的。关注顶级俱乐部就可以发现,没有多少球队能够保持在前四名。那可是我们的财务资源较少的时期。但足球不是这样的,当你作出决定时不能说:"好了,我们投资体育场,但是我们不想要奖杯。"

从奖杯角度看,那可能不是收获最大的阶段,但是如果有一天我回顾过去,那将是我最为骄傲的日子。但是,我们还是要赶快走出来,夺得奖杯,再次和所有球队展开同一级别的较量。只有和奖杯一同展示,那段日子才是有意义的。我所说的奖杯是英超冠军、足总杯和冠军联赛的奖杯。

温格对某些方面非常关心,对其他方面则不太注意。毫无疑问,他是个谨慎的教练,即使在阿森纳俱乐部有钱可花时也极度慎重。我们已经看到,2014年俱乐部试图减少现金储备,坚持要在工资和成本上投入更多,温格也确实有了资金——很有可能达到2000万英镑的区间。那是阿森纳俱乐部的球探在寻找下一转会窗口球员时对经纪人们提到的数字。虽然其他俱乐部乐于采用更冒险和鲁莽的方式挥霍现金储备,但阿森纳的董事会和他们的主教练一样,对花钱的方式十分谨慎。

有时候,究竟是温格不愿意花钱,还是董事会过分谨慎,其中的界线已经很模糊。真相可能在两者之间,双方也都同样遭到了球迷的责难。不过,温格是俱乐部中更经常公开露面的人物,所以往往受到报刊媒体的质疑。

2014年9月,阿森纳队在酋长球场对阵托特纳姆热刺队的前一天,温格被问及对这个北伦敦最大竞争对手即将兴建的新体育场有何看法,他的脸上

温格：阿森纳时代

带着狡猾的微笑，做出了富有魅力的回答：

这非常困难，如果你了解所有兴建过新体育场的英国俱乐部的历史，并且注意到它们最终的成果，就会知道那有多困难。压力十分沉重，因为你觉得俱乐部的未来岌岌可危，没有多少【犯错误的】本钱。你的每个错误都可能引人注目。

一切取决于【托特纳姆】所拥有的财政潜力。看起来他们想要卖掉俱乐部。如果有一位老板走过来说："看，我可以花4亿英镑买下这个体育场"，那就很容易了。

我们采用的是最艰难的方式，因为我们没有任何财政外援，不得不和银行谈判，才能得到启动资金——不要忘记，只为了那块地我们就花了1.2亿英镑，我们【帮助】建设了伊斯灵顿的一个垃圾中心，并为之提供捐赠，遇到了许多的财政问题。最后，我们建造这座体育场花了4亿英镑。今天，它的造价可能要达到6亿、6.5亿甚至7亿英镑。

2005/06赛季，温格率领的阿森纳队第一次经过艰苦奋战才保住了前四名的位置，此后他们在积分榜上再也没有挤入前两名。不过，他们总是能够获得冠军联赛的参赛资格，不管从足球的意义上，还是从财务的角度，这都是温格成功的晴雨表。

但是，这也加剧了球迷和俱乐部之间的冲突，因为支持者们购买的是世界上最高价的球票，他们对球队缺乏野心感到沮丧。而且，每年挤入前四名变得越来越难，3月的紧张情绪变得更加强烈，常常要到最后一天才能知道目标能否实现。

在2012年10月俱乐部年度股东大会上，温格重申了他的哲学：就他而言，获得冠军联赛参赛资格就等于一座奖杯。虽然这一说法在温格执教期间饱受争议，但他往往能在俱乐部年会上转危为安，因为他有关足球的演讲令人难忘、充满热情，相比之下，其他董事会成员显得老迈不堪。

温格说："我的工作是用现有的资源打造一支球队，从未因此而抱怨。我希望俱乐部从自己的资源中向球员支付工资，这没有什么可丢脸的。"

第八章 无果的岁月

"对我来说，有5座奖杯——首先是赢得英超冠军，其次是赢得欧洲冠军杯，第三是获得冠军联赛的参赛资格，第四是赢得足总杯，第五是获得联赛杯。我这样说是因为，如果你想要吸引最好的球员，他们不会问'你们有没有获得联赛杯？'而会问'你们参加冠军联赛吗？'"

优先保证前四名而非奖杯的做法似乎一成不变，这使得前球员和教练们不断表达自己的观点。2012年阿森纳队前主帅乔治·格拉汉姆尖刻地质疑温格执教、签约和为自己辩护的标准。

温格的非凡之处在于，他能够在公众面前不露声色，而在训练场对他的教练组成员或者重要球员们吐露心声。当他被问及有关格拉汉姆评论的问题时，他回答道："我为自己所能控制的东西而战，无法控制人们说什么。谈论别人的意见是浪费精力和时间。他们有权发表观点，我尊重他们。但是所谓的观点只是一个人说了点什么，并不意味着这个人就是对的。我们生活在这样的世界里，不得不接受。我完全可以承受别人的非议，这对我来说不是最重要的。"

温格对于许多事情的正常反应都是那样的，只有在他发怒的时候，才会进行最精彩的反驳，就像2012赛季，当他们在联赛杯中惨败于布拉德福德队，赛季似乎又一次崩溃之后，被问及球员是否表现出与其合同相符的价值时，他发出了强有力的反击：

首先，你并不知道他们的工资。其次，你一边指责我们没有付给球员他们想要的工资，一边指责我们给了他们想要的工资。

如果你的立场是这样，那是因为我们进入了冠军联赛，能够赚到钱。另一方面，我们是在曼城、曼联和切尔西的压力下支付球员工资的，他们的最高工资是我们的三倍。

我们生活在一个竞争的世界里。如果他们想要签约——他们可以说："我能够在那里赚到三倍的钱。"

在被问及是否从董事会那里得到足够的支持时，温格的回答也同样有趣："当然是这样。支持你的唯一方法是让你工作、完成自己的使命。我的工

温格：阿森纳时代

作是作出决定，重视重要的事情。重要的是我热爱足球、热爱这个俱乐部，我会将最好的自己奉献给它。其他的东西不是我所能干涉的。相信我，我非常专注于自己的工作，其他的一切都不会干扰我的思想。我非常坚定、充满渴望，如果我不是这样的，就不会坐在你们面前了。"

第二年，这一幕又重演了，2013年2月，阿森纳队在主场负于拜仁慕尼黑，终结了他们最后一丝夺杯希望（他们在客场取胜，但是仍然被淘汰），三天之后，一些记者围住了温格。当他坐在接受广播电视采访的桌子后面，新闻记者居高临下地逼迫他作出回答，每个问题都让他变得更加烦恼。

但是，对于在体育场搬迁期间不愿意花钱的问题，温格的回答很坦率，他坚称自己不再舍不得花钱了：

我并不是不舍得花钱。首先，我们最近才有钱。其次，在英格兰有一种思维方式，只要花钱就能解决一切问题，但是情况并不总是如此。如果真是那样，那么每年夺得冠军杯的就都是同一支队伍了。欧洲有两三个俱乐部比其他所有俱乐部都更富有，但是并没有参加冠军联赛。

我认为现在的问题不是钱，而是找到能够加强队伍的人才。而且，我还认为我们必须忠诚于俱乐部的宗旨——为我们培养的年轻球员提供机会——那很重要——因此，我们只引进确实给队伍带来进步的球员。如果我们明天发现一位素质超高的球员，就会引进他。

你们知道，我希望让每个人都高兴。我希望赢得联赛冠军和欧洲冠军杯，如果做不到，我们就必须扪心自问。但是，要实现那个目标，首先必须保持在那个水平上，我们多年来保持这种水平是重要的回报。

有人问起这样一个问题：为什么阿森纳和温格不预先声明，在努力清偿体育场债务的情况下，是没有钱可花的？毕竟，球迷们如果知道整个情况，就更容易谅解。对这个问题，温格回答道：

你不能出去说："瞧，我们无法赢得冠军。"你知道，我们在那段时间里非常接近冠军。因为我觉得球队具备那样的素质。但是，我认为球迷们更生气的是我们失去了自己培养的球员,我相信,那是比其余失败都更难吞下的苦果,也是我们必须改变的。

我们遇到了许多大问题;必须努力保住自己的最佳球员。我们得现实一点,要留住最佳的球员只能支付符合市场水平的工资。要付出那种水平的工资,就不得不提高票价。这时球迷就会针对我们:"可是你们失去了最佳球员,我们还是要支付高票价",他们是对的。但这就是我们面对不公平竞争的后果。话虽如此,如果能赢得冠军,球迷就乐于支付那样的票价了,可是我们没能做到。

谈到2013年夏天,温格说,切尔西和曼城等俱乐部的巨额支出使比赛失去了某些浪漫气息:

【支出】使比赛缺少了某种东西,因为这让在俱乐部里高效工作、追求发展、专注于比赛质量的人们失去了机会。这就好比明天你要开始准备100米比赛,这时候有人买下了尤塞恩·博尔特,你不得不试图战胜他。我不知道你能跑多快,但是这对你将成为一个问题!

我仍然相信,即使我们的财政状况更好一些,所有价值观也仍然是相同的。我们必须依靠自己的工作质量,比赛风格,培养自己的球员。我们只将财务资源用于引进一两名能带来更多好处的球员。保持自己的优势非常重要,正是这一点才使我们得以度过困难的时期。

这段话清楚地说明了温格的哲学和他的特点。即使有更多的钱可花,他也希望坚持自己的愿景——培养球员而不是购买超级球星。正如他的著名讲话:"我们不买超级球星,而是打造他们。如果我给你一瓶好酒,你会先尝尝味道,然后问这酒是从哪里来的。你可以用不同的方式赢球——通过一支球队,或者通过更好的单个球员。我总是对团队精神更感兴趣。每个教练的目标都是努力娱乐观众。"

但是,温格不同于所有的教练。他是一个理想主义者;他所宣扬的哲学基于排除万难的决心,以及钱不是唯一答案的长久信念。他相信,无须依靠耗尽财务资源来取得胜利。可以说,球场的搬迁给了他证明自己观点的一个

温格：阿森纳时代

借口。

  虽然令人钦佩，但温格的理想确实使阿森纳落在了对手身后，急需迎头赶上。俱乐部历史上最困难的年代之一见证了沧桑巨变，历史可能会对温格更仁慈一些，但是记录也会显示奖杯的旁落。

第九章
弃船

尽管新体育场造价达到3.9亿英镑，阿森纳俱乐部仍然在阿尔塞纳·温格要求签下球员时"从不拒绝"。原因很简单，温格了解财政状况、预算和自己的限度，所以从不会提出他认为不现实的要求。因此，他的资金要求从没有遭到拒绝。但是这也是一种聪明的声明，因为听上去似乎新体育场完全没有影响到温格的预算。这当然与事实相去甚远。温格和许多教练不同，他总是关注账户情况。所以他知道转会目标是否现实。

有趣的是，在计划搬迁到酋长球场之前，温格只是简单地指定球员，大卫·戴恩就会去努力促成交易，他告诉教练，价格是俱乐部操心的事情。在戴恩被逐出董事会之前，这一切就已经变了，因为新体育场的建造，温格突然知道自己能够花在球员身上的钱更少了，特别是在搬迁之前的两三年，资金十分紧张。

每个赛季，温格都会和戴恩及总经理基斯·埃德尔曼坐在一起，讨论转会目标、转会费以及资金的来源。在2003年之前，阿森纳在转会费和合同上可与英超其他竞争对手匹敌。现在，他们突然间要

温格：阿森纳时代

在完全不同的预算下工作了。

温格变得更在意转会费、合同和成本，因为他知道手上的钱有多少。突然之间，他的工作遇到了新的财政限制，他理解这一局势。但是对于许多球迷来说，在某种预算内工作比在转会市场上轻率地花钱更糟糕。

但是，这种情况可能有助于解释阿森纳为什么失去了一位最大牌的球员：克里斯蒂亚诺·罗纳尔多。

在足球界内，每位经纪人、球员、记者和教练对转会都有不同的看法。他们总是认为自己的说法是正确的。温格认为阿森纳在罗纳尔多于2003年加入曼联之前曾极度接近于签下他。实际上，罗纳尔多甚至来到了阿森纳的训练场，导致温格相信他们已经得到了这名球星。

这是阿森纳、曼联和皇家马德里三方的争斗，他们都希望签下这名里斯本竞技队的小将。温格错失良机的原因是，随着各方兴趣的提高，价格也扶摇直上，他觉得最好不要要求俱乐部花费1200万英镑去购买一位未经过证明的希望之星。阿森纳俱乐部不再有多余的钱去豪赌潜力球员了。

曼联以1224万英镑签下了C罗。亚历克斯·弗格森爵士对阿森纳认为自己接近于得到罗纳尔多的想法一笑置之，后者最终成为了世界上最昂贵的球星：

我们通过卡洛斯·奎罗斯和里斯本竞技队协商。我们习惯于互换教练，吉米·瑞安去那里一周之后回来说："我见到了这名球员——罗纳尔多，踢中锋位置，只有15岁，他的球技令人难以置信。"

当时没有任何财务上的谈判，但是给了我们在两年之内签下他的一个机会。然后，他们向我们提议，开放他们的新体育场……在那里，这个瘦弱的男孩出任左边锋，与担任右后卫的约翰·奥谢对抗，他把奥谢耍得团团转……

我在前一晚上会见了豪尔赫·门德斯【罗纳尔多的经纪人】，表明了我们的立场。为了公平起见，他总是为球员寻求最大的利益，他告诉我们阿森纳和皇家马德里也想得到罗纳尔多。

我让那孩子受惊了；我告诉他的经纪人，我希望他和我们一起回去。

第九章 弃船

他说:"我还没有拿到护照,我想要妈妈。"因此,我们包下另一架飞机送他们,他的姐姐、母亲、律师都一同来访,我们最终签下了合同。

这对于阿森纳和温格来说都是熟悉的故事。他们也曾经在赫特福德郡的训练场上观察瑞典超级球星兹拉坦·伊布拉希莫维奇,2000年,他们希望这位小将进行为时一周的试训,现在这件事已经成为笑柄。伊布当时说了句令人难忘的话:"兹拉坦不接受试训。"

温格对这两位球员最终去往别处做了如下的评论:

【伊布拉希莫维奇】来到训练场,然后去了别的球队。那种事发生在许多球员身上——罗纳尔多来过这里,伊布来过这里。这并不意味着他们会和你签约。我想见他【伊布】的故事是真实的。我并不认识他——你不可能签下完全没见过的球员,因为那太不严肃了。他只有16岁,我要求他和第一阵容一起进行训练,他不希望这样,所以我没有签下他。

我对此并不后悔,因为我会继续这么做,除非我们的球探已经见过这名球员并且说:"瞧,他绝对行。"我信任他们。但是当某个人说他有某种特质,你至少应该看一看,否则你就不够严肃。

2003年,温格从巴塞罗那足球学校签下塞斯克·法布雷加斯,并试图同时签下莱昂内尔·梅西和杰拉德·皮克。他在2014年11月确认,阿森纳俱乐部曾经非常接近于得到梅西。此前西班牙记者吉列姆·巴拉格在自己的书中第一次声称,阿森纳队错失梅西是因为不愿意为这位阿根廷球星的家人购买伦敦的公寓。

温格:"我认为,他最终对转会并不太热心,因为在法布雷加斯加盟的那个时期,他和梅西在【巴塞罗那足球学校的】同一支球队里踢球。我希望能够得到法布雷加斯、梅西和皮克,但是只得到了法布雷加斯。这完全不是因为一套房子,归根结底,梅西在巴塞罗那待得很舒服。"

罗纳尔多、梅西、伊布拉希莫维奇和皮克——多么难以置信的名单。温格仍然鼓吹"我们不买超级巨星——我们打造他们"的信条;这些球员在其他地方成为超级巨星,对阿森纳和温格来说都是个悲哀。但是温格吸引年轻

温格：阿森纳时代

球员之处在于，他愿意让这些年轻人进入第一阵容，比在其他大牌俱乐部中更快地得到机会。法布雷加斯在16岁就上演了阿森纳队的首秀，而梅西在巴塞罗那的首秀只能再等一年，这就是证明。

除了上面提到的这些失之交臂的球员之外，在阿森纳队财政竞争力不足的那段痛苦时光里，其他一些球员也因为转会费和合同问题从温格的指缝里溜掉了。他们最好的球员最终离开了俱乐部：塞斯克·法布雷加斯、罗宾·范佩西、索尔·坎贝尔、萨米尔·纳斯里和蒂埃里·亨利都以各种不同的原因离开，但共同的线索是，他们厌倦了无冠的日子。在2003/04的不败赛季之后，俱乐部无法赢得奖杯，因为新体育场的代价，也无法引入新的天才。突然之间，他们不再在塞尔福里奇购物，而是来到了普里马克，与此同时卖给球迷的又是如同哈罗兹一般的高价。[①]球队的素质下降，留下的球员也对成绩不抱幻想。

相信别的地方月亮更圆的人并不总能得到好处。亚历山大·赫莱布在巴塞罗那发出邀请时离开了阿森纳；他在那里几乎得不到上场的机会，恳求阿森纳队将其买回，但是遭到拒绝，他最终重返英国足坛，被租借到伯明翰城队。当英格兰国家队后卫坎贝尔与阿森纳队的缘分走到尽头时，他告诉球队想要到国外踢球，阿森纳俱乐部在2006年夏季准许他自由转会。坎贝尔身背大合同，对胜利已经没有渴望，这一做法皆大欢喜。但是他未能如愿转会尤文图斯，最终去了朴次茅斯。坎贝尔笑着说："将这两个俱乐部相比，我就像从劳斯莱斯换成了福特嘉年华。"

阿森纳俱乐部能够提供最先进的训练场和21世纪标准的体育场——但是在2005年到2014年间一座奖杯都没有得到。对于人才流失的问题，温格一筹莫展。最困难的夏天无疑是2011年，当时纳斯里、法布雷加斯和加尔·克里

[①] 普里马克是以平价闻名的爱尔兰百货商店，塞尔福里奇和哈罗兹则是英国老牌的奢侈品百货店。

第九章 弃船

希都离开了。但是最令人难忘的分别出现在2012年，阿森纳将他们最好的球员范佩西卖给了最大的竞争对手——曼联队，原因很简单——这纯粹是个财政决策。

当然，人才的枯竭并不是在2011年才开始的：帕特里克·维埃拉、亨利和阿什利·科尔等人已经在前几年相继离开。亨利在2007年告别俱乐部；他坚持要在俱乐部的电视频道上发表一条告别的消息，表明离开令他心碎，并且为俱乐部接下来几年的情况表示担心。

此后，2008年，无敌赛季的关键人物之一吉尔伯托·席尔瓦被卖到帕纳辛纳科斯队。这标志着又一位防守型中场离去——吉尔伯托已经被人们亲切地称为四名后卫之前"看不见的墙"——和维埃拉一样，他是不可替代的。

吉尔伯托是无敌之师的中流砥柱，自2002年来到俱乐部之后就是常规阵容一员，2006/07赛季是蒂埃里·亨利在俱乐部的最后一年，饱受背伤困扰的他无法上场时，吉尔伯托常常带上队长袖标。亨利最终被卖给巴塞罗那时，许多人都认为吉尔伯托是队长的不二之选。但是他和所有球迷直到俱乐部官网上的消息传出，才发现自己遭到了忽视，威廉·加拉斯得到了支持。这凸显了温格作为教练的一个错误：他有时和球员缺乏沟通。据许多人说，在需要通报困难的决定时，他害怕和球员直接交谈。

但是，最糟糕的情况还是发生了，吉尔伯托在2007/08赛季被逼走，他甚至埋怨温格让自己觉得"完全没有用处"：

当时我非常吃惊。在前一个赛季的很多时候我都出任场上队长。蒂埃里离开之后，我却再也不能当队长了，这对我来说真的是一个很震惊的消息。

队长的位置当然很重要，但并不是最重要的，因为我只是想要参加所有的比赛。然而此后我失去了一切——球队队长的地位，然后是球队里的位置。在赛季前的大部分时间里，我们随巴西国家队赢得美洲杯，然后返回俱乐部。对我来说，赛季初真的很困难。

那几个月里，我在俱乐部待得并不开心。我始终是一个很简单的人，你只需要和我谈谈。当时我相信，温格至少可以、也应该和我说说他的计

温格：阿森纳时代

划。我始终尊敬他的决定。此后我私下要求和他交谈，我们进行了一次对话。不过，尽管我对这种情况非常烦恼，有时甚至愤怒，但对他没有任何恶感。我的愤怒不是因为他，而是因为失去了自己的队长地位和球队里的位置。

但是此后，我还是决定努力工作，到训练场上刻苦训练，尽力表现出自己的职业素质，希望在上场时抓住机会。对我来说，保持和表现职业素养很重要。你必须走上正轨，我坚持这一点，直到在俱乐部的最后一天。

我离开是因为得不到机会；在六七个月之后，我决定离开俱乐部。我想为巴西出战2010年世界杯。如果我在板凳上再待一个赛季，就再也没有机会了。在内心里，我知道自己有这种动机和素质……

离开很难，但最难的时刻出现在他将我叫到办公室的时候。我以为我们会谈论关于留在俱乐部的事情，我还有一个赛季的合同，但是他对我说，如果我有任何离开俱乐部的机会，他不会阻拦我。当时我就意识到，自己到了要离开的时候了。不过，阿森纳是我深爱的俱乐部，对我来说，那是一所很大的学校，我从中学到了很多。

即使在我离开或者无法上场的情况下，我也从未对阿森纳或者阿尔塞纳心生恶感。这纯粹是生意。我从未让这些事情影响我对他的想法和对他的尊敬，他现在是我的朋友。

温格着手重组，卖出大牌球员，组成全新的球队。有些人的离去是他的选择；其他交易则涉及他不愿意失去的球员。2011年的夏天特别令人痛苦，大批球员离开了球队。温格常常坚称，加尔·克里希在那个夏天被卖到曼城队是因为他发现，基兰·吉布斯正在进入第一阵容。对于阿森纳来说，克里希是一名极好的球员，对俱乐部十分忠诚。但是他的态度在最后一个赛季中改变了；俱乐部认为他的心思已经散乱，将他卖出是合理的。

虽然温格和大部分前球员都保持着良好的关系，通常会在生日或者生涯里程碑时刻给他们发信息，但是偶尔也会冷落过去的部下，甚至对曾经很喜爱的球员也会如此。公平地说，温格并不是很能承受失败——也不能很好地

第九章 弃船

承受失去球员的情况。克里希以600万英镑身价转会之后，当阿森纳队第一次面对曼城队，法国左后卫在球员通道中走向温格，试图与之握手，却遭到拒绝。克里希厌恶地看着他的前教练，评论道："我只为他踢了7年球。"

类似地，当法布雷加斯加盟切尔西队之后第一次回到阿森纳主场，这位西班牙中场球员说，他从离开之后就没有听到温格的任何话语。我以玩笑的口吻和温格谈到此事，将两件事情相提并论：法布雷加斯抱怨没有收到他的短信；亚亚·图雷悲叹曼城队没有在他生日里送来蛋糕，他最终从航空公司而非自己的俱乐部得到了蛋糕。温格对这一想法一笑置之："我很惊讶，他【法布雷加斯】会提到这件事，因为我不记得了。有时候你可能会收到很多信息，其中一些不记得了。你无法回复每个人的短信，这只是碰巧了。如果我真的忘了，那我可以道歉。"

纳斯里和法布雷加斯的转会旷日持久，在许多方面都带来更大的痛苦。这件事是在2011年夏天阿森纳前往亚洲进行赛季前准备的途中开始的。这是温格执教的阿森纳队第一次在欧洲之外进行赛季前的巡回热身，实际上，温格并不想去那里。他更喜欢在巴特瓦尔特斯多夫的封闭训练，但是在一座奥地利温泉小镇没有赚钱和营销的机会。

我和一小群记者飞往吉隆坡，抵达之后直接前往阿森纳队下榻的酒店，那里正在为当地媒体举办一场新闻发布会。此后，为我们留了一个私密的房间和温格及范佩西交谈。法布雷加斯留在了伦敦——受伤的托辞只是外交辞令，没有人当真——纳斯里随队出征，但是他的未来同样不确定。

空调几乎无法抵挡滚滚的热浪，温格坐在沙发上，周围是几位经常采访他的英国记者。值得注意的是，阿森纳俱乐部首席执行官伊万·加齐迪斯在房间后面徘徊，很明显，他对温格要说的话很感兴趣。虽然刚经过长途奔波，但温格显得放松、得体。他清楚地发出了一个信息：阿森纳队不会同时卖出法布雷加斯和纳斯里。

温格说道："想象一下最坏的情况——我们失去法布雷加斯和纳斯里——在此之后你就无法让人们相信，你怀有雄心壮志。"

温格：阿森纳时代

"我认为，我们给出的信息很重要。例如，你谈起法布雷加斯离去、纳斯里离去，如果给出了这样的信息，就无法保持大俱乐部的形象。因为一个大俱乐部首先要紧紧抓住它的重要球员，并向所有其他大俱乐部发出信息，它们不可能随随便便地将这些球员带走。"

温格宣称，尽管曼城对纳斯里感兴趣，但他"绝对"会留下，他还声称，阿森纳队甚至愿意冒险让这位球员缩短合同，因为他们相信，他会签下一份新合同。"对我们来说，塞斯克的问题不在于钱，而在于他愿意和我们在一起。我认为他之所以不知所措，是因为他深爱着俱乐部。为了留住他，我们将战斗到最后一刻。"

"我想，塞斯克始终在对阿森纳队的爱（我感觉这种爱是真诚的）和为世界上最大牌的俱乐部效力（你们能够理解）之间挣扎。我认为在他的心里，两种想法兼而有之。我之所以有信心，是因为我希望他能够看到，在他的一生中，没有什么成就能比率领这支球队取得成功更加伟大，现在不是他离开俱乐部的合适时机。"

还有一件需要担心的事情：如果阿森纳队卖掉了最好的队友们，阿森纳队的另一位巨星范佩西肯定会随之离开俱乐部。这很容易理解，范佩西在谈话中对法布雷加斯的传球、球场视野和中场支持能力赞赏有加。"在我看来，他是我在场上首先要寻找的人。我们有一种纽带，他知道什么时候传球，什么时候在比赛中做出自己的决定。他真是一名特殊的球员，可以比其他人更快地看清局势。他是任何球队都不应该错失的人，那就是我希望他留下来，和我一起继续征战的原因，我真的赞赏他。你需要投入才能跟上对手，因为环顾四周，曼城正在购买大量出色的球员，利物浦现在也在这么做，而曼联多年来都是这么做的。"

第一次新闻发布会是整个为时两周的巡回热身中最好的时刻。温格在交谈中露出狡黠的微笑，我问他前一个赛季是不是他最艰难的时刻——2010/11赛季，阿森纳队在足总杯决赛负于伯明翰，此后几周内，又退出了英超联赛冠军的争夺。我告诉他，他有时候显得很不舒服，感觉到球队确实

阿森纳队新主帅温格坐在海布里球场的看台上，1996年9月22日。（视觉中国供图，下同。）

阿森纳队赢得1998年足总杯，1998年5月16日。

阿森纳队入出比赛欧洲冠军联赛，1998年9月16日。

阿森纳队赢得慈善盾，1999年8月1日。

阿森纳队在欧洲联盟杯决赛对阵加拉塔萨雷队,2000年5月17日。

阿森纳队在欧洲冠军联赛对阵布拉格斯巴达队，2000年9月12日。

阿森纳队2001/02赛季阵容，2001年8月1日。

阿森纳队2002/03赛季阵容，2002年8月1日。

阿森纳队2003/04赛季阵容，2003年8月1日。

阿森纳队2004/05赛季阵容，2004年6月8日。

阿森纳队2005/06赛季阵容，2005年8月5日。

阿森纳队2006/07赛季阵容，2006年8月1日。

阿森纳队2007/08赛季阵容，2007年8月7日。

阿森纳队2008/09赛季阵容，2008年8月5日。

阿森纳队2009/10赛季阵容，2009年8月4日。

阿森纳队 2010/11赛季阵容 2010年8月5日

阿森纳队2011/12赛季阵容，2011年9月9日。

阿森纳队2012/13赛季阵容，2012年9月13日。

阿森纳队2013/14赛季阵容，2013年9月20日。

阿森纳队(2014/15赛季阵容，2014年9月11日。

阿森纳队2015/16赛季阵容，2015年9月10日。

阿森纳队2016/17赛季阵容，2016年9月21日。

阿森纳队出战欧联杯，2018年4月5日。

阿森纳队主帅温格坐在酋长球场的看台上,2016年4月2日。

第九章 弃船

付出了很大的代价。

可是现在，在一个折磨人的赛季之后，温格紧接着又要承受一个残酷的夏天，问题不仅没能解决，而且变得更加困难了。新闻发布会之后回到酒店，我立刻打电话给和法布雷加斯较为亲近的人，表达了对温格自信能够留住他的惊讶——他们立即告诉我，法布雷加斯仍然会离开。温格表现得充满勇气、蔑视挑战，但是法布雷加斯已经无法回头，他心意已决。

如果传言非虚，法布雷加斯在前一个夏天就想要离开，只是被说服再留一年——他离队的请求不会再遭到拒绝了。他成长于巴塞罗那，始终想着有朝一日回到家里。

纳斯里的情况则不同，他的离去和双方都有关系。阿森纳队已经允许他缩短合同到只剩下12个月，合同的协商在前一个夏天就已经开始。双方原则上同意了一项交易，纳斯里已经准备签约，但是俱乐部没有拟定合同，到了再次讨论的时候，纳斯里已经决定不签约了。纳斯里的交易拖延了数周，曼城队教练罗伯托·曼奇尼公开承认想要签下这名阿森纳中场，令温格大为震怒。

阿森纳队在中国杭州参加亚洲之行的最后一场比赛后乘机返航之前，温格在压力之下，终于开始说出自己对曼奇尼和曼城队公开表示渴望签下纳斯里是不是"挖墙脚"的真实想法。"我们不对身背其他俱乐部合同的球员做出任何评论，"温格厉声说道，由于不断被问及他的一些最好球员将要离去的问题，他的耐心已经消耗殆尽。"这种评论是不允许的，应该告诉罗伯托·曼奇尼这一点！"

事情仍在拖延，与此同时，温格被巴塞罗那球员争相表示希望阿森纳队队长来到诺坎普的言论激怒了。至少法布雷加斯的事情很快解决了。阿森纳俱乐部保持着有尊严的沉默，当他要求转会、没有参加巡回热身赛时，温格从未批评他的前队长。

法布雷加斯最终满足了愿望，前往巴塞罗那，在消息公布时，《每日镜报》的一位自由记者说，法布雷加斯的姐姐说，他因为有些英国球员和媒体对转会的评论而不快，人们似乎认为，法布雷加斯签约阿森纳之后，就期望

温格：阿森纳时代

着俱乐部有一天能让他回到儿时英雄的怀抱中。

伊万·加齐迪斯和巴塞罗那进行了艰苦的谈判，而法布雷加斯的经纪人达伦·戴恩（大卫·戴恩的儿子）心中明显只有一个俱乐部。由于没有任何人竞价，巴塞罗那俱乐部觉得能够以便宜的价格达成交易。

最终，阿森纳俱乐部同意了一项价值大约4000万英镑的交易（考虑了条款和转会分成）。我自己的印象是，巴塞罗那认可这项交易——包括回购选项和未来利润分成——因为他们从不认为法布雷加斯会离开。在2011年，阿森纳队愿意行使回购权是难以想象的事情。如果2013年曼联竞价购买法布雷加斯的时候可以行使这一权利，阿森纳队肯定会竭尽全力，不让他加入竞争对手的行列。最终，法布雷加斯于2014年加盟切尔西，阿森纳俱乐部得到了大约500万英镑的转会分成。

温格明显对这次转会感到困惑，他在2014年10月说道："我不知道他为什么对阿森纳或者对我不满意，我们对他的生涯起到了积极的影响，那就是我们的意义。最重要的是他感到高兴。"

"我说过很多次，我始终理解，他可以回到巴塞罗那，因为他就是从那里来的。当然，事情不像他想象的那么顺利，因为我觉得，当他回到巴塞罗那，他将会在那里结束运动生涯，或者回到阿森纳。事实是，他离开巴塞罗那的时间远比所有人意料的要早。为什么？我不知道。这让他来解释要好得多。"

法布雷加斯在阿森纳球迷中仍然很受欢迎，但当他转会切尔西时，球迷的意见就毁誉参半了。不过，球迷对纳斯里的看法没有任何分歧，人们对他离开的方式和目标都感到不满。这次转会拖延了很久。阿森纳俱乐部拒绝负责经纪人酬金的大部分，坚持要曼城队支付这笔款项，当阿森纳俱乐部威胁要将他纳入冠军联赛与乌迪内斯队第二回合比赛的名单中时，转会的关键时刻到来了。曼城被迫在阿森纳队准备飞往风景如画的意大利乌迪内之时开始认真地谈判。

那绝对是阿森纳俱乐部很痛苦的一段时间：他们已经卖掉了法布雷加斯，将要卖出纳斯里，还要担心杰克·威尔希尔的伤情，威尔希尔被看作离去的队长在中场的接班人,他面临着漫长的伤停。温格承认上一赛季过度使用威尔希尔,这是使他最终赛季报销的应力性骨折的一部分原因。

媒体总是和球队一起旅行,在温格结束电台和电视采访之后,我们会进入卢顿机场贵宾休息室中的一个小会议室。温格通常很放松,坦率而健谈。但这次不是这样。8月23日午餐时间,也就是阿森纳队与乌迪内斯队比赛的前一天——上周的客场比赛中他们以1:0获胜,占有微弱的领先优势——温格很紧张,显得心事重重;他知道俱乐部正处于十字路口。他们已经卖出了最好的球员,在他们进入冠军联赛之前,他不愿意花巨资购买球员,也不愿意想起自己在亚洲之行中所说的话。

在正式采访中,英国报纸将单独会见温格,我们将提出自己的问题,得到自己的引用内容,并将其封存起来,供我们的报纸次日刊登,这样就能给出与电台和电视实况报道不同的东西。对我们,温格不否认他在将近6周之前说过的话——如果阿森纳卖出纳斯里和法布雷加斯,就不能称为大俱乐部——但是,在乌迪内体育场欧足联官方新闻发布会的电视摄像机前,他发出的信息却不一样。他坚持说自己没说过那样的话。当最终不得不在同一个夏天卖出两名最好的球员之后,温格的态度来了个180度的转弯,以此来挽回颜面。这是他执教生涯最困难的时期之一。

第二天晚上,在乌迪内温和宜人的夏夜里,阿森纳队在冠军联赛中勉强晋级,大大地松了一口气。沃伊切赫·什琴斯尼扑住了一个点球,阿森纳队回到伦敦之后得知,他们因为进入欧洲顶级赛事的争夺而能够从银行得到意外之财,温格得以按照自己的想法加强球队。

但是,在阿森纳队因为伤病而阵容不整地踏上老特拉福德球场之前,温格仍然没能引入必要的替补,他们只能排出残阵,阿曼德·特拉奥雷出任左后卫,他已经知道,自己次日将参加体检,准备加盟女王公园巡游者队。特拉奥雷自然力不从心,但是他并不是唯一表现不佳的球员。在刚刚从乌迪内带回一场宝贵的胜利之后四天,他们在老特拉福德以2:8的耻辱性比分失利,连亚历克斯·弗格森爵士都为此表示了同情。

温格：阿森纳时代

那是温格的一个低谷，俱乐部转会工作的混乱无序使他不得不面对自己的未来。阿森纳俱乐部处于混乱，和往常一样，教练是最容易遭到责难的人。在老特拉福德球员通道的采访区里，天空体育记者杰夫·施里夫斯问温格，如果他无法扭转局面，是否会辞职或者离开。"不，完全不可能。什么叫扭转局面？我们本赛季踢了三场球，其中两场是客场，一场是主场失利，但是我们已经获得了冠军联赛的参赛资格。"

温格看上去对这个问题感到震惊——他甚至过了一会儿才意识到施里夫斯问的是一个完全合理的问题。这样的惨败必然引出主教练未来的问题，但温格的表现却是蔑视和怀疑，似乎认为问他是否辞职是种失礼的行为。那正说明，温格认为自己在俱乐部的地位是不可动摇的。

接下来的几天，电台听众热线、电视辩论和球迷的呼声中，充斥着让温格下课的言论。虽然很痛苦，但是对温格的未来从未有过任何怀疑，相反，阿森纳队开始了重建，尽管在2011年转会截止日前温格前往参加一个教练会议，他们最终还是引进了安德烈·桑托斯、约西·贝纳永、佩尔·默特萨克和米克尔·阿特塔。

阿特塔的交易在一整天中摇摆不定。实际上，是阿特塔促成了这笔交易，他同意减薪从埃弗顿队转会阿森纳，因为他想参加冠军联赛。阿特塔回忆道："这一天非常紧张。晚上6时，他们说一切都完了。但到了晚上8点半，一切又重新开始了。可是，已经没有时间体检了。我前往【埃弗顿】俱乐部办公室，从那里告诉阿森纳俱乐部相信我，如果有任何医疗上的问题，责任在我。"

2011/12赛季是属于范佩西的赛季，这位荷兰前锋享受了在阿森纳服役期间最好的一年，他不断进球，几乎凭借一己之力将阿森纳队带到了欧洲赛场。他从很年轻就加盟阿森纳队，当时名声不好，2004年5月来到这里时转会费仅为275万英镑。他在阿森纳的职业生涯饱受伤病困扰，直到2011/12赛季才真正起飞，在各项比赛中射进了37个球。

范佩西被英格兰足球记者协会评为2012年度最佳球员，在获奖演讲中，

第九章 弃船

他说自己将"永远是'枪手'。"荷兰人还声称,他将与阿森纳俱乐部协商签署新合同,这是一种预兆,当时他的合同只剩一年。"那仍然是计划。我们还没有定下日期,但是我将和以前一样,和老板开个会。现在我们将谈谈我的未来,以及许多其他的事情。"

"阿森纳是一个不可思议的俱乐部,我有今天是因为它。当我签下【加盟阿森纳的】合约时,美梦成真了。如果你问像罗伯特·皮雷斯这样的人想要什么,他会说:'我想成为一名枪手。'不管发生什么事,我都永远是一个枪手。"

但是,曼联、曼城和尤文图斯都在幕后对范佩西暗送秋波。阿森纳俱乐部表面上若无其事,荷兰人则认真地行使队长的责任,让他的队友们相信自己会留下来。他甚至组织队友们参加烧烤等活动,以加强相互之间的纽带,他的妻子布奇拉为球员的妻子和女朋友们组织了一次夜间的狂欢。

赛季结束后,阿森纳俱乐部最担心的事情发生了,范佩西和他的经纪人谢斯·沃斯在温格家里会见了温格和伊万·加齐迪斯。在2012年5月16日(星期三)的这次会面中,范佩西离开阿森纳已经是显而易见的了。范佩西提出了阿森纳队应该签下的球员清单。温格毫不含糊地告诉他:"你不能告诉我们该买谁。"情况已经不可收拾了。

有种感觉,范佩西已经打定主意要走了——亚历克斯·弗格森爵士在自传中支持这种说法,书中声称他的经纪人已经联系过曼联俱乐部——这次会面不过是表面文章。

在接下来的两个月中,阿森纳俱乐部不加掩饰地试图将范佩西卖给尤文图斯,而不想将其出让给英超中的对手。范佩西已经明确地告诉俱乐部,他不想加盟曼城,尤文图斯说服阿森纳的理由也无济于事——该俱乐部公开夸口,他们有足够的钱来应付任何现实的转会费要求。

这笔交易既是财务上、也是足球上的决策。据阿森纳俱乐部预算,此消彼长,这笔交易有7000万英镑的价值,因为他们将得到2400万英镑的转会费、节约工资和奖金,而且还有钱花在球员身上,而曼联俱乐部将要耗费

温格：阿森纳时代

掉这些资金。这是一个复杂的公式，但是资产负债表并不能转移支持者的愤怒，因为阿森纳俱乐部将把他们的明星攻击手卖给主要对手。范佩西在加盟曼联的第一个赛季中可能为球队夺冠作出了贡献，但此后就无法达到之前的标准了，上述的财务公式在检讨过去时确实更有意义，他在2015年夏季转会到费内巴切队。

不过，范佩西的交易可能比其他任何人的交易更令人痛心，对球迷来说，这等于摇起白旗。这个故事一直延续到8月的第2周，范佩西甚至飞往德国参加了与科隆队的友谊赛，这是卢卡斯·波多尔斯基加盟阿森纳交易的一部分。

很明显，那个时候对于温格和俱乐部中的每个人来说，他们不得不卖掉范佩西了。在那次赛季前的旅行中，对范佩西在最后一刻改变心意留下来的幻想都破灭了。他似乎根本不想待在那里。

在48小时之内，与曼联的交易完成了，弗格森打给温格的一通电话成了最后一块拼图。阿森纳俱乐部整个夏天都在避免将范佩西卖给曼联，最终弗格森的干预使交易很快完成了。阿森纳队周日在科隆比赛，决定必须将范佩西卖掉，周一晚上交易开始启动，周二交易达成，8月15日（周三）公之于世。

这对温格是毁灭性的一击；阿森纳队跌落到最低点，2012/13赛季范佩西的进球帮助曼联队夺得英超冠军更是在伤口上撒盐，这也是弗格森坐镇老特拉福德的最后一个赛季。当曼联队在2013年4月前往酋长球场时，他们已经夺得了冠军，温格坚称——尽管看台上传来了对范佩西的尖刻辱骂——他的球员们为弗格森刚刚获得的冠军充当了仪仗队。这是范佩西第一次回到原来效力的俱乐部，在这场1∶1的平局中，他的进球仍然无法阻挡。

在过渡和搬迁到酋长球场的困难时期中，阿森纳因为销售大牌球员而遭受的痛苦从未像范佩西的交易这般强烈。忆起和弗格森的电话交谈，温格承认这是他作为阿森纳教练遇到的最困难的交易，比失去法布雷加斯或者帕特里克·维埃拉还要糟糕得多。"这是非常专业的一通电话，这种情况不止一次。以后我会告诉你其他的情况。"

第九章 弃船

"是的,这当然是最艰难的决定之一。但是在某个阶段,你不得不现实地去看待球员。有朝一日,我可以向你解释那个故事的来龙去脉。我敢肯定,你会对此有更全面的理解。当球员们不想留在这里的时候,强迫他们是很难的,到赛季结束的时候,他不会有任何贡献,俱乐部也不会有任何收获,那样子,你遭到的就是双倍的失败。"

一方面,温格说范佩西前往老特拉福德"不是因为钱",那么,他知道范佩西在曼联得到了什么吗?温格看着天空说:"我当然知道。"根据报道,范佩西加盟曼联之后的周薪为20万英镑。温格承认,阿森纳无法与之竞争,他说:"不,那可是一大笔钱。"然后,他坚称俱乐部已经尽一切努力挽留范佩西了。

"这桩转会交易令我们最伤心的地方是,我们已经失去了蒂埃里·亨利、帕特里克·维埃拉等大牌球员;他们曾随俱乐部夺取过胜利,年龄在30岁或者31岁。我们已经有几年没有夺冠了,他能够帮助我们取胜。他在这之前离开令我们感到沮丧。"

然后,温格说,他认为真正的原因是,范佩西在前一个夏天已经决定离开了。"他已经29岁了,他会想,我们在这里能赢得冠军吗?我到其他地方是不是有更大的机会夺冠?这就像一位女士到了39岁还没有孩子一样。她会开始想,我剩下的时间已经不多了……"

温格做了一个表示性交的动作,来说明这个观点,赢得了满堂喝彩。这仍然是我在温格新闻发布会上最难忘的一个瞬间,他在一个非常痛苦的主题上也不失幽默。

温格说:"我们对罗宾坦诚相待,直率地交换意见。他是个真诚的人,会告诉你实情。你想要的就是实情。直到最后他都保持着尊重,我们没办法抱怨。"

到目前为止,范佩西是阿森纳最后一次将大牌球星卖给竞争对手。但是,他们在2014年夏天将巴卡里·萨尼亚卖到了曼城,这可能更多是因为俱乐部在他的合同上犹豫不决,而萨尼亚在阿森纳度过7年时光之后幻想已经

温格：阿森纳时代

破灭。萨尼亚合同到期，尽管得到了一份新的3年合同，但是年已31岁的他还是选择离开阿森纳，自由转会。

萨尼亚的离去也是一个打击，但是无法和范佩西、法布雷加斯、纳斯里甚至加尔·克里希相提并论。事实是，萨尼亚是一名经验丰富的顶级国际球星，他对球队无法获得奖杯感到沮丧和厌烦。他已经表现出了忠诚，在曼城队之前两度想和他签约时没有离开。

在法国媒体的定期采访中，萨尼亚发表了批评性的言论，宣称阿森纳队正在失去竞争力，他们卖掉了最好的球员，并且允许球员缩短合同期。尽管阿森纳队已经显示了新的野心，赢得2014年足总杯，萨尼亚仍然去意已决。他私下坚称，如果阿森纳在温布利赢得足总杯次日给他打电话，他就会留下。但是电话没有来，他最终前往曼城。阿森纳俱乐部觉得，他在很久以前就已经决定加盟曼城了。

加盟曼城之后不久，萨尼亚在一次采访中吐露真情，谈到了离开的原因和他对温格执教下俱乐部哲学的看法。

我认为阿森纳现在是、将来也是高素质的球队。在转会窗口，各个俱乐部都会买进球员，不管是对还是错。阿森纳有一支由年轻球员组成的、非常好的球队。去年，我们在人员上没有大的改变的情况下赢得了奖杯，证明我们有一支很强的队伍。阿森纳俱乐部的运营基于那种哲学。我想球迷们感到失望是因为，他们看到其他球队都依靠购买来组队，于是问自己，为什么我们的俱乐部不是这样？

我认为，这是我到其他地方看看的好时机。我在阿森纳度过了美好的7年时光。当我到那里时还很年轻，在那里经历了很多大事。我在阿尔塞纳·温格和队友那里学到了很多东西。对我来说，在31岁离开、提升职业生涯的质量正是时机。对此我想了很多，这一年心理上承受了很大的压力，因为这不是一个轻松的选择。我离开了像自己家一样的俱乐部，在那里我感觉很放松，这个选择太难了，但是我做到了。

在那次采访中，萨尼亚陈述的情况正是有些人反对温格方法的理由：阿

第九章 弃船

森纳是一个像家一样的俱乐部；其他俱乐部花费重金，但温格更偏爱围绕年轻球员组队，最终，球员们将转会以寻求不断的成功。

温格对有些球员的离去更能承受一些，可以用幽默缓和气氛。何塞·雷耶斯曾在一家西班牙电台的哄骗下说出自己不喜欢伦敦，当他说想要离开、回到西班牙时，温格回答道："这就像你想要和世界小姐结婚，可她不愿意。我可以试着帮助你，但是如果她不愿意嫁给你，我能做什么？"

当索尔·坎贝尔于2006年离开——在他告诉阿森纳俱乐部想出国踢球之后，得到了自由转会的许可——并最终去了朴次茅斯时，温格笑着说："我很吃惊，因为他取消自己的合同是为了出国。你们已经把朴次茅斯卖给外国了吗？"

2003/04赛季无敌之师成员、前阿森纳门将延斯·莱曼在2014年夺得足总杯冠军之前接受采访，对自己在2004/05赛季被俱乐部弃用有所抱怨，在他来到俱乐部的第一个赛季，球队在英超联赛中一场未失。莱曼明显对阿森纳队仍保持着很深的感情，但他认为除非结构改变，否则阿森纳无法重新取得长期的成功。

我想在目前的条件下，他们很难再赢得荣誉。他们必须改变。仅靠花钱永远不能帮助你赢得冠军。但是拥有充足的资金是良好的基础，必须好好地利用这些资金。

我认为没有人比阿尔塞纳更能代表这家俱乐部了。但是我也认为，有时候球队的结构不能只由一个人去承担；有些时候，需要有几个人定义、控制和监视俱乐部及其哲学的发展。因为俱乐部不断成长，对主教练的要求也在不断增长。如果你总是要亲力亲为，我很怀疑你是否能够成功。

阿尔塞纳的助手们非常棒。但是我认为自己从他那里学到的是，你可能表现得很好，但是如果表现下滑了，他会让你休息。那就是他的哲学，特别是对我来说。现在，我认为他仍然信奉这种哲学。

我认为伊万·加齐迪斯干得很棒，但是他进入俱乐部时情况已经有了一些变化。大卫·戴恩在足球、球员评估上支持阿尔塞纳。但是在那个时候，

温格：阿森纳时代

阿尔塞纳的优势是对法国市场的极深理解。现在，各个市场都已经变了。

阿森纳这样的俱乐部在心理上依赖于阿尔塞纳对足球的看法、他的哲学以及对新球员的发现，我认为那已经不再够用了。阿尔塞纳仍然很出色，但是你不可能做一切事情。依我看来，一点训练场外的知识，是的，一点训练场外的足球知识将对他很有助益。

温格与阿森纳的"交易协调人"迪克·劳很亲近；他们是朋友和同事，相互尊敬。但是他们的配合明显不同于大卫·戴恩时代。戴恩是非常圆滑的经营者，是俱乐部的副主席。他可以促使温格进行交易，几乎可以坚持让他同意签约。劳是一位有魅力的得州人，有着和戴恩一样的干练，非常善于社交。温格会听取他的意见，但他不是副主席。加齐迪斯也会推进转会交易，是一位学识渊博的足坛人士，拥有大量情报。

从根本上说，英国的足球文化是，在任何运营得当的俱乐部中，最终决定必须由主教练做出；他必须选择是否想要某位球员，因为他必须自由地挑选队伍。但是如果阿森纳俱乐部失去交易的机会，那么最大的影响因素就是教练的犹豫不决。不过，在经过一段总是卖出顶级球员的日子之后，情况正在改变。度过那些困难时期之后，2011和2012年的夏天，阿森纳队在球场内外都进入了新的繁荣时期。到2013年夏天，他们又有了足够的财力可以购买大牌球员，竞争奖杯。

第十章
老对手

阿尔塞纳·温格坐在瑞士尼翁欧足联总部明亮、通风的会议室里,桌子另一边是他教练生涯最强硬的对手。亚历克斯·弗格森爵士身着整洁的淡蓝色衬衫,打着深蓝色的领带,现在,他享受着退休的时光和教练界教父的地位,是这次欧足联教练会议的嘉宾。切尔西队教练何塞·穆里尼奥较为随便,身着西装,但是里面穿着灰色的开领衬衫。他看上去有些阴沉、兴味索然,当来自整个欧洲的教练们讨论全球足球比赛日程,提出不同训练思路的时候,他显得有点厌烦。

2014年9月的欧足联精英俱乐部教练论坛大会参会者众多。卡洛·安切洛蒂、佩普·瓜迪奥拉、拉法·贝尼特斯甚至安德烈·维拉斯-博阿斯都到场了。我问温格,在这样的会议上是不是所有分歧都会被抛在一边。他笑着回答:"当然是的。"

但是,不是每个人你都喜欢?

温格笑道:"不,我必须说,不是每个人都喜欢我。"

那是温和的说法。温格和弗格森已经休战,后者过去总是惹恼温格,以至于有个阶段温格总是称

温格：阿森纳时代

呼他为"那个家伙"。温格甚至不愿意说出他的名字。在一次公开争执升级而失去控制之后，温格说道："我再也不谈论那个家伙了。"

近年来，温格对弗格森怀有敬意，两人也都表明了彼此的钦佩之情。2013年弗格森宣布退休时，温格是英超教练中第一个发短信向他致意的。在9年前温格和弗格森之间争斗最为激烈时，这种情况是难以想象的。随着岁月流逝，敌意慢慢消退了。

如果弗格森和温格之间的憎恨已经变成了相互尊敬，温格和切尔西教练之间的关系还远达不到这种程度。

但是，如果有一天人们回忆起温格的职业生涯，他和弗格森的竞争对于中立者来说是最有趣的。这种竞争始于温格1996年到来的那一刻，在"比萨门"中达到顶峰，然后随着阿森纳和温格对弗格森成功的威胁削弱而逐渐减轻。

弗格森是一位格拉斯哥船厂工人的儿子，他最初曾在曼彻斯特的新闻发布会上嘲笑温格。他曾问道："他对英国足球知道些什么？"这个问题表现了20年前的气氛，凸显了当时外籍教练面对的困难、不信任和憎恨。温格曾得到"教授"的昵称，被描绘为高智商、能讲多种语言，采用科学方法的人，这也成了嘲笑的起因。弗格森对记者们说："智慧！他们说他是个有智慧的人，对吗？会讲5种语言。我从象牙海岸（即科特迪瓦）带来的一个15岁的孩子就会讲5种语言。"

弗格森的影响力很大，不仅有一群记者，还有许多教练同行似乎也效仿他的一言一行。如果弗格森不喜欢圈里的某位新教练，其他人也保持一致。

阿森纳俱乐部前新闻官员克莱尔·汤姆林森记得，她曾经和一位教练就该派系排挤法国教练的问题对抗过，排挤的原因是，温格拒绝遵循英国传统，在赛后到对手教练的办公室去喝上一杯。

整个弗格森派系里的人都讨厌他。有一个人说道："为什么他不来喝上一杯？"我说："我很厌恶你的这种说法。你就像一个孩子。你问过他吗？"

第十章 老对手

他说："没有，因为他没来。"根本没人真正问过他！他不知道有这种程序。我记得阿尔塞纳在他们提出要求之后说："那是很快乐的事。"于是他们一起去喝了一杯。

此后，他不再去畅饮了，因为他信奉球员应该在球赛之后一小时内补水、进食和补充营养的原则。他不想在外面晃荡，只想坐上巴士回家。由于要面对许多外国媒体，他在媒体采访上投入的时间比其他人都要长。但重点是，他可以去喝上一杯。

弗格森并没有浪费时间向温格挑衅。双方的敌意是从1997年4月开始的，导火索是温格一句无伤大雅的评论，在一场新闻发布会上，记者向他问起有关弗格森指责英超联赛没有为参加冠军联赛的英国球队提供支持的问题。汤姆林森回忆道：

我记得他和弗格森4月份发生的争吵。弗格森在欧洲赛事前后的赛程上大做文章。英超联赛中阿森纳与曼联队的比赛安排在前一周的周六。阿森纳只能参加欧洲联盟杯，我们在赛后召开的新闻发布会没有什么猛料，有些冷场，这时记者凯文·莫斯利说道："你对弗格森的话有什么看法？"阿尔塞纳绝对百分之百同意亚历克斯的说法，但是他说的一件事被记者们捕捉到了，成为了头条。

弗格森看到新闻后大发雷霆："这家伙才来了5分钟，就想告诉我们足球应该如何运营！"

我在这一年的英格兰足球记者协会颁奖之夜见到弗格森，对他说："亚历克斯，你知道这是怎么回事。"温格同意弗格森的所有说法，但是说了"可是现在你无法改变"之类的话。报纸上的标题则变成了"温格告诉弗格森忘了那件事，现在已经没办法了"。我对弗格森说："走着瞧，你会喜欢他的。"

这只是开始。1997/98赛季中，弗格森将温格视为真正的威胁，试图和他进行心理上的较量。在曼联队的领先脚步放慢、优势逐渐丧失，温格的球队以惊人的连胜势头追逐冠军之时，弗格森称压力已经全部转移到阿森纳一边。

温格：阿森纳时代

温格看上去毫不担心，眼镜中藏着学究气，他的回应也经过了深思熟虑。弗格森发现，温格不像1995/96赛季曼联超越纽卡斯尔联队时的凯文·基冈，自己无法轻易地看透他。弗格森曾经暗示，英超各队为了击败曼联队，付出了比对付其冠军竞争者纽卡斯尔联队更多的努力。这一暗示的意图是刺激利兹联队，该队之后将要对阵基冈的球队。

基冈在天空电视台上的失态人所共知，全国观众目睹纽卡斯尔教练针对弗格森发表了激动的长篇大论"我就喜欢这样"。纽卡斯尔的比赛结束了，曼联队夺得了冠军。

毫无疑问，温格和弗格森相互都有类似的评论，但是他们倾向于避开电视台的摄像机。他们争吵的关键是温格在2002年5月的评论，当时阿森纳队已经赢得英超联赛冠军，弗格森声称曼联队是该赛季圣诞节之后最好的球队。弗格森轻蔑地说："【阿森纳】是依赖对抗的废物——我们是更好的球队。"

温格应以含糊而机智的挖苦，这成为了他们关系的临界点。温格的舞台是伦敦科尔尼的训练场，媒体在2002年与切尔西的足总杯决赛之前聚集于此。在一个阳光明媚的日子里，记者等待着温格，没有多少人能够想到，一条引语会在相互竞争的教练们之间引起一场风暴。

"每个人都觉得自己家里的妻子最漂亮"，温格说这话时脸上带着经典的坏笑。当然，这样说的意图并不是毁谤弗格森的妻子凯西。这只是一般性的评论，说的是每个人都会被自己的感觉蒙蔽，认为自己的才是最好的。但是弗格森将这话看成严重的人身攻击，从那一刻起，两人的对立升级了。

一些记者得知弗格森很恼怒，将消息传递给阿森纳俱乐部和温格。温格致电弗格森澄清了"最美的妻子"的评论，但是似乎没有起作用。实际上，足球记者亨利·温特回忆，他无意中碰到了当时的阿森纳俱乐部新闻官员阿曼达·多彻蒂，两人当时都在千禧球场排队等待领取2002年足总杯决赛的新闻通行证。他警告道："弗格森很生阿尔塞纳的气！"温特参加过新闻发布会，记得这一事件的余波：

对我们这些亲耳听到温格讲话的人来说，那条评论的意思是你会捍卫

第十章 老对手

自己已经得到的东西。你的妻子是最漂亮的,你的孩子是最棒最聪明的,你的前卫线是最强的,你的球队是最好的。从我的角度看,温格说的是,任何教练都会为自己的球队辩护。

到了弗格森一边,我想他是从字面上理解,认为是对凯西女士的批评,结果那就又一次激怒了他。我想他准是被问起这事之后思前想后,认为这是对凯西女士的不敬。但是,如果你注意温格多年来的采访,他以前就用过这个说法。

在维埃拉度过一个辉煌的赛季之后,电视台制作了一个纪录片。盖伊·莫布雷向温格询问维埃拉的有关情况。温格用了相同的隐喻,说他认为维埃拉是最棒的,但是每个人都认为自己娶到了最漂亮的妻子。温格使用这个隐喻并不是对弗格森家人的不敬,只是为自己辩护。我认为弗格森恼怒是因为阿森纳队成为他的威胁。他看到对手拥有像维埃拉、亨利这样的球员,看到维埃拉是如何对抗罗伊·基恩的,那才是重点。

弗格森从一开始就中伤温格,甚至说:"他应该把自己的观点留给日本足球。"他从早期就显得很挑剔,因为他意识到那个人是个威胁。在温格到来的前五六年,关于他的评论就是,他购买的球员真的很棒。阿内尔卡来了——在慈善盾杯赛中,阿内尔卡碾压了雅普·斯塔姆。亨利和维埃拉也都取得了成功。所有中伤都是因为弗格森觉得温格是一个巨大的威胁。

在温格执教初期,阿森纳和曼联在每个赛季中都棋逢对手。2003年9月的"老特拉福德之战"中,在一场丑陋而激烈的冲突之后,路德·范尼斯特鲁伊主罚最后一刻得到的争议点球时射中了横梁。他的失手意味着阿森纳队保住了0:0的平局。当天最令人难忘的印象当然是马丁·基翁对着范尼大喊;他公开称荷兰前锋是个骗子,后来又重复了这种说法。

《卫报》传奇足球记者大卫·莱西为此写了篇出色的文章:"马丁·基翁必须为他滴水嘴兽般的表达和挥臂击打路德·范尼斯特鲁伊受罚。"

那一天——以及令人吃惊地逃过点球——可能为阿森纳的无敌赛季打下了基础。温格在事件之后道歉,但是阿森纳在剩下的比赛中一场未输,他笑

161

温格：阿森纳时代

到了最后。老特拉福德的那一天是他们最接近输掉整个赛季的时刻。

不出所料，后来的报道令人难堪。《每日电讯报》的标题是"蒙羞的阿森纳成了众矢之的"。亨利·温特表达了报刊上的情绪："在老特拉福德的小规模冲突之后，今天，阿尔塞纳·温格率领的阿森纳队的一系列可耻的不当行为，将使这家最骄傲的俱乐部蒙羞，为'无法控制他们的球员'负责。阿森纳队昨天穿的是黄色的服装，但是沾染上了红色。"

英足总因为阿森纳队不能控制自己的球员而对其课以创纪录的175000英镑罚款，劳伦、基翁、雷·帕洛尔和帕特里克·维埃拉单独受罚，并遭到停赛。在这场比赛之后的一周内，阿森纳和温格都遭到了沉重打击。

尽管舆论一片哗然，当时的温格似乎享受与记者的对抗。他常常带着恶作剧的笑容参加新闻发布会，就像他知道自己的球员不守规矩似的。老特拉福德之战后的第一次新闻发布会在伦敦科尔尼举行。当温格从更衣室走上前往一楼食堂的台阶时，有人问他是否担心自己可能说错话。他大笑着说："不要担心，我等着。"

但是2004年曼联队成功复仇，在韦恩·鲁尼赢得一个点球之后，他们以2:0获胜，不过索尔·坎贝尔指责鲁尼假摔——温格从未原谅过裁判麦克·莱利做出的那个决定。阿森纳创纪录的49场不败被他们最强硬的对手终结了，两位教练几乎拳脚相向，这一切都演变成一场食物大战。

范尼斯特鲁伊再次成为中心人物，他走进曼联的更衣室，抱怨温格赛后对他说的一些话。弗格森怒不可遏，冲到阿森纳队更衣室，叫温格管好自己的事情。此后弗格森声称，争吵升级了，整个球员通道落入一群"暴民"之手。

阿森纳球员们完全失去了冷静，弗格森最终遭到了比萨和菜汤的攻击。和2003年的比赛一样，令人厌恶的这一幕立刻得到了著名的称号："自助餐之战"。后来有关投掷食物的调查被称作"比萨门"。这是温格和弗格森多次公开争吵中最令人难忘的一次。

亨利·温特回忆道："在自助餐之战后，我认为阿森纳队有些缺乏教养。即使那样输了球，也不能向人扔比萨。在弗格森的书中，作出了一个彻底伤害温格的评论。他说在阿森纳球员扔比萨时自己带着笑,因为他知道自己已经赢了,夺回了控制权。在前面的四五年中,弗格森可能觉得控制权已经从他的手中溜走,希望夺回来。所以球员通道中发生的事情实际上使弗格森觉得'我逮住他了。'"

老特拉福德之战和其他一些争斗,特别是自助餐之战,在此后数月甚至数年之中不断发酵。2005年1月弗格森接受《独立报》记者格伦·摩尔的采访时,纷争再起。

有时候,报刊上登载的言辞比说的时候更显得刺耳,但是弗格森毫不犹豫地直指温格。他的话刻薄且带着很深的个人偏见,没有粉饰,也没有借口。弗格森以最为轻蔑的态度谈到温格——并且让摩尔将这些话包含在采访报道中。

在这篇报道中,弗格森称温格"丢人现眼",说阿森纳是"有史以来最差劲的失败者"。他还说:"在球员通道中,温格批评我的球员,说他们是骗子,所以我告诉他离我的球员远一点,注意自己的举止。他冲向我扬着手说'你想怎么样?'不因为球员的行为向对方教练道歉,是难以想象的事情。这是一个耻辱,我并不期望温格道歉,他就是那类人。"

最初,温格拒绝回应,但是在负于博尔顿队之后,温格无法再忍耐了:"我和他没有任何往来。我不能理解的是,他为所欲为,而你们【媒体】都跪在他的脚下。教练有责任在赛前保护比赛。但是在英格兰,你只会因为赛后所说的受到惩罚。我不想回应任何批评。在英格兰,你们有句话说得好,'给这场比赛抹黑',但是这种事情不止发生在赛后,也可能发生在赛前。"

《卫报》首席足球记者丹尼尔·泰勒是当天在博尔顿的记者之一,虽然在多个其他场合中曾经目睹温格失去冷静,但他说那是迄今为止自己见到的最糟糕的一幕。

他开完了主新闻发布会;我们前往隔壁房间进行"星期一专访"——各大日报记者在那里和他交谈。这里地处西北部;温格对其中的许多人并不熟悉,他可能认为我们都是弗格森的追随者。我记得在与拜仁慕尼黑比

温格：阿森纳时代

赛前的新闻发布会上，他曾经对《太阳报》发脾气——该报在阿森纳队于足总杯被淘汰出局之后写了关于他的合同的报道。人们当时都说他怒气冲天。但是在博尔顿比那糟糕得多——愤怒使他脸色苍白。

这是我第一次意识到他有多么高大。我想道："哇，这家伙摆出吓人的架势。"他伸出手指，我觉得那就像是E.T.的手指。[①]他说外交关系已经断绝："我再也不会谈论那个家伙。"他一点也不沉着；他是那么生气，如果弗格森的意图是激怒温格，那么他已经成功了……

也就在那段时间，阿森纳似乎总是在西北部表现不佳，并且在博尔顿输了球。所以，我们真的不需要按下他的任何一个"按钮"。他评论我们跪在弗格森的脚下，这句话令我们后来都不禁发笑，因为那是有史以来教练发脾气最严重的一次。不过，他们两人的许多次争吵都是在摄像机镜头之外，如果这些被拍下来，那一定会在人们每次谈论温格和弗格森时上演。

直到2008或者2009年，温格和弗格森之间的关系仍然很不友好。在2013年的自传中，弗格森声称，在"比萨门"对峙中，温格比自己更愤怒。弗格森写道："他的拳头捏紧了，我掌控了局面。"

如果难以想象那一幕，只要回忆一下2006年4月的事就行了。在一场特别激烈的北伦敦德比中，温格和托特纳姆热刺队的荷兰教练马丁·乔尔几乎发生斗殴。当有人受伤后托特纳姆队拒绝将球踢出界，并由罗比·基恩射门得分时，温格怒火中烧，穿着整洁白衬衫、打着领带的他面对身穿运动服的乔尔，指责后者缺乏体育道德，是个撒谎者。当有人问乔尔是否认为他们可能会打起来时，他笑着说："他明显没有看到我的拳头有多大。"学究气的温格竟然有着街霸一样的脾气。

温格和弗格森在赛后会握手，在摄像机镜头前注意细节，但是他们的关

---

① E. T. 是斯皮尔伯格执导的科幻电影《外星人》中地外生命的名字。

第十章 老对手

系直到2008年才渐渐解冻。实际上，两人的和解是公众注意的事件，以至于最终发生时几乎成为了世界性的新闻。英格兰联赛教练协会于2008年9月举办一场宴会，弗格森和温格是会上的两位贵宾。播音员理查德·基斯担任主持。

当他们和集合起来的宾客们进入问答环节时，基斯坐在他们的左侧。弗格森被温格开的一个小玩笑逗笑了："主教练是俱乐部里最重要的人——如果不是，为什么你在俱乐部运行不畅时要解雇主教练？"

基斯说："我们现在是不是可以说，你们的相处中存在一种敬意？"

弗格森在一两杯红酒下肚之后，带着微笑，看上去很放松："当然——在下一场比赛之前！"

亨利·温特补充道："如果你和任何阿森纳球迷交谈，他们会告诉你，当弗格森开始对温格表示善意时，他们就开始担心温格了。我记得在联赛教练协会（LMA）让他们聚在一起时，他们显得很友爱，一切很快就变得显而易见——弗格森只有在担心对手时才会中伤他。"

温格喜欢好的红酒，但是从未完全遵照英国传统，在赛后到主队教练的办公室共饮。甚至连温格忠实的助理帕特·赖斯在2004到2008年冷战期间也不去弗格森办公室饮酒。但2009年温格打破了坚冰，邀请弗格森到自己的办公室庆祝曼联队赢得冠军联赛半决赛的胜利。

弗格森明显觉得，不再需要和温格保持紧张关系，也不再需要使用心理战了，因为曼联队此时在球场上已经远远胜出。实际上，两人的友谊在2011年突然出现了，当曼联队在老特拉福德以8∶2重创阿森纳时，弗格森为温格感到难过。这场比赛令温格深受伤害，同时却得到老对手的辩护。

弗格森说："我认为对他的批评是不公平的。他为阿森纳做了那么多工作，拥有那样的哲学——他为阿森纳带来了一些非常令人愉快的球员。他在球员的出售上也做得很好，照管着阿森纳的金库。人们把这些贡献忘了。现在的世界太疯狂了，当你输掉几场比赛，人们就大加评判。"

温格忆起他们之间关系的变化时说："我们的关系确实回暖了，也更加相互尊重。可能是因为我们最近与他们的争夺不那么激烈，所以关系没有那

温格：阿森纳时代

么紧张了，而且我们担任教练的时间久了，可能也就更增加了一分敬意。离开足球，他就变得不一样了，因为他喜欢好的波尔多红酒。在比赛中，你永远不会和别人有真正的交流，你只会说'你好！'，在赛后说'我们踢得很好'，'你们踢得很好'之类的话，提出一些建议，然后就是'再见'。交流非常非常少。"

温格还承认，有朝一日他会遵循弗格森的做法，写一本毫无保留的自传——但是要在他退休之后。他坚持，那一天并未定下。

你绝不能排除任何事情。我认为人的一生是由你对现状的感觉组成的。你要听从直觉。就像弗格森，他对一切都做好了准备。他在执教期间就已经准备好了自己的书。我怀疑他晚上在家就写了一些东西，回忆经过的事情并且想着："要把那些事情写到书里……"

现在我要说"不"【我不想在这时候写书】。也许有一天我会受到激励，但是现在我不会。我说的不是永远，只是现在。我完全没有必要这样做。过去是历史，历史应该写下来。在法国，我们会这样说："重要的不仅仅是创造历史，而且要书写历史。"这是很好的。

弗格森的自传是他职业生涯的遗产。我认为那很重要，特别是在英格兰，他作为曼联队的主帅长达27年。这样的功绩绝不能埋没。他的成就很大，但是我很难回答关于这本书的任何问题，因为我还没有拜读过。

我已经告诉过你们，我们的职责是做一名谦虚的好老师。因为我们必须在任何时刻接受所有人对工作的评判，哪怕这些人对我们的具体工作一无所知。但这就是工作的一部分，评判既有正面的也有负面的，有时候，人们给予的感谢也会超出我们应得的。我们必须接受两方面的意见。

我想我们已经度过了一些困难的日子。但是老实说，在我们的工作中，只思考明天或者下一场比赛是很简单的。在那以后的事情，让人们去评判吧。

温格多年来针对弗格森的冷嘲热讽表明，他既是一位足球教练，同时也是位诗人。弗格森1999年1月承诺，就他称阿森纳队的踢球风格是"好战的"和阿森纳队球员就像"垃圾"道歉。弗格森说:"涉及阿森纳的打架事件次数比温布尔登队全盛时期还要多。"

但是,弗格森道歉只是因为他声称"不可公开"的评论被泄露了,而不是为所说的内容。弗格森承诺会给温格写封信。在下一次新闻发布会上,我们问温格是否收到这封信。温格笑着说:"没有,可能他是用马送的信吧。"

两人的争斗经历了温和、愤怒、痛苦和友好的不同阶段。温格在大部分时候都很享受这种争斗。"弗格森应该镇静些。如果他把我们推到一面墙上枪毙,也许会更好。"这是温格的另一次反击——幽默与挖苦参半,提出的是一个严肃的论点。他们言语上的交锋总是很有趣,但最终达成了相互尊重,当弗格森退休时,温格明确指出,没有了他,足球和超级联赛就要乏味得多了。"当然,超级联赛还会继续,但是一位巨人引退了。"

温格的另一位长期对手是何塞·穆里尼奥,和弗格森一样,他和这位葡萄牙教练之间的关系也起伏不定。不过,穆里尼奥回归切尔西造成的后果十分严重,难以想象他们还能够再有友好的关系。

有趣的是,在穆里尼奥结束第一段执教期离开切尔西之后,温格和这位葡萄牙人有着较好的关系。而且,在回到斯坦福桥时,穆里尼奥用热情洋溢的话语评论他的同行。"他是个很好的人。在我离开英格兰时,我有机会和他更好地会面,我开始和他在欧足联【教练会议】、欧洲赛场和世界杯上见面。我记得我们见了好几次,曾经一起吃饭。当你们不在同一个联赛中、不相互对抗时,了解一个人就容易多了;关系也更容易深入。我们可以更轻松地谈论足球。"

"是的,我回到英超了,但他仍然是个好人。我很尊敬他,并且一直是这么表现的。在足球圈,会发生这样的事。有时候,即使你们是朋友且相互尊敬,也会说一些对方不喜欢的话,做出一些反应,但我终归是很尊敬他的,我感觉他也是这样看我的。我不认为我们之间有任何问题。"

现在看起来,穆里尼奥的最后一段评论多么具有误导性。但这也说明了,足球界竞争的强度是如此之大,使理性、可爱和聪明的人也完全迷失其中。他们之间的争斗始于2005年10月，当时穆里尼奥声称温格痴迷于切尔西，此后发表了声名狼藉的"偷窥癖"评论。将温格称为"偷窥癖"或者变态者十分伤人，尤其是考虑到刚到阿森纳队时，温格就曾经被迫为此类不实流言在海布利的台阶上为己辩护。

这场争吵的起因不过是，温格在被问及切尔西队打平埃弗顿，并在之后的联赛杯中被查尔顿队淘汰时说，穆里尼奥的球员失去了自信。当一小群报纸记者向穆里尼奥提出关于温格的评论的问题时，穆里尼奥强忍住激动，做出了一个耸人听闻的回应。这成为最令人难忘的一次嘲讽，令温格特别难以接受。

《每日星报》的大卫·伍兹和伦敦《标准晚报》的莱奥·施帕尔是引用了这段著名评论的两位记者。伍兹回忆道：

老实说，温格的评论并没有引起很大的反响，所以穆里尼奥明显是在找碴。这似乎是预先计划好的，因为他明显受够了，他认为温格不断地对自己和切尔西队进行挖苦，这次小小的冒犯成了最后一根稻草。周日版的记者们都没有问起这件事，我们走进球员通道。我在一个问题中提到了阿尔塞纳·温格，这一切就发生了。我记得在穆里尼奥讲完之后问了他另一个问题。穆里尼奥回答道："我想你们已经得到够多了。"这似乎是预先写好的脚本，他非常认真，而且知道这比其他任何一件事都更能伤害到温格。

穆里尼奥的话达到了目的。在采访中他说道："我认为他是一个偷窥癖。他喜欢窥视别人。有些人在家里会用很大的望远镜偷看别人家发生的事情。他一而再再而三地说到切尔西。这家伙总在说话，令我厌烦。我们可从未谈论过他。他担心我们，他总是在谈论我们。切尔西、切尔西、切尔西，我不知道他是不是想要接替我的工作，我真的不知道。他爱切尔西。"

温格对切尔西自罗曼·阿布拉莫维奇入主之后大肆挥霍金钱的行为非常不满，阿布在转会市场上花费重金，使阿森纳和曼联突然间从英国联赛的顶峰跌落。

在穆里尼奥发表上述评论之后的新闻发布会上，温格非常愤怒，几乎无法回应。在结束电视新闻发布会、应对电视记者连珠炮般的提问之后，他前来和我们这些报纸记者交流，在坐下之前他就已经怒气冲冲。在这种时候，你会看到他的脸上充满鄙视。他痛恨这种新闻发布会。"偷窥癖"的评论真正惹恼了他。温格对此极度愤怒，威胁要提起诉讼，这是他从未有过的情况。他似乎对那个词耿耿于怀，深深地受到了伤害。

记者马特·斯科特坚持问温格是否真的有一个望远镜，这不是一个有助于缓和情绪的问题。温格起初没有回答，斯科特重复了这个问题。温格面露困惑之色。"不，不，阿尔塞纳，你真的有一个望远镜吗？"这个问题真的将温格逼到了墙角。他满脸狐疑，厌恶地将头转向一边。很少看到温格如此愤怒。他可以忍受我们提出的许多奇怪问题，但是当他情绪不佳的时候，一旦被问到不喜欢的问题，他就会露出蔑视的神情。

但是，温格明确地说出了他对穆里尼奥评论的想法："他神经错乱了，歪曲事实且缺乏对人的尊重。愚蠢的人取得成功之后并不会变得更聪明，反而会更加愚蠢。"穆里尼奥在2005年给温格寄了一张圣诞卡，试图平息争吵。他也给其他18位英超教练寄了贺卡，但是给温格写了私人留言，为"偷窥癖"的说法道歉。但是，后续的事件就像小孩的把戏，使情况变得更糟了。

一位阿森纳俱乐部职员检查了贺卡的真实性；切尔西俱乐部告诉穆里尼奥这一怀疑，葡萄牙人在两支球队于12月18日（星期天）对阵时拒绝与温格握手。在他看来，他试图作出的道歉被对方无情地拒绝了。阿森纳俱乐部只是想确定贺卡是否真的来自穆里尼奥，结果这件事变得就像孩童的闹剧。在那场比赛中，切尔西队以2：0获胜，比起那些琐碎的闹剧和心理战，这一结果可能更令温格烦心。事实是，穆里尼奥执教的切尔西已经压倒了温格的阿森纳队。

此后，他们的关系从未恢复，所以当穆里尼奥于2007离开切尔西时，阿森纳俱乐部不会因此洒泪。当他于2013年回归时，温格开始是很友好的，他甚至声称自己始终知道穆里尼奥有一天会回来。"就好像穆里尼奥打开门，出去喝了一杯之后又回来了。当你加入一家俱乐部，需要6到8个月才能被接

温格：阿森纳时代

受，知道俱乐部的所有运作方式，知道熟悉球员的所有纽带，知道他们在压力下的反应。他是值得你信赖的人，而且对切尔西了如指掌。"

"所有竞争对手都有兴衰沉浮，因为我们都全心全意地投入每场比赛。有时候我们会鲁莽从事，那是这项工作的一部分。拉开距离之后，一切都会平静下来。成为朋友是不可能的，你们不能是朋友。在竞争开始时你们可能是朋友。在这方面，真正的竞赛就是橄榄球——赛前在球员通道里他们不会相互亲吻，他们出来就已经为战斗做好了准备。在赛后，他们才能成为朋友。"

他们之间的敌意明显减弱了。实际上，在穆里尼奥回来的第一个赛季，阿森纳队在10月份的第一资本杯（联赛杯）中负于切尔西，在12月于酋长球场打平（将穆里尼奥对温格的不败纪录延长到了10场），两位教练都避免激怒对方。有讽刺意味的是，在2014年的情人节，两人再度反目。

阿森纳队经历了糟糕的一周，在前一周的周末以1：5客场负于利物浦，然后在主场受阻于曼联队。这两个不好的结果和阿森纳队拙劣的表现令温格情绪不佳。在心理战方面，这一周也不好过。穆里尼奥率先发难，声称切尔西是匹"矮马"，没有做好夺冠的准备。利物浦教练布伦丹·罗杰斯接着说自己的球队就像"马腿之间的吉娃娃"。

本质上，这两位教练试图贬低己队的夺冠机会，以便减轻球员身上的压力。但是之后穆里尼奥在《每日邮报》的采访中企图将压力转到阿森纳队身上，他说阿森纳队不再是重建中的球队了，他们的年轻球员已经"成熟"，并加入了"梅苏特·厄齐尔、桑蒂·卡索拉和佩尔·默特萨克等了不起的球员"。似乎除了在积分榜上领先的温格，其他所有教练都拼命地暗示别的球队最有可能夺冠。不被看好的球队日子好过多了。

在电视新闻发布会上，记者问温格，为什么其他教练似乎都害怕说自己是夺冠热门。"为什么其他教练都说自己不是冠军的争夺者？因为害怕失败。如果你宣布自己不在竞争者的行列中，你就不会输了，就这么简单。我认为我们的工作就是雄心勃勃地努力争胜，如果不能取胜，就要为此负完全的责任。我对这件事情的看法就这么简单。我会说，是的，我们身处冠军争

第十章 老对手

夺之中,我们将努力争胜。我们绝对会竭尽全力,如果没有得到冠军,我将为此负责。"

温格的此番谈话并不是专门针对切尔西或者穆里尼奥。但是"害怕失败"的评论很快成为了"毒药"。它迅速地在推特上流传开来,甚至不在场的记者们都在网站上发表文章,突然之间变成"温格指责穆里尼奥害怕失败"。

在科巴姆的切尔西训练场上,穆里尼奥刚刚在新闻发布会的会场坐下,就听到了温格的话,这些评论仿佛是直接针对切尔西的。穆里尼奥带着怨恨发动了反击:

我害怕失败?他是个失败的专家。我可不是。所以如果有人觉得他是对的——我害怕失败,那是因为我没有失败过那么多次。也许他是对的。我不习惯失败,但事实是,他在这方面是一个专家,因为8年没有得到过一个奖杯,那就是失败。如果我在切尔西得到这样的结果,那么我会离开,不再回伦敦。在足球圈中我不害怕任何事情。

我惹恼了温格?不。如果阿布拉莫维奇先生给我8年的时间去准备一支球队,那是我所不愿意的——我只想要4年的合同,在那之后,看看值不值得下一份合同。但是在8年里,你必须有很多、很多、很多的成就。

我对"偷窥癖"的评论感到抱歉。但是他喜欢关注这家足球俱乐部。我认为2007年到2013年这段时间已经足以让他忘掉这件事了。但是看来他始终喜欢关注我们。为什么他如此痴迷切尔西?去问他吧。

为什么他在8个赛季中没能赢得一座奖杯?去问他吧。我能有8年的时间去赢取一座奖杯吗?不。我说的话会传到全世界,但是他之前说的也会传到全世界。是的,这话确实令我恼火。我怕失败?这是什么话?我相信最终,在这方面我将是无礼的那个人——就是他所说的那种有进取心的人。

但是,当然不是:他说我们不是冠军的候选,因为我们害怕失败。什么是失败?今年没赢得冠军?还是两年没有赢得冠军?我很尊敬他,但是7年或者8年没有赢得一次冠军,那才是真正的失败。

171

温格：阿森纳时代

穆里尼奥愤怒地回应，企图激怒温格并且挖苦阿森纳队从2005年之后未能赢得一个奖杯，这些举动导致严重的后果，双方宣战了。

阿森纳队在周日于足总杯中击败利物浦之后，温格说穆里尼奥的评论"令人难堪"。我所在的《每日镜报》使用这样的标题："温格：切尔西令人难堪"。三天之后，在他们主场负于拜仁慕尼黑之后，体育版上的标题赫然是："失败的专家"。

我常常听到人们说温格不阅读报刊。作为一个不关注报纸的人，他却总是好像非常了解报纸的内容——这可能是因为某些教练组成员常常把报纸留在训练场四周，确保他能看到头条新闻（足球圈的人喜欢这样做，以获得一种病态的快感）。他常常会谈起报纸上的个别文章。他对《每日邮报》关于缺乏自己培养的球员的文章提出了抗议，并责备记者。"我们给了球员很好的职业生涯"，温格争辩道，尽管这篇文章并不是针对阿森纳的。

但是，温格在那几周内越来越陷入受困心态，认为媒体偏向切尔西、穆里尼奥、利物浦甚至曼城。他采取了一种防范的态度。往日温和的玩笑不见了，我试图在新闻发布会开头闲聊和说些幽默的话，但他都充耳不闻。他的兴致不高，尽管阿森纳队正以不错的战绩迎来客场对切尔西的比赛——这当然意味着和何塞·穆里尼奥的会面，也恰好是温格执教的第1000场比赛。

温格赛前很乐观，他给了我们比往常更多的时间，并回顾了那1000场比赛的一些记忆，但这种情绪很快就消失了。切尔西队重创了阿森纳队，温格看上去像是一个心碎的男人。阿森纳队以0∶6败北，而且裁判还张冠李戴地将基兰·吉布斯罚出场外——被罚出场的本应是亚历克斯·奥克斯雷德-张伯伦，因为控制球的人是他。

阿森纳队的替补席都惊呆了。切尔西助理教练鲁伊·法利亚多年来以其夸张的举止和疯狂庆祝令阿森纳教练组成员（以及大部分英超教练）愤怒。场上有一种感觉，穆里尼奥和他的手下对于看到温格在第1000场比赛中遭到羞辱特别愉悦，这更为两位教头之间的敌意添油加醋。

不出预料，此后双方更加对立。穆里尼奥没有和温格握手，后来他声

第十章 老对手

称自己常常在终场哨响之前离开教练席，在球员通道等待对手。他宣称，他"祝贺"温格的里程碑时刻，这当然不太可能令温格感到高兴。

温格沮丧地在球员通道里来回踱步，对他的球员在这场里程碑式的比赛中拱手认输感到愤怒，他没有参加赛后的新闻发布会。他声称，因为穆里尼奥花的时间太长，他无法在球队大巴离开之前进入发布会现场。但是他赛后在球员通道里确实和一两位现场解说员谈过话，坚称人们应该将这场败仗"归罪于我"。

此后温格决定，三天之后与斯旺西队的比赛将不举行赛前新闻发布会。他不想和任何人分享自己的难堪。阿森纳队与斯旺西队战成2∶2平局，马蒂厄·弗拉米尼在比赛结束前打进一记乌龙球，使球队丢掉了三分。接近温格的人认为，在与斯旺西比赛后，他的情绪实际上比切尔西队比赛的时候还糟糕。温格对教练组大发脾气，在沮丧之中冲着守门员教练格里·佩顿大叫。

赛季末，在冠军仍未确定的情况下，当记者问温格心目中的年度最佳教练是谁时，他明显漏掉了一位候选人："有很多人选。候选人分为两类：赢得联赛冠军的教练和保持球队水平的教练。在后一类教练中，你可以选择普利斯、布鲁斯，现在还有普耶特——他现在的工作很了不起，因为他还进入了杯赛的决赛。然后就是将要获得联赛冠军的佩莱格里尼或者工作成绩同样显著的布伦丹·罗杰斯，因为他们都打出了非常吸引人的比赛。"

当时，争夺冠军的是三驾马车——曼努埃尔·佩莱格里尼的曼城队、罗杰斯的利物浦队和穆里尼奥的切尔西队。但是，温格心中只有两支球队。当温格在2014年10月再一次与穆里尼奥对阵时，敌意继续积累——这场比赛还有一个插曲，前阿森纳队长塞斯克·法布雷加斯自加入切尔西之后第一次面对旧主。这场比赛是穆里尼奥与温格长期争斗的最新发展，也可能是最令人难忘的。

周日下午的斯坦福桥球场，就在新闻记者席前方的教练席和技术区里，两人上演了一场引人注目的对抗，温格推搡了穆里尼奥。温格声称他离开自己的技术区，跑到穆里尼奥一边，是因为他想要靠近阿莱克西斯·桑切斯，

温格：阿森纳时代

看看他遭到加里·卡希尔粗暴犯规之后是否严重受伤。相反，穆里尼奥说自己很愤怒，因为他觉得温格试图让裁判将卡希尔罚下场。当值裁判马丁·阿特金森向卡希尔出示了黄牌，而第四官员乔恩·莫斯将扭打在一起的两位教练分开。这成了第二天体育版上的头条，《泰晤士报》称切尔西"轻取对手"。《太阳报》称此为一个"耻辱"。

温格在新闻发布会上辩称自己是无辜的，并说那算不上是推搡。最引人注目的是，这件事凸显出温格有多么高大，因为他比穆里尼奥高出一截。对温格来说伤心的是，按照美式橄榄球的说法，阿森纳队没能伤到切尔西队一根毫毛。0∶2的失利好过0∶6的惨败，但这是阿森纳队从2003年10月以来第一次在整场比赛中未能射正球门——这个令人难以置信的统计数字可能说明，虽然这场比赛的比分更接近，但是阿森纳队完全无法取胜。这也许能够解释温格在新闻发布会上的表现。当被问到是否后悔推搡穆里尼奥时，他坚称不应该如此描述他的动作，他几乎是在说："那也叫推搡？我会让你们看看什么是推搡！"

温格说道："你们应该能够看出，我是不是真的想推搡【你们】。来吧，老实说，我没有听到他在说什么。接下来的两周里，我相信你们会给我上所有的道德课，我可以接受。我在这项运动里待的时间够久了，知道正确的行事方式。"

穆里尼奥后来声称，如果是他推搡了温格而不是相反的情况，他会被"禁止入场"的。他说："因为这是一场重要的比赛，有大牌俱乐部，激烈的竞争，这场比赛对双方都很重要，因此场内的热度很高。我认为这些情况使比赛变得情绪化了。此外，场上有两个技术区，一个是我的，一个是他的。他进入我的技术区并没有正当的理由——他不是来做技术指导的，而是来这里催促裁判给红牌，我不喜欢那样。"

奇怪的是，温格此后相当放松。实际上，新闻发布会之后我在场上看到他时，他面带微笑，还和我打了招呼。令他不快的是，阿森纳球员洗澡更衣后走向球队大巴时，他看到阿森纳花4200万英镑买来的中场大将梅苏特·厄

第十章 老对手

齐尔和穆里尼奥在场上拥抱,今天这位球员的表现遭到了电视评论员格雷姆·索内斯和加里·内维尔的猛烈批评。

穆里尼奥曾经在皇家马德里队训练过厄齐尔,曾宣称后者是世界上最好的十名球员之一,他大声喊道:"梅西耶!",然后给了厄齐尔一个大大的拥抱。他们在球场中央聚精会神地聊天,穆里尼奥甚至捏了捏厄齐尔的肱二头肌,好像在告诉他要增强肌肉。

温格最初坚称没有什么可道歉的,但一周以后,他向穆里尼奥致歉,不过他坚持说英国媒体对此事过分渲染了:"他们过于重视这件事了。事后看来,我想我应该完全不做回应;这不是足球圈的行为方式。我始终后悔任何暴力表现,所以我为此事道歉,但那是狂热比赛的一部分——而且我们有很多的过节。穆里尼奥有没有激怒我?那是我的感受。我并没有进入切尔西队的技术区。"

观察这种竞争关系如何发展是很有趣的,尤其是在阿森纳队未来能够迎头赶上的情况下。当然,和温格有分歧的教练并不只有弗格森和穆里尼奥两人。2006年11月出现过另一次事件,同样也出现了相互推搡的情况。

在这场比赛中,温格在西汉姆教练艾伦·帕迪尤庆祝绝杀进球时推搡了他。温格因为"挑衅行为"被罚款1万英镑,而帕迪尤公开道歉。此后,两位教练之间出现了潜在的不满情绪,帕迪尤曾批评温格使用了过多的外籍球员。温格在阿森纳队购买英国球员时忍不住进行反击。但是温格对帕迪尤不满的潜在原因是,他曾经多次邀请帕迪尤到阿森纳训练场观摩训练,帮助后者完成了教练培训。温格觉得没有从帕迪尤那里得到应得的尊敬。

毫无疑问:温格对某些教练会表现出愤怒的一面。与弗格森的竞争来自各自俱乐部的激烈竞争。对穆里尼奥的厌恶起源于温格感到失望的几年。温格习惯了主角和最佳教练的地位,而切尔西俱乐部用他们的支票本为穆里尼奥买来了成功。这是一种不公平的优势,至少温格是这么认为的。此后他陷于盛怒之中,其他的争吵就都很容易解释了。他对这一底线反应强烈并专注其中,这是他性格的一部分。

温格：阿森纳时代

但是，温格在教练圈子中最为亲近的朋友斯文-戈兰·埃里克森清楚地说明了他的另一面，当我给身在中国的埃里克森打电话时，他发表了热情洋溢的评论。他们交往日久，前英格兰队教练埃里克森对温格的执教生涯充满敬意：

我想我们第一次见面是在意大利，可能是罗马，那是在他接管阿森纳队之前许多年的事了。我始终相信他会成功，因为他是个非常聪明的人，很有智慧，他对足球的知识当然也极其渊博。他是为足球而生的……

对他【在阿森纳】取得的成功我一点也不吃惊，因为他是一位很有天赋的教练，组成了一支很好的球队，打出了漂亮的足球。许多年来，他们都有相同的后卫线，我想有整整十年了吧。

此后，他在阿森纳队培养了这种踢球风格，这是一种与众不同的方式；他们的传控球和其他任何一支球队都不一样。多年以来，其他球队都打不出阿森纳队那样的比赛。他们有不可思议的风格、出色的战绩，并引入了皮雷斯、亨利、维埃拉等法国球员。他们都是顶级球员。他还有另一位出色的球员——博格坎普。

我从未见过他真正发怒，很少看到他发脾气。他是个很好的人。我在伦敦时，很多时候都和他一起吃饭；我们在一起时，大卫·戴恩也在场，聚会常常是在大卫的家里举行的。

阿尔塞纳的优点之一是，他不会一天24个小时都在谈论足球。他可以谈论其他的事，政治、音乐等无所不谈。他是个很好的伙伴，总是令人快乐。他可以谈论任何主题，无所不知！他是个健谈的人。

阿森纳俱乐部也是一个经济状况很健康的俱乐部，我猜，因为财政压力，近年来已经很少有俱乐部具备这种条件了。但温格是一个很理智、很聪明的俱乐部经理。温格和俱乐部、球迷以及球员已经享受了一代人的巨大成功。他们建立了一个王朝，以及可以在多年内保持成功的某些特质。最近几年是很困难的时期，但阿尔塞纳还是值得钦佩的，因为他的哲学保持了俱乐部的稳定。他们每年都能进入冠军联赛，每年！这是一个了不起的成就。始终能在冠军联赛中征战是难以置信的。尽管球队搬迁到新球场，他仍然完成了这一目标，这对他是很困难的。

当然，支持者们想要奖杯。你怎么评判成功？当然，你想成功，但是往往在俱乐部购买了昂贵的球员之后仍然无法保证成功。你必须为在世界最好的联赛之一中保持顶级球队的地位，每年参加冠军联赛和踢出精彩的球赛而感到高兴。那是不可思议的。而且，他们没有负债，这是难以想象的成就。

我们总是谈得很多，就足球之外所要做的事情开玩笑。阿尔塞纳是为足球而生的。他不止一次告诉我，他永远都不退休。我们谈论球员、合适的球员、为英格兰联赛做好准备的球员。当然，人们仍然会谈论参加2006年世界杯的西奥·沃尔科特【在此几个月前，16岁的沃尔科特加入阿森纳，现在仍在为该俱乐部效力】。这是一个很重要的决定。他总是告诉我手下英国球员的所有情况——健康状况和比赛中的表现。那对我很重要。他还会告诉我球员的训练情况等。当然，西奥·沃尔科特是又一个例子——当他说这位球员已经准备好了，我很愿意听取他的意见。

很难为伟大的教练排定座次，但他在最好的教练之列。之所以说他是顶级教练，是因为他已经带来的成功（这方面的例子太多了），以及他率队踢出的精彩比赛。阿尔塞纳是一个传奇，一个活生生的传奇。一讲起他，你就会立刻想到阿森纳队，以及他所创造的引人入胜的踢球风格。在我们的工作中，很容易碰到沮丧或者愤怒的事情，但是阿尔塞纳不会这样。他总是保持着很好的个性，他真是个了不起的人。

多年来，来自不同学派的教练菲尔·布朗与温格经历了恶斗、争吵和球队之间的数次较量，他也对温格赞赏有加。布朗曾在博尔顿队担任萨姆·阿勒代斯的助理教练，曾执教过赫尔城队（在2010年被阿森纳队击败后遭到解雇），他讲述了温格的另一段故事，这与温格不喜欢和其他教练在赛后一起饮酒的共识不一致：

我遭到赫尔城队解雇不是他的问题；那只是压垮骆驼的最后一根稻

温格：阿森纳时代

草。他们赢得并不容易——93分钟他们才射进制胜球，而我们在大约35分钟时就以十人应战。赛后，他和我握手，然后一起喝了一杯，周一我就被解雇了。五天以后，他在主场的比赛日志中写了关于我和我在赫尔城队完成的出色工作的内容。

他没有任何必要这么做。这只是他与教练同行产生共鸣的证明。他对我做过那样的工作却丢掉职位表示同情。对我来说，这是大人物的气质。

我曾经听说他很冷漠，但那可能是他的风格，甚至是一种策略。他会尽一切所能取得优势。那是他作为战术家甚至战略家的证明。他让我想起战争中的将军，一切都在计划之中。他试图为球队带来最大的赢球机会。从长期看，他可能将这视为一场战役，就像在战争中那样制定战略。

我不认为他会经常拒绝参加赛后饮酒活动。但是每个人都有自己的看法。我们都有不同的风格，赛后饮酒是英国的传统。如果你到国外去，那些人不会这么做。这关乎文化，有些外籍教练很难理解我们为什么要这样做。

布朗还回忆了自己担任阿勒代尔助理教练时的艰苦斗争，当时阿森纳队与博尔顿队有过激烈的竞争。布朗率领的赫尔城队也曾经与阿森纳队的塞斯克·法布雷加斯卷入一场球员通道争吵，他认为温格有时候不喜欢英国球赛中过分仰仗力量的一面，但是温格此后已经适应了：

萨姆激怒了他。你又可以看到另一个为打击对手进行规划和制定战略的家伙了。萨姆惯于为阿尔塞纳和他的球队设下陷阱。和阿尔塞纳不同，萨姆会寻找各个球队的弱点——包括教练组成员或者俱乐部本身。他所做的一切确实有效。

两队之间发生了一些斗争，严重的斗争。你不会真的将阿尔塞纳的球队看成喜欢争斗的球队，但是他们会以不同的方式斗争。阿尔塞纳会用漂亮的方式赢下球赛，有时候，我和萨姆则会采用丑陋一些的方式赢球。

那可能是阿尔塞纳对英国足球最难忍受的一部分了。我认为他花了很长的时间才克服。他找到了更多的应对之策。他更加理解英国足球了，阿森纳队也得到了长期的好处。

赫尔队和阿森纳队的冲突对阿尔塞纳·温格来说并不算是真正的问题；那更多地与塞斯克·法布雷加斯有关。很明显，法布雷加斯是温格的延伸——他是球队的队长。无论如何，这一事件都是令人讨厌的。但是我不喜欢提起它；它已经过去了，不能将它与阿森纳足球俱乐部、阿尔塞纳·温格或者塞斯克·法布雷加斯画上等号。

布朗认为，温格的经历和管理能力足以让他进入有史以来最伟大教练的行列：

毫无疑问，他是在这个国家工作过的杰出外籍教练之一。至于在有史以来最伟大教练中的排名——我所说的伟大教练包括亚历克斯·弗格森爵士和博比·罗布森爵士等人——我认为很难比较。他绝对是伟大教练中的一员。

如果你看到他在前8年中赢得的荣誉以及他们的比赛风格，一定会觉得难以置信。伟大的教练不管来自国外、英格兰还是苏格兰，他们都可能经历赢得奖杯的时期和无法夺杯的时期。

看看比利·香克利和利物浦队——他在早期赢得了那么多荣誉，获得那么大的成功，但是接下来却在7年中一无所获。但是他和温格一样再次回到竞争中来。温格经历了8个无冠赛季才重夺足总杯。你将香克利列入伟大教练之列，有着同样经历的阿尔塞纳·温格肯定也是这些伟人中的一位。

这些评论都凸显了温格的对手和同行对他获得成就的尊重，他在英格兰联赛外籍教练最长的执教生涯中获得了这些荣耀。作为一名与众不同的外籍教练，人们最初对他有些怀疑，但是他却成为了英国足球的重要组成部分——经过多年的观察，媒体也已经从他身上发现了这一点。

第十一章
与新闻界的关系

2011年8月，阿尔塞纳·温格坐上前往的里雅斯特的包机，从面前的座椅背包中拿起机上杂志。《BMI旅行者》杂志上有一篇对阿森纳队前队长托尼·亚当斯的采访，文字引人入胜但谈不上奉承。亚当斯在采访中说道："我深深地喜爱阿尔塞纳，但是当教练不是他的强项。"

这篇采访来得不是时候。阿森纳队飞往意大利参加与乌迪内斯队的冠军联赛附加赛第二回合，温格面临各种压力，塞斯克·法布雷加斯已经被卖掉，萨米尔·纳斯里也即将出售，亚当斯似乎想要打破温格的神话。

在记者彼得·沃茨的长篇采访中，亚当斯坚持说温格的饮食改革被高估了，他只是幸运地继承了好的球员，他甚至算不上是好的推动者。

"1987年我们就读过关于饮食的书籍，那是在阿尔塞纳来俱乐部十年之前。阿尔塞纳有自己的想法和策略，并带来了一位整骨医生和一位针灸医生。但是这一切都不是秘密。如果你没有出色的球员，饮食不能改变任何东西，在阿尔塞纳·温格执教的最后六年里，我仍然吃鱼和薯片。每个周五我都会

温格：阿森纳时代

去普特尼桥，点上一份炸鳕鱼和薯片三明治，坐在那里欣赏河边的景色。"

亚当斯对温格的训练方法作出了轻蔑的评论，虽然他强调自己"尊敬和喜爱"温格，但是却说乔治·格拉汉姆1991年率领的球队是他所效力过的最好的一支阿森纳队。

亚当斯甚至要求沃茨在采访中使用缓和的语气，最初他在采访中对温格执教能力的评论措辞更为尖锐。对于乘坐同一架包机的记者们来说，亚当斯的评论只会令深陷风暴的温格和阿森纳队雪上加霜。该俱乐部在乌迪内斯的第二回合比赛中有被淘汰出冠军联赛的危险；他们失去了大牌球员，在转会市场上也还没有大的作为；温格作为教练面临严重的问题，人们质疑他是否正在失去或者已经失去魔力。在这个时候，他的前队长似乎又在背后捅了一刀。

不用说，在我们乘坐同一架飞机回家时——阿森纳队击败乌迪内斯渡过难关——椅背上的机上杂志已经被拿掉了。那是俱乐部给予温格的典型待遇——努力地保护他免受批评。

虽然温格声称自己不看报纸，不在意上面写了什么，但是当他来到英格兰，大卫·戴恩向他建议，《每日邮报》可能是他会喜欢阅读的报纸之一，因此他开始在家里订阅这一报纸。如果《每日邮报》上有什么令他烦恼的内容，你就能看出来，因为他会提起。

训练场上常常有一些恶作剧。他们通常在各处散发每一种报纸。如果某位教练或者职员想要表明某种看法，他们会在温格肯定能看到的地方放一张报纸。"看看他们现在写了些什么"，他们会这么说，试图讨好温格，同时贬低媒体。温格并不痴迷于报刊上写的东西——但是如果他说自己不在乎，千万别相信。他当然在乎。

温格观看《当日赛事》节目，但是对专家的评论相当轻视。他同样蔑视电台听众热线和足球访谈节目，而且说自己从来不关注推特。

我对社交网络唯一能说的就是，谁都可以侮辱任何人，即使那不是真的，这可能是现代社交网络的弱点。明天，你可能会在毫无防备的情况下被任何人侮辱。我完全不认为这会影响教练的行为。今天，人们的消息更灵通了。我们最近在【联赛教练协会】会议上进行了辩论,会上一些人觉得深受社交媒体之害,但是我们无法阻止这种情况的发生。

我们不得不忍受,可能要重申我们的团结,让俱乐部内部变得更强大。在这个时代,主教练可能需要比以往更坚强的信念,因为你受到比以往更多的质疑,那可能是我们需要面对的新挑战。我们做的一切都会被质疑,有时候人们是对的,我们确实犯了错误。

我从不关注社交媒体,从不。你从广播中知道有这么一个网络,人们在其中进行辩论。我甚至不知道它的存在,我在这里已经17年了。

我在日本得到了一个很大的教训,因为刚到日本时,我不能理解或者阅读任何东西。所以即使是说我绝对没用的记者,我也会在第二天的新闻发布会上欢迎他的到来。

那么,他听什么呢?温格回答道:"古典音乐或者20世纪70和80年代的流行音乐。"

温格知道谁是采访中的"常客"。阿森纳没有派系,但是他对一些记者比对其他人更友好些。这让我觉得,他知道谁在提问、撰文或者广播时更有同情心。

他的新闻发布会可以令人非常愉快;他很有魅力、幽默并且喜欢开些无恶意的玩笑。但是,多年以来,他和新闻界的关系已经改变,他自己也改变了。

在阿森纳每年都赢得奖杯的成功时期,温格欣然接受赞扬,更多地做媒体的工作。他的赛前新闻发布会将从接受电视采访开始;然后他单独接受一组电台采访,接着是各大日报的单独采访。当他刚来时,他会在训练场上完成这些采访,在旧训练场遭到大火破坏时,他在圣奥尔本斯的思博温酒店接受采访。最终,新训练场建成,其中有一座单独的"媒体大楼",所有采访都在那里进行,主训练场则成为了不可侵犯的圣地。

比赛之后,温格会接受各种电视和电台采访,然后进入酋长球场豪华的主新闻发布室,如果比赛在周六举行,他就会到一个像软垫病房一样的小房间里接受各大日报周一专栏的采访。但是随着时间的推移,温格已经削减了

温格：阿森纳时代

赛前媒体工作的时间，采访也比以前更匆忙。这与阿森纳不再那么成功、获得赞誉较少的情况保持一致。

但是，温格通常很合作，也很耐心。不过有些时候，他的耐心也会消磨殆尽。2014年11月，他对阿森纳的传媒主管马克·贡内拉喝道："该死的，马克，这太长了。"他抱怨的是给每家电视台和电台、网站17分钟时间太过分了。此后，温格不得不单独设立一个"报纸环节"，为我们提供不同的角度。我们有7分钟的时间。近来，我们都挤在房间前面的一张桌子周围。过去，我们可以进入一个单独的房间，得到更多的时间，甚至开开玩笑，有些时候（只是有些时候）他会给我们一些非正式的帮助和信息。

我记得，2009年11月阿森纳拼命追逐新中锋时，一月份的转会窗口出现了很多流言。我厚着脸皮写下一系列前锋的名字，将这张纸片放到桌上，让他在坐下时能够看到。其中一个名字是艾登·阿扎尔。温格打开门走进来坐下，立刻就看到了这张纸。

我笑着说："阿尔塞纳，我只是想给你一张购物清单。"

"哦，这很有趣"，温格指着阿扎尔的名字说道。

另一个名字吸引了他的目光，我问道："你喜欢他吗？"

温格说道："他是一名好球员，我喜欢他。但是我们已经有太多伤员了，无法承受一周双赛。"

温格在记者招待会上常常显得很有趣，特别是我们可以在单独的房间坐下来谈话的那些日子里。当有人告诉他《卫报》的杰米·杰克逊结婚了时，他问杰克逊在哪里度蜜月。杰克逊告诉他去了泰国。温格眨眨眼笑道："多浪费啊。"

温格常常就我们中许多人有他的电话这件事开玩笑。他会笑着说："我敢肯定你会打电话给我。"近来，他更多地用短信而不是电话回复。但是我总是记得2004/05赛季结束，英超联赛裁决阿什利·科尔"挖角"案之后给他打的电话。温格接电话时明显在一个游乐场所（可以听到背景中的噪声），他似乎带着女儿莱亚。

第十一章 与新闻界的关系

在他坚持不愿意谈及这个案子之后，我为打断他的家庭假日道歉，并说我愿意让他回到家人身边。不过温格并不着急，他礼貌地和我闲聊了一会儿，问了我的近况，问我假日去了哪里。在他情绪好时，是个很好的伙伴，也愿意满足新闻界的要求。

我们经常会在大赛（世界杯或者欧洲杯）上见到他，并且和他聊天。在2014年巴西世界杯决赛后的周一，温格在机场见到了来自英国新闻界的一些熟面孔，径直走了过来。

当几位记者看到温格在一次大赛中和杰拉德·霍利尔一起从酒吧出来时，他看上去有些难堪。他喜欢饮酒和晚间外出——但不是在我们面前。他非常注重隐私。

当然，温格和新闻界也有过冲突。在一系列报道惹怒他之后，我所在的《每日邮报》被禁止进入训练场——但是我一直不知道惹怒的是他还是新闻官。我的同事开了个玩笑，在桌子前的一张椅子上放了张A4纸，上面写着"克罗西的座位"，强调要留着那个空位。温格和大家一起笑了。在他削减这方面工作之前，我们相处很愉快，他对自己的时间总是很大方。他提供了可以引述的材料，我们大部分人都不在意他迟到的坏习惯；有时候，如果周五下午的训练延长，他会比计划的时间晚两个小时抵达。

2009年10月温格60岁生日将要来临之际，我组织大家集资为他买一瓶好的红酒。我找到他喜欢的牌子，凑了100多英镑。然后，在一个周五新闻发布会之后，我们等在外面，送给他这个小礼物。他看上去真的很感动，露出了微笑。第二天，阿森纳新闻官阿曼达·多彻蒂问我们为这瓶酒花了多少钱。我问道："这酒可以吗？"她回答道："我不敢肯定。"看起来，一瓶100英镑的酒还满足不了他的味觉。

温格将他的新闻发布会移到训练之前，并逐年减小规模。近来，他尽可能地少和新闻界打交道。为各人日报留出单独房间的安排在2011年2月取消了，当时埃弗顿队教练大卫·莫耶斯宣称塞斯克·法布雷加斯批评裁判李·梅森，他认为法布雷加斯应该得到一张红牌，导致了一场球员通道中的

温格：阿森纳时代

争吵，温格对媒体事后的报道感到不快。

我进行了交涉，温格承诺在赛季结束时他将坐下来谈论此事，但是他不再那么温和了。现在，我们中的少数人只能挤在新闻发布室贵宾席上。相反，何塞·穆里尼奥在赛前直播的新闻发布会之后为国内报纸留出了20分钟，其他教练更多。

多年以来，温格都是法国TF1电视台的嘉宾评论员，并以解说嘉宾的身份作出过有争议的强硬评论。2009年11月，在世界杯预选赛附加赛对爱尔兰队的比赛中，蒂埃里·亨利以一次声名狼藉的手球犯规帮助法国进入决赛圈，温格坦诚地批评了他的前爱徒，敦促他悔改和道歉。温格在直播中说道："人们【应该承认】，但是他们没有，我们知道是出于压力和利害关系。如果你在对方的阵营里，我们打进的那个球是难以容忍的。我们应该用不同的方式晋级。整个体育场都看到了这个手球，但是裁判却视若无睹。这不是法国人的方式，足球界应该从中得到教训。"

"赛后我和蒂蒂【亨利】谈过，他知道这是不正确的，但是要停止比赛只能靠裁判。最终，我们依靠裁判的错误、手腕的力量和爱尔兰人在球门前的笨拙出线了。"

但是当温格强硬的评论传回英国媒体时，他就变得越来越不那么直率了。可能是这个原因，温格不再担任TF1的解说嘉宾了——比克森特·利扎拉祖更经常充当这个角色——但是他仍然为TF1做一些工作，定期接受采访。

虽然常常抱怨繁重的媒体工作，温格还是每个月参加拜因体育（前半岛电视台）的工作，因为他和纳赛尔·艾尔-赫莱费很友好，后者不仅是这个电视台的首席执行官，也是巴黎圣日耳曼俱乐部的首席执行官。当有人将他和巴黎圣日耳曼俱乐部联系起来时，温格就会说他和这家俱乐部高层的关系是因为半岛电视台和拜因体育的工作，他担任这家电视台的足球报道顾问。在工作的其他方面，温格抱怨媒体工作太多，同时又愿意接受一家富有电视台的有偿采访，说明他的积极性来自金钱。

温格承认自己利用了媒体；他曾经坦承在伤病情况上撒了谎，他对球员

第十一章　与新闻界的关系

养伤时间和何时回归的模糊态度总是令阿森纳医疗团队沮丧。近来，他们有时候会建议球员花费比实际情况更长的时间康复，因为温格可能会有不同的说法。在2013年8月联赛开赛日负于阿斯顿维拉队的比赛中，亚历克斯·奥克斯雷德-张伯伦遭遇的膝伤就是一个例子。他需要休息超过三个月的时间，但是温格最初说的康复期是一个月，这导致球迷的愤怒，因为这名球员恢复的时间比他说的要长得多。

关于这个话题，温格在2010年10月说道："如果你问我是不是曾为了保护球员而向新闻界说谎，答案就是确实有过。后来我不那么做了，这使我感觉很舒服。但是，如果那样做是为了我的球员，那就是正当的。当我向新闻界说谎时，总是先和所提及的球员谈话，使我们的故事像真的一样。"

"如果你问球员，他们希望每三天就踢一场比赛，但是如果问教练，有时候他们觉得应该让球员休息。球员的心理和身体都可能疲惫。如果你关注统计数字，就会吃惊地发现，当球员每三天踢一场比赛时，在奔跑距离和冲刺跑方面的表现并没有下降。变化的是思维的敏捷度。"

同样，在伦敦科尔尼训练场媒体大楼中造成难堪的并不只是关于伤病的"善意谎言"。

自从一位经纪人被指控在训练场大楼中四处闲逛，怂恿某位球员离开现任经纪人而引发争吵以来，经纪人已经被禁止进入训练场大楼，现在他们关于球员的会谈都在媒体大楼中举行。

伦敦科尔尼的训练场占地面积很大，球场条件极好。实际上，温格推崇一种理论，训练场地应该比体育场更好，因为球员们更经常使用它。

训练场在主楼后面，广阔的白色玻璃结构隐藏在一个巨大的白色室内体育馆之后，球员们可以在其中进行秘密训练。媒体大楼和室内场地相邻，楼内还有阿森纳女子足球队教练办公室、青年队培训师、球员联络官，对我们记者来说，最有趣的可能是迪克·劳的办公室，他是阿森纳的转会协调人。

和所有参与转会生意的人一样，劳总是很谨慎——特别是在记者中间。但是当我们从媒体大楼的窗户向外看，能看到一辆漂亮的宾利、法拉利或

温格：阿森纳时代

者保时捷停在外面的停车场，就很容易知道又有一位经纪人来了。在少数场合，甚至会有一位球员现身。阿森纳俱乐部的转会保密工作做得很好，但是如果你知道谁负责这个复杂的项目，那么就有可能在过程中抓住他们。

在转会上，往往有一种"温格密码"。我们这些多年报道温格新闻发布会的记者已经学会理解他的否认程度，从完全无视流言，到温和的反驳——那常常暗示着兴趣，然后是少见的情况：确认。微笑代表着转会的可能性；神经质的笑容表示转会处于微妙的阶段；断然否认则绝对是志在必得的态度。

我最喜欢的转会传奇和猜测温格转会的游戏始于2008年12月。塞斯克·法布雷加斯当时因为膝伤长期无法上场。阿森纳俱乐部已经注意安德烈·阿尔沙文一段时间了，在一次电视采访上，温格直接否认了对阿尔沙文的兴趣。但是随着一月份转会窗口那几周时间过去，温格开始表现出他们有兴趣的迹象。他说："我们还有一段路要走。"

我打电话给阿尔沙文的经纪人丹尼斯·拉克特，了解事情的进展。我很少引用经纪人的话，这次是个例外——主要是因为听起来很像温格说的话。为人实在的拉克特说道："我们知道阿尔塞纳·温格喜欢阿尔沙文的长相。但是我也喜欢安吉丽娜·朱莉的长相，那并不意味着你就能得到想要的东西。"公平地说，温格从不回避问题，那也就是他受到媒体欢迎的原因。

当然，有些新闻发布会上温格也会显得焦躁不安。实际上，最近有不少这种情况。在失利之后，他往往很急躁，难以接受记者的提问。2014年10月，阿森纳队和赫尔城队在酋长球场战成平手之后，我吃惊地看到，许多记者认为他在《当日赛事》的赛后采访中粗鲁或者"丢脸"。英国广播公司（BBC）称这是"不舒服"的采访。老实说，在成绩不佳之后，那已经是他的"好心情"了。

当阿森纳队在2013/14赛季的揭幕战中负于阿斯顿维拉队时，他们没有做出重要的签约，球迷们厌倦了失败，温格成为舆论的焦点。在比赛中，球迷举着写有"Spend, Spend, Spend"（花钱、花钱、花钱）字样的横幅。到

第十一章 与新闻界的关系

处充斥着恶毒的人身攻击和带来深深伤害的辱骂，替补席上靠近温格的人们说，那时候他所要忍受的比以往都要多。温格总是坚称自己不听这些——但那是令人恐怖的骂声，而且来自于自己的球迷。比起客场比赛时总是会听到的歌声，这些嘲讽的恶毒程度令一些教练组成员都深感震惊。

在以1:3失利之后，温格在新闻发布会上焦躁不安、紧张且恼怒。他对聚集在酋长球场宽敞的新闻发布室的媒体说："你们得到自己想要的东西了，应该感到快乐。这就是赛季开始之前你们在文章里写的，那么你们还期望什么呢？"温格怒气冲冲，已经无法掩盖对媒体和裁判们的愤怒，他声称维拉队的运气来自裁判的一些决定。

三天之后的伊斯坦布尔，温格在冠军联赛附加赛对阵费内巴赫队前的新闻发布会上显得更加好斗，他失去了对新闻界的耐心，上演了一场相互指责的戏码。

纽卡斯尔联队教练艾伦·帕迪尤曾对阿森纳队企图签下约翰·卡巴耶提出批评，两个俱乐部的谈判进行得很不顺利。当迪克·劳致电纽卡斯尔老板麦克·阿什利，提出以1020万英镑的价格转会卡巴耶时，阿什利立即以嘲讽回应："你想买他的哪一部分？"劳向他保证，这个报价是真实的，但是阿什利说，如果他们是认真的，那么至少要提出2000万英镑以上的报价。

阿森纳队的一切都不顺利，对于温格来说，最担忧的问题是未能签入球员、纽卡斯尔联队的怒气和俱乐部受到的越来越大的压力。此时的他特别易怒，由于与费内巴赫队的赛前新闻发布会很晚开始，也没有时间开玩笑了。会上充满了争吵和愤怒，温格越来越恼火。"我们不想伤害任何人，不是纽卡斯尔，也不是其他任何人。你们不能一方面指责我们不购买球员，另一方面又在我们要签下球员时也横加指责。这有些自相矛盾了。"

"我只想向你们重申，在过去16年里，我们在转会上做得很成功。如果你们关注在这里踢球的球员，就会发现他们是素质最高的球员。你们永远不应该忘记这一点。不要总是认为外面的比你拥有的更好。重要的是评估自己拥有的球员，我们的球迷必须理解。"

温格：阿森纳时代

这是第一次我们没有随队出征欧洲赛场的客场之旅——阿森纳俱乐部已经更换了旅行社，媒体和球迷不再随队出征——有人怀疑，我们因为对要自己出行感到不满而变得"恶毒"。一位新闻官员斥责我们过于好斗。这完全不是事实，阿森纳队苦苦挣扎，我们必须提出问题。

在接下来的24个小时内，情况开始好转，阿森纳队在伊斯坦布尔获胜，更重要的是，他们与皇家马德里讨论关于签下其三名可出售球员（梅苏特·厄齐尔、安吉尔·迪马利亚或者卡里姆·本泽马）之一的消息传出。这三名球员与皇家马德里的合同都已到期；阿森纳队只想要得到其中的一位，厄齐尔最终决定离开马德里前往酋长球场。

没有什么比一场胜利更能改善教练的情绪了，阿森纳队在这一赛季的风向很快转变，厄齐尔的到来预示着整个俱乐部历史上的一个转折点。创纪录的4250万英镑转会费使阿森纳队回到了主要竞争者的行列，这也是几年以来他们第一次完成顶级球员的交易。

同样地，没有什么比真正的惨败更能令教练烦恼了。阿森纳队极度需要一个奖杯。冠军荒从2005年足总杯持续到2012/13赛季，球迷们已经变得焦躁，对无冠的日子失去了耐心。这在阿森纳队于联赛杯1/4决赛中战平布拉德福德队时开始了。温格似乎体会到这种情绪，放弃了他派遣年轻球员的习惯，派上几乎全部主力阵容来对抗这支乙级球队。令他伤心的是，事与愿违，他们在点球大战中失利。

2012年12月的几周是温格最为难受的一段时间了。他在布拉德福德接受天空电视台盖伊·哈沃德的赛后采访时失去了冷静。哈沃德问道："这是不是你到阿森纳之后最耻辱的一次失利？你输给了一支英国第四级别的球队？这是不是缺乏素质的表现？"当再次被问到熬过这样"耻辱性的失败"有多困难时，温格看上去心烦意乱，他说"熬过困难时期是我们的工作"，然后他快步走出了采访区。

三天之后在训练场上，温格当然还没有渡过难关。当他走进新闻发布室坐下时，嘴里嘟囔着一句对记者们轻蔑的话。温格应付了电视台和电台的问题之后，我们进入了报纸采访的环节。他特别遭到质疑的是热尔维尼奥，这位科特迪瓦国际球星表现不佳，在布拉德福德的比赛中错失了良机。谈话的过程是这样的：

你能理解支持者们现在的担忧吗？

温格：当然。

你是否看到了球员们周二之后的反应？

温格：相信我，我曾经拥有过一群球员，他们没有这些球员认真，但是却得到了很好的成绩。那些球员的精神没有这支队伍集中。

他们赢得奖杯了吗？

温格：是的。

那么，如果那些球员表现不佳，他们会不会伤心？

温格：当然，这些球员会伤心的。

如果那些球员比现在的球员好得多，你会不会对近三四年购买的一些球员感到失望？

温格：请说出名字？

好吧，你不会想要指出这些名字的，对吗？

温格：你可以指出来。

好吧，热尔维尼奥。热尔维尼奥、沙马克、桑托斯、帕克、斯奎拉奇？这些球员当中，有的是花大价钱买来的。帕克身上发生了什么？这些情况有些离奇。

温格：谁是花大价钱买来的？

热尔维尼奥？

温格：多少钱？

1100万英镑。

温格：他只花了800万。

你认为他现在发挥出自己的潜力了吗？

温格：你是说热尔维尼奥？

温格：阿森纳时代

是的。

温格：热尔维尼奥是一名好球员。

他是否在最好的状态中？

温格：我不想对个人作出评价。

但总体上说，你是否对签约球员的水平感到失望？总体来说？

温格：总体来说，什么？

这些球员是不是没有预期的那么好？

温格：沙马克是花大钱买来的吗？他是自由转会的。斯奎拉奇几乎是免费的。你不能说我们的球队毫无素质，他们都是国际球星。

我可能会错过两码处的射门，但是热尔维尼奥不应该……

温格：你可能，那么每个人都可能。

当阿森纳队在足总杯赛中主场第一次负于低级联赛对手布莱克本队时，情况就更糟了。三天之后，他们将在冠军联赛中对阵拜仁慕尼黑，而周一的《太阳报》体育版报道，温格接近于签下新的两年合同。这个传言已经出现了几周的时间，但是记者们通过电话核实，已经证明是个假消息。

自从和何塞·穆里尼奥关于"偷窥癖"的争吵之后被问到是不是真的有望远镜以来，我很少看到温格在一场新闻发布会上如此生气。而且，这一次是在电视摄像机的面前。温格发怒的原因是，那是一个微妙的时点：球迷们已经很愤怒，在温格看来，这一报道出现的时机很不恰当，会使球迷们更加恼怒，在大赛之前引起紧张情绪。从根本上说，温格所要传递的消息是，如果阿森纳准备宣布温格的下一份合同，那么会选择一个恰当的时机，而现在不是。他们也会坚称，最近没有任何进展。

训练场上的气氛很沉闷，温格无疑已经看到了这个传闻和《太阳报》的体育版。当球员们走向训练场——冠军联赛赛前训练的前15分钟是开放的，主要是为了摄影记者和电视台摄制组，但是所有媒体都可以观看——你可以看到温格转向采访区，狠狠地盯着记者们。

这是一场与大牌俱乐部进行的重要比赛，当温格走进新闻发布室，里面已经座无虚席，他和米克尔·阿特塔一起坐在主桌上，可以看出他的情绪不佳。温格经不起任何刺激，当被问及球员们在负于布莱克本之后，是否仍然相信自己可以击败拜仁慕尼黑时，他立刻厉声回答："为什么，你为什么要问这个问题？"

然后，他被问到将要签下新合同的消息是不是真实的。"这是个错误的信息。我已经在这里16年了，应该得到更多的信任，而不是错误的信息。发布这样的信息只有一个意图，那就是伤害我。这是彻头彻尾的错误。"

然后，温格转向来自《每日邮报》的尼尔·阿什顿，可能忘了后者是谁，或者以为他来自《太阳报》。

"你为什么盯着我看？"温格向他开火。

阿什顿回答道："因为这是你的新闻发布会。"

"我想是你泄露了这条消息。"

阿什顿说："那不是我的报道。"

温格立刻反击："那好，非常感谢你。"

在摄像机面前，这是充满火药味的15分钟，半岛电视台（现拜因体育）的卡丽·布朗回到现场说道："我想要表达的是，这是你赢得奖杯的最后机会……"

温格很快打断了她的话："感谢你的问题——很久以前就有人问过这个问题了。"

他继续说道："瞧，我曾被人指责对足总杯不够重视。我已经4次赢得足总杯，还有谁曾经做到过？我还被人指责没能带出一支强大的队伍。我们的首发阵容并没有输球；我们输在最后10分钟。我们不能接受这一大堆肤浅的分析。"

此后，布朗又一次试图得到答案。"那么，阿尔塞纳，你的渴望就只是进入决赛？"

温格暴躁地反击："我想输球。我希望明天输球，这样你们就都可以高兴了。"

温格：阿森纳时代

尽管气氛紧张，但是这场新闻发布会还不像和费内巴切队比赛前那场那么糟糕。然而，这一时期对温格和俱乐部来说都很困难，他们不可避免地被淘汰了——不过仅仅是因为客场进球少，在慕尼黑的第二回合中以2∶0获胜提升了士气。这场胜利成了催化剂，使他们在前四名的争夺上，从落后托特纳姆队7分一路紧追，直到最后一天反超对手。

根据欧足联的规定，俱乐部必须在比赛前一天派出一名教练和一名球员出席新闻发布会。温格的怪癖之一是，他在冠军联赛比赛中从不带和对手相同国籍的球员出席。例如，佩尔·默特萨克从没有在和德国对手比赛前出席新闻发布会。这一做法的意图当然是避免激怒对手，给他们提供"弹药"或者借口，不让某些教练找到在更衣室里鼓动球员的素材。乔治·格拉汉姆在1989年安菲尔德球场的夺冠之战前就这么做过，当时大部分报纸都认为阿森纳队没有机会。

温格很小心地避免给对手带来任何帮助，他在重大比赛之前总是很谨慎，因为不想说出任何可能煽风点火或者成为报纸谈资的话，这已经成为阿森纳新闻发布会常客们的笑谈。

虽然温格观看《当日赛事》节目，但是他承认自己对评论并不很在意，尤其是对阿森纳队防守的评论。2013年12月，尽管阿森纳队在联赛中名列前茅，但是所有专家都看低他们的夺冠机会，这时温格说道：

有时候我会观看【《当日赛事》】，有时不看。有时候，节目的内容不过是有个人说出自己毫无根据的意见。那个节目可能有点意义，但是如果评论根据的是怨恨或者热爱，或者仅仅是直觉，那么我会说："好吧，这是一种意见——他可能是对的，也可能是错的。"但是我有足够的经验，可以分析我们的工作和比赛中的表现，不需要其他人告诉我。我完全不会因此而心烦。

【评论员】往往没有做过什么可以支持其观点的工作。当然，【我从评论员那里收集意见】——如果你明天写篇文章说"因为那个、这个，我认为阿森纳队会赢得冠军"或者"因为其他一些因素，阿森纳队不会夺

第十一章 与新闻界的关系

冠。看看这些统计数字，他们总是重复相同的错误"，或者在文章上提供某些证据的话。

如果你只是说："阿森纳队将赢得冠军"或者"阿森纳队不会夺冠，因为他们已经8年没有夺冠了"。那么我会认为这只是一个观点。

当我刚来这里的时候，人们说我不可能夺得冠军，因为我是外国人。每个人都有自己的逻辑。我只会认为，夺得冠军靠的是自己的素质。如果我们在8年中没有夺冠，那是因为我们在赛季的重要时刻中表现得不够好。我们有很好的机会表现自己的强大，那么让我们抓住这些机会吧。

对艾伦·汉森批评阿森纳队的防守以及他们容易被抓住反击机会的问题，温格也表示轻视。

温格说道："你可能发现那种情况。只是一个特殊的事故，这种说法在那个晚上可能是正确的——我们在一个角落上被抓住了反击的机会。吉布斯向前移动了，他本应该待在后面。球传给了他，他带球向前，结果被对方抓住机会打了反击，最终导致阿特塔被罚下场。这只是一个意外，但那正是我们比赛欲望的体现。"

虽然温格有时在新闻发布会上会迟到很久，但是他很少取消发布会。不过，2014年3月和斯旺西队比赛之前他这么做了，两天之前，阿森纳队刚刚以0∶6客场负于切尔西队。这种做法当然落人口实，新闻官员不得不给所有人打电话，否认温格在更衣室里对球员们说他赛季末将离开球队的流言。

据很多人说，温格对与斯旺西比赛最后被扳平的恼怒比在切尔西主场时更甚，在与切尔西比赛时，他没有出现在赛后的新闻发布会上。在斯坦福桥的球员通道里，温格显得很疲惫，怒气冲冲地来回踱步，等着进入新闻中心，但是何塞·穆里尼奥忙着接受提问和赞扬，于是温格随后匆匆接受了电视采访，丢下等待着的新闻记者，登上球队的大巴。

记者们希望从新闻发布会上得到充足的信息；他们不希望听到简短的回答。充满烦躁气氛的新闻发布会很难成为一篇好的报道。新闻发布会的报道来自对教练讲话的引用。因此，情绪良好的教练说出的话，要比情绪恶劣的

温格：阿森纳时代

教练给出的回答更好。

温格对政治有着浓厚的兴趣，在法国大选之前，我问他是否会投票，会怎样投票。我甚至开玩笑地问他，会不会为"香槟社会主义者"们倒上香槟。

"我会在这里投票，"他说道，解释自己可以在伦敦为法国大选投票。"至于怎么投，我可不想让你们知道。"

2013年8月，温格说他和已在前一赛季末退休的亚历克斯·弗格森爵士通了话。弗格森对你们说了什么？"他说他爱你们。他想念报纸。在我走了以后，你们会想念我！"

在听说前BBC第5频道现场评论员大卫·奥茨去世时，温格表现出了他温柔的一面。温格坚持找到了奥茨的遗孀、也在同一媒体中工作的夏洛特·尼克尔，转达了他的慰问，并说了一些友好的私人话语。

历经多年，温格已经注意到所有记者支持的球队。例如，他知道英国报业协会的吉姆·范·维克支持诺维奇队，于是总叫他"诺-维奇"，这已经传为笑谈。当范·维克问到他的决心时，温格说道："我会和你一起出去，来一场一对一的较量，如果我没有打败你，就会一直想着打败你。"

范·维克说："我的膝盖已经不行了。"

"不要在我们开始之前就找借口！"

不管是终身从事媒体工作的记者还是球员出身的记者，对温格都充满敬仰之情，他也总是表现得体且面带笑容。即使在星期天他也会接听电话，如果话题（比如赞扬某个球员）吸引人，他就会愉快地交谈。前阿森纳队前锋约翰·哈特森现在已经成为了一名媒体评论员，他说：

我去报道欧洲赛场的比赛时，在伊斯坦布尔和他愉快地聊了一个半小时。那是比赛前夜，大约9点30分到45分的时候，所有球员们都去休息了。我们无所不谈。

他说我在西汉姆联队干得不错；告诉我在凯尔特人队时表现出色。我向他问起球员的情况——拉姆齐、威尔希尔等，以及他固执地不肯花钱的原因、他的哲学，他为我做了一些深入的分析。我们真正地做了长时间的讨论。我告诉他孩子们的情况，我现在做的工作以及对媒体工作的兴趣。他是那种不会因为媒体的评论而发怒或者烦躁的人。他说，阿森纳队已经承受过任何一种评论。如果曼联、曼城、切尔西都遭到噩梦般的经历，那么当阿森纳队陷入噩梦时，不会得到同样规模的报道。在那种情况下，所有人都会突然从地底下冒出来。

我在西布罗姆维奇队时，那里的当地报纸总是关注伯明翰队。阿森纳队似乎也是如此，到处都可以看到他们的名字。但是温格并不太在意这个，因为他知道媒体有工作要做。他帮助我真正深刻地理解，他在阿森纳队所要努力成就的目标，以及他不断给这家俱乐部带来的成功。

天空体育的评论员马丁·泰勒也记得自己与温格的第一次会面，以及他打招呼时的文雅举止："我在1992年优胜者杯决赛中遇到他，他当时执教摩纳哥，在决赛中负于云达不莱梅队。他们失利后，我走到球场上对他说，'很抱歉，我正在对这场比赛进行评论，您能告诉我您的名字如何发音吗？'他宽容地对我一笑，那是我们和他的第一次接触。"

泰勒回忆了在温格接掌阿森纳队几天后前去见他的情景，那是一条"双行道"：法国人希望了解英国媒体的运作方式，泰勒也同样希望了解阿森纳的新教练。

在他接过教鞭时，我要求与他见面。我们在思博温酒店会面，我觉得他不仅给阿森纳，也给英国足球带来了某种东西。那一个多小时的会面很愉快。他很迷人，我真的钦佩和尊敬他。

我们常常谈起其他问题。我记得在一场比赛前谈到了美国总统。那是在维甘。巴黎发生了一些骚乱，我们两人站在靠近更衣室和球员通道的空地上。在闲谈中我突然想起："离开赛只有半个小时了！我得上楼了，你该去更衣室了。"

你可以拦住他说："对埃博拉危机有什么看法？"我可以告诉你，他无所不知。他的一切并不都依赖足球，他是我遇到过的教练中最博识多闻的。

泰勒曾经历过温格和阿森纳队表现出色、糟糕和平庸的时期。现在，他

温格：阿森纳时代

似乎真心希望，即使相对拮据的时期已经过去，温格的传统仍然保持不变：

我想从那时以后，人们就在争论，温格的魔力是否已经消退、何时消退或者这种魔力仍然存在。我在他们赢得足总杯【完成1998年双冠王伟业】之后留下了非常愉快的回忆，我对他说："在足球上，你是不朽的。"在1998年时，这种情况是很少见的。托特纳姆热刺队在1961年第一次夺得双冠王，之后是1971年的阿森纳队，在我成长的过程中，双冠王一直未曾出现过。

我希望他留下的传统不会因为后来的岁月而变质。发明电话的人转而去发明盘尼西林是很难的。在18年中保持联赛前四名是难以置信的成就，那真的难以置信。

足球记者亨利·温特也有同感，他和温格的友好关系可以追溯到法国人刚刚执教的时候。温特了解温格的每一面，从脾气和魅力，到成功与失败。

温特说道："我参加了第一次新闻发布会，当时大卫·戴恩做了某些安排。我们对他没有太多的了解。他讲了大约45分钟，那绝对是引人入胜的讲话，他谈到了自己的哲学，表现出了带有讽刺的幽默感。"他还回忆起温格在2004年一场欧洲赛场的比赛后，对阿森纳新闻官员阿曼达·多彻蒂失去冷静的情景：

他确实是个有脾气的人。我那时在维戈塞尔塔的主场，攻进两球的埃杜正在进行药检，温格不得不留到12点，他站在后台，简直气疯了。埃杜已经答应了天空体育的采访，这在一定程度上是我的原因，因为我要在这里留宿一夜。温格火冒三丈，此后开始怒骂。几天以后，我写了一篇文章说，当你看到他发脾气时，就会觉得和"教授"的声望有些不符，我将这和他是一名伟大的教练联系起来，因为所有伟大教练都有那种时候。

我妻子曾见过温格，她很少和足球圈的人们会面，她说温格是在球赛中见到的举止最得体的人。他是最有魅力的男人，而且还记得我妻子的名字。

温格对球场之外和俱乐部的慈善工作也很有兴趣，是阿森纳基金会的有力支持者，温特解释道：

> 阿森纳俱乐部参与了切尔诺贝利和周围地区的救援工作。他们还送出了一些装备。温格对此发表了热情的讲话，并强调全世界必须联合起来提供援助。大约一年以后我收到了一封信，他谈到了阿森纳俱乐部对父母受到核辐射影响和死去的孩子们的救助。一位患癌症濒死的女孩要求将自己葬在阿森纳俱乐部的土地之下，因为在她的一生中，只有这个俱乐部的人们向她表现了爱心。所有俱乐部都在做那样的事情，但是温格对此非常非常在意。
>
> 我记得曾和尼克·霍恩比在自闭症特殊教育机构"树屋学校"的一次关于自闭症的慈善活动上合作。温格发表了关于自闭症及其含义的出色讲话，他对此十分了解。看到他在自闭症治疗中心里走来走去是很有趣的。你可以发现，他真的很关心这件事，他和患者们眼神交流、谈话，并对他们所说的话表现出了兴趣。这不是做秀，也不是为了让俱乐部的老板们高兴；他知道阿森纳俱乐部对人们生活的影响。他对此抱有理智的兴趣，我从没有在足球圈里遇到过比他更聪明的人。

近来，克莱尔·汤姆林森被认为是天空体育新闻的最佳主持人，但是在此之前她是英足总的新闻官员，1996到1998年在阿森纳俱乐部任职两年，她对温格的钦佩显而易见：

> 他从不回避问题。只有在听到他说"听着，听着……"时，你才会发现他被激怒了，他这么说是告诉你，他已经被惹恼了。他从不在新闻发布会上恐吓任何人，即使在执教早期也是如此。他从不只用一个词回答问题——即使在他渐入佳境的时候。他是那么谦和有礼，那么文雅，总是回答每一个问题。
>
> 在一个周四他走进办公室时，我给了他一大堆需要处理的事情，他问道："这是什么？"他不敢相信有这么多要求。三个月之后，我记得有一天走进他的办公室时只带了两张纸。他说道："克莱尔，你的那一大堆纸张呢？"我告诉他，其他事情都被我回绝了，他回复道："现在，你开始理解

温格：阿森纳时代

我了！"

他问我，他至少可以躲过哪些事务。我告诉他，必须参加周五的新闻发布会，如果星期天有比赛，还要为各家星期日报刊单独举办赛前和赛后的新闻发布会。必须分别参加为直播、电台、电视台和文字报道举办的新闻发布会。是否为外语媒体举行新闻发布会由他自行选择。

而且，我告诉他，如果他进行了一对一的采访，就必须接受所有媒体的相同采访。我告诉他，如果他不这样做，我就失去存在价值了。我告诉他："如果你接受了《镜报》的采访，就必须接受《每日电讯报》的采访。"他说："我可不愿意接受一对一的采访！"他坚持这一信条。他理解为各大日报、星期日报刊、电台、电视等单独举办新闻发布会的想法，它们之间都有某些不同。他是一个专心的人，全神贯注于足球上；他理解自己对媒体的责任，在这方面表现卓越。

汤姆林森公开承认自己是托特纳姆热刺的球迷，她记得1998年足总杯决赛阿森纳队实现双冠王目标之后，告诉温格自己将要离开时的情景。"我记得在离开时，我们在球场上边走边聊，他说：'克莱尔，这是你的最后一场比赛，你会想念它吗？'我告诉他，我会去看托特纳姆队的比赛。他开玩笑说：'所以你要离开去制作体育新闻。你将不得不去谈论板球。板球？不，我无法接受这一切。'"

"然后，他问道：'你喜欢足球吗？'我对他说：'阿尔塞纳，我们在一起共事两年了，你竟然问我喜不喜欢足球？'他接着说：'但你是一个托特纳姆球迷。'他觉得那是一件很滑稽的事。对这个男人，我只有尊敬。"

第十二章
聪明的人

"是的，我遇到了比利·比恩。我对棒球一无所知；那对我来说太难理解了。我在日本稍微接触了一下这种运动；这是一种流行的体育项目。名古屋有一支棒球队，所以我曾和该队的教练见过几次面。我从斯坦·克伦克那里知道，比利·比恩在棒球上取得了非凡的成就。他沉迷于统计学。"

"我也喜欢数字，因为重复出现的数字不是巧合。如果你认为自己的球队防守很好，如果你总是失球，那么数字会告诉你真相。但难的是用数字来描述表现。"

和大部分足球教练一样，温格试图使用统计数字来粉饰一场失利——例如，他们仍然多次射正球门，诸如此类——而在取胜的时候则用统计来强调球队的表现。比恩在奥克兰运动家队运用统计学和棒球经济学取得了成功，这一成就成为了一本书的主题，后来改编成了好莱坞电影《点球成金》。正如阿森纳俱乐部大股东斯坦·克伦克在多个场合指出的，比恩也是温格及其训练方法的粉丝。这进一步说明了克伦克对温格的尊重。他对这位阿森纳队教练的信任是不可动摇的。

温格：阿森纳时代

很明显，温格的吸引力中有一部分来自于他的能力——他率领阿森纳队年复一年地进入有利可图的冠军联赛。这种成绩带来了丰厚的回报，保证该俱乐部得以维持雄厚的财政基础。而且，温格多年来都能够发现年轻的球员或者尚未发掘的天赋，培养这些人并将其售出，赚取可观的利润。埃马纽埃尔·阿德巴约、尼古拉·阿内尔卡、萨米尔·纳斯里、马克·奥维马斯、埃马纽埃尔·珀蒂、罗宾·范佩西和科洛·图雷都证明了这一点。他们说明了温格的经济学。比恩的哲学很大程度上依赖于用统计学发现人才和潜力，但是也包括冒险地使用被低估的球员，然后售出赢取利润。这已经被称为"点球成金效应"。虽然温格承认自己运用了统计学，但和他亲近的人都不认为他真的支持《点球成金》里的想法。

但是，阿森纳俱乐部对这种经济学深信不疑。首席执行官伊万·加齐迪斯引进了亨德里克·阿尔姆斯塔特，担任商业开发负责人。他们还在2013年夏天聘请格罗·卡伦和阿尔姆斯塔特一起工作，卡伦称自己是"内部顾问"。阿尔姆斯塔特现在是阿斯顿维拉俱乐部的竞赛总监，主要在训练场上工作，守旧的教练和球探对他有所怀疑。当他于2015年离开时，这些人并不感到失望。

2012年12月，阿森纳俱乐部还以216.5万英镑的价格收购了一家美国数据公司——StatDNA。据加齐迪斯说："该公司提供的分析结果广泛用于我们的足球运作——球探和人才鉴别、比赛准备、赛后分析和战术分析。"

在这方面，有趣的地方在于，数据专家们可以观察统计数据、分析球员，但是对守旧的球探和教练来说，关键是它真的实用吗？例如，汤姆·克莱维利被确定为2014年春季的潜在目标。据训练场上和StatDNA的数据专家说，他的统计数据很出色。但是，系统的分析能够超出传球准确率的范围吗？也就是说，它真的能理解，多少次准确的传球足以推动球队的发展吗？从克莱维利没有加入阿森纳队来推断，守旧的球探们可能已经证明，数据不总是有效。

但是2015年1月，温格承认，阿森纳队以1500万英镑签下来自比利亚雷亚尔的巴西后卫加布里埃尔，至少有一部分原因是他的统计数据。很明显，阿森纳队观察和跟踪了加布里埃尔——24岁的他相对没有那么大的名气，甚至没有代表任何一个级别的巴西国家队出场过——但是统计数据使他脱颖而出。温格可能还没有完全适应对统计学的严重依赖，这从他在新闻发布会上对提问的反应中可以明显地看出。他在被问到这个问题时似乎有些难堪。

《泰晤士报》记者加里·雅各布从一位联络人那里知道统计学成为了签约的基础，向温格提出了这个问题，温格笑着说："我无法告诉你，这不是在说'不'。但是他的数据确实很出色！我们关注抢截、防守失误、断球——我们所说的断球是指抢到球。还有定位球防守之类的数据。但是，最重要的还是用眼睛观察。"

"观看所有比赛很难。我的意思是，如果数字能够确认眼睛观察的结果，那么就能给你更多的信息。如果有人回来说'我发现了一名好球员'，你可以观察这位球员5场、6场或者7场比赛的统计数据。你再把球探派出去，回来之后仍然说这是一位好球员，而且统计数据也能确认，你就可以说，风险在可控范围之内。但是风险永远存在。"

首先考虑的究竟是统计数据还是球探的报告，这是一个有趣的问题。从温格不安的样子看，我怀疑是前者。但是俱乐部的法国球探、与温格很亲近的前阿森纳球员吉莱·格里马尔迪所做的评论，可能说明了一个事实：温格和守旧的球探们并不真的很重视统计数据。在《队报》2014年12月的一次采访中，格里马尔迪说道："统计数据的作用越来越大。你真的必须提出自己的论点来对抗这些数字。在俱乐部中，统计数据为知识非常有限的人们带来了生存下去的机会。"

2014年夏天，阿森纳队的后卫严重不足。但是统计数据告诉他们，在前几个赛季中，第四位中后卫的人选平均每个赛季仅出场四次。所以他们得出结论，不需要买入一名后卫来代替加盟巴塞罗那的托马斯·维尔马伦。统计数据没有预计到，阿森纳队新的右后卫马蒂厄·德比希、两名正选中后卫之一劳伦·科斯切尔尼和两名左后卫都遭遇了伤病。在这种情况下，统计数据

温格：阿森纳时代

发生了可怕的错误。

在观察守门员时，关键的考虑因素是两次失误之间的时长。你可以判断这名守门员是否有强大的心理，在一次失误之后能够快速恢复，还是心理脆弱而犯下更多的错误。同样，这是一种基于统计数据的评估，而不是仅仅观察表现的老式方法。

所以，当阿森纳俱乐部于2013年签下意大利国际球星埃米利亚诺·维维亚诺时，是因为他被看成"二线"守门员中的顶尖人才，作为储备很理想。这是典型的"点球成金"策略：不追求最好，而是选择在某个类别中最好的。维维亚诺以租借的形式加盟球队一个赛季，但是一场比赛都没有打过，也没能给俱乐部队留下足以永久签约的深刻印象，因此赛季结束后回到了帕勒莫队，并立即被租借给桑普多利亚队。

从根本上，统计数据在某种程度上是有效的，可以科学地分析对手和阿森纳自己的球员，俱乐部对此已经接受了。温格经常提到处于"红区"的球员，那意味着这些球员因为疲劳而容易受伤，但是在谈到真正让红区中的球员休息的问题时，温格往往会忽略建议，继续让他们上场，尤其是在没有明显备选方案的情况下。他还会根据自己在比赛和训练场上亲眼看到的情况做出判断。当他接手阿森纳队时，带来了饮食、健身和拉伸训练的科学方法，但是现在却不喜欢有人挑战他自己的理论。

但是，温格的智慧超过了一般的足球教练，他当然是个聪明人。你总是会感觉到，他在许多方面都有渊博的知识。

他会讲多种语言：英语（尽管偶尔有些怪异，常常会有奇怪的温格式说法，如footballisically，可能意指足球术语中的某个问题）、德语、西班牙语、一点日语，当然还有法语。他思维灵敏、见多识广而且有趣——和身着运动服，对球员们大喊大叫，努力鼓动他们的典型教练大相径庭。

另一方面，有些时候他可能显得很冷漠。当前阿森纳理疗师加里·卢因敲开他的办公室房门，和西奥·沃尔科特一起进来询问是否允许这位阿森纳边锋进行肩部手术时，温格抬起头说："可以，当然可以。"但是那一刻，他没有祝福这位球员，也没有提供任何的支持。

虽然温格早期的一些科学方法和新技术已经被人赶上甚至超越，但从1996年起，他仍然接受不同的想法，如球员的心理和智力测试。他雇佣一位心理学家，坚持在签下球员之前了解他们的心态和积极性。

除了俱乐部之外，温格对财政公平竞争原则、足球中的兴奋剂检查和英国足球的未来都有精辟的见解。很显然，他认为自己的许多管理技巧是通用的，和大企业中通行的非常相似。值得注意的是，他常常在阿森纳队巡回比赛时参加商业研讨会。其他主教练把演讲和商业会议交给他们的首席执行官，但是温格会拿过麦克风，和听众们对话，并回答问题。

温格在2013年夏天前往日本埼玉的旅途中就这么做了。问题很简短，答案很长，深思熟虑且发人深省。这次采访极其深刻地剖析了温格的思维方式，他讨论了年轻球员的培养、足球中的自我管理、优秀球队的构成、欧洲人不总是好教练的原因、压力之下的比赛、计时工作、团队合作的重要性，甚至在慢跑中迷路的趣事。

问：在高度竞争的全球化市场中，阿森纳俱乐部如何找到最好的人才？

答：我们的优势之一是，年轻人知道我们会给他们机会。我们寻求的是他们取得成功的积极性。但是，什么是积极性？你如何知道某人是否积极？如何保持积极性？对我来说，积极性就是一个人有能力招募到取得某个目标所需的人力资源。

例如，今天早些时候，我在埼玉的街上慢跑，但是找不到回来的路了。我积极地想回到旅馆，但是搞不清楚路。就这样，我有很高的积极性，但是找路的速度却很慢。这说明了什么？说明积极性是必不可少的，但是只有积极性是不够的。你还需要一直保持积极性，那就是我们在测试球员时所考虑的。对我来说，这个特质被大大低估了。

我可以这么说："好吧，我找不到回旅馆的路，那么我们来看看是不是能找到一辆出租车。"但是，因为我是个运动家，我决定不找出租车，不管花多长时间都要找到回去的路，于是我就继续跑下去。那就是我所说的"一直

温格：阿森纳时代

保持积极性"——积极性的持久度。当你关注成功人士时就会发现，他们不只有积极性，而且一直保持着。有很多人从1月1日开始节食。有些人持续到1月中旬，有的在6月中旬放弃，而有些人坚持到底。我们感兴趣的就是坚持到底的人，因为那才能造就一位成功的运动员。

那并不意味着，成功的运动员就是幸福的人，而是意味着他们意志坚定，做好了为成功而承受痛苦的准备，那就是我们寻找的人——在很长的时间里严格要求自己，相互之间也能严格要求的人。这种持久的积极性适用于足球、商业，以及你在生活中所从事的一切。

问：你们从哪里寻找那样的人才？

答：我们放眼全世界，就这么简单。我已经在这项运动中花费了很长的时间，但仍然认为这项运动以如此之快的速度成为世界上最受欢迎的运动，是一个小小的奇迹。今天，在伦敦发生的事情，埼玉的人在同一时刻就会知道。所以，阿森纳队是一个全球性的俱乐部，我们对全世界的人才都感兴趣。世界很小，以前，埼玉的小伙子从没有机会成为世界级球员，但是今天，他们的机会来了。因为，只要他有天赋和决心，他就可以在某个地方得到机会，那也是我们努力去做的事情。我们在全世界观察和寻找有才能和成功欲望的球员，很不幸，在足球圈里，钱比人才多。

问：你对将手上的人才培养成世界级球员有何经验？

答：我认为，管理工作中最大的优点就是，我们可以积极的方式影响人们的生活。那就是教练的意义。当我能够做到这一点时，就会觉得非常幸福。那不是工作的全部，因为至关重要的是在周六下午取得胜利，但这是工作中重要的一部分。在这个只关心明星的世界里，重要的是对球员们说："你还不是明星，但是你可以成为明星，我将给你机会。"在阿森纳，我们自豪地做到了这一点，我们反对只购买球星的政策。你必须理解，球星在某个阶段也曾是拥有天赋的无名小辈。我们希望成为给这些人机会的俱乐部。

问：你和一些世界上工资最高的运动员一起工作，作为教练，你的工作中自我因素有多重要？

第十二章 聪明的人

答：如果你问的是，自我价值是不是重要？那么我的答案是肯定的。你必须知道，不管是多大的明星，如果满足他的需求，他都会做好准备听从你的指挥。想让他知道你是否满足他的需求，就必须首先测试你自己。教练能否使他成为他想成为的球员？不幸的是，在管理工作中，你无法长时间地依靠欺骗。当你置身由30个人组成的团队中时，球员们很快就会发现你个性中的弱点。所以，当有人坐在你的面前，那就是关键的时刻。他们会观察你，然后确定你是否对他们有帮助。如果他们认为你是能够提供帮助的人，就会尊重你。对他们来说，下一步是确定是否置身于一支能够帮助他们取得成功的队伍。当我们处于财务紧张的状态时，在这方面就碰到了问题。对某些球员来说，我们没有足够的球星，无法如他们所愿地快速取得成功。当然，那是我们在工作中面对的许多问题之一。

问：你的足球艺术思想是否只有通过球场上的成果才能实现？

答：教练是引导者。他带领一群人，对他们说："我能够和你们一起取得成功，我能够为你们指明道路。"但是，你首先必须对自己的目标有清晰的思路。你必须有清晰的概念，并让和你共事的人们能够理解，因为你必须使自己的想法尽可能清晰，还必须适应文化差异。有些时候，你不得不依靠结果来维护自己的想法。

问：足球管理者和商业管理者之间有没有差别？

答：没什么不同。唯一的不同之处是，在企业中，大部分时间你管理的是成熟的人。在足球队里，你管理的是18、19、20岁的年轻人。对他们来说，责任十分重大。我们忘记了，这些球员必须在巨大的公众压力下比赛，在60000名观众面前承受赢得比赛的重大责任。我不敢肯定，如果自己20岁时就成了一位富有的大明星，该如何应对这些压力——这并不轻松。这就是足球和商业中人员管理的主要差别。

另一个重要差别是，在一间办公室里工作，你发挥出70%的潜力就可能很好地完成了工作。但是作为足球运动员，发挥70%的潜力是不可能有出色表现的。那就是压力所在。一名球员状态疲软可能使你输掉比赛，球员们深知这一点。那就是他们的压力来源。每天、每分钟，运动员都在测试自己——那给身体带来了压力，因为你知道，一旦上场比赛就必须百分之百投入。看看环法自行车赛。克里斯·弗鲁姆赢得了胜利，但是他有一天可能会失败，那就像是办公室里糟糕的一天。这就是顶级赛事。

问：常胜之师的关键组成部分是什么？

答：你不能有任何薄弱的位置。你需要能够扭转局面的球员。你需要一支能够阻止其他球队得分的队伍，所以需要一名好的守门员和好的后卫，你也需要得分。你需要一个能够传球的人，就像橄榄球里的四分卫，将球传给能够得分的接球手。一旦有了能够传出威胁球的人，你就总能有机会赢得比赛。剩下的就靠团队工作和态度了。

问：你如何处理多种文化的球队？

答：创造我们自己的文化。我多年来曾和来自18个不同国家的人们共事。例如，准时对日本人和法国人的意义是不同的。法国人迟到了五分钟仍然认为自己是准时的。对日本人来说，在规定时间之前五分钟到达都为时太晚。这就意味着，你要创造一种新的文化，确定我们所有人的行为举止，创造公司文化。那样，当有人越界时，我们可以说："瞧，我的朋友，那可不是我们说好的。"所以，重要的是有清晰的规则，每个人都知道这一规则并达成共识。

问：当球队士气低落时，你会用什么方法激励他们？

答：在我们的一生中，每个人都在告诉我们，什么是我们所缺乏的。大部分时候，我会提醒团队和球员们，他们所拥有的特质。没有一个人拥有生活中必备的所有特质，好在我们的成功并不需要拥有一切特质。球员无法忘记他们所不具备的特质。

问：在商业上，很多事都取决于个体是否达到自己的目标，往往会惩罚那些没有实现目标的人……

答：生活中的成功是个人成就和与他人协作的平衡。西方人完全将重点放在个人成就上；无论如何，你都必须成功，即使你不得不杀了你的搭档，

第十二章 聪明的人

即使你不得不撒些小谎——只有一件事是重要的，那就是不惜一切代价取得个人的成功。

但是，日本文化更重视与他人的合作。你的成功是以你融入公司集体主义精神的程度来衡量的。这种做法有时显得过分了，因为个人的表现没有得到和集体成功一样的承认。而在欧洲，我们完全走的是另一条路；与他人合作的重要性明显被贬低了。

幸福感与两者之间的平衡关系重大。那就是团体运动的意义。好的足球运动员应该能够表现自我，但是也能对群体有帮助。如果两者之中缺失了一个，你就不可能得到完整的幸福。那就是团体运动的魔力。

问：你如何对待那些没有达到自身目标的人？

答：如果他们表现不佳，我们的最大权力就是不让他们上场。教练工作中的困难之一就是，我们有25个人争着要在周六上场，但在周五的晚上我们要让其中的14个人"下岗"，在周一又要告诉他们："让我们重新来过，你还有机会。"那是我们工作中的难题。

在多年报道温格和阿森纳的新闻之后，我觉得最有趣的就是关于守时的引语，因为我们发现温格经常在新闻发布会上迟到。所以温格谈到守时的重要性时，那些反讽相当有趣。

但是很明显，温格很重视人员管理、心态和球员的发展——虽然正如某些人私下说的那样，他在更衣室里沉默寡言，在球员游离于球队之外或者在训练场上时也回避对抗。但是，在中场休息时，温格明显坚持在更衣室里不过多说话的原则，因此在他真的开口时，球员们更有可能倾听并认真考虑。

这是一种聪明的做法，帮助第一阵容的球员们发展，获得信心。以阿森纳队的英格兰国际球员基兰·吉布斯为例，温格在2007年与谢菲尔德联队的客场比赛中首次让他作为先发左后卫上场，他之前从未担纲这一位置。温格甚至在前一天还没有告诉他，这是为了不让他有时间紧张。温格有一个习惯，能够发现球员适合不同位置的特点，正如对吉布斯的调整，蒂埃里·亨利和劳伦也是如此，后者在"无敌之师"中的位置从中场调整到了右后卫。

209

温格：阿森纳时代

当我采访吉布斯时，他对温格的方法和造就这位人力资源管理高手的因素提出了有趣的看法：

他有某种特殊之处。在你刚入队时，他能够让你觉得自己在那里是有价值的。因为他是温格，所以他不需要大费周章。不管他告诉你什么，只要他赞美了你，你就会想："这可是阿尔塞纳·温格对我说的……"

回到家里，你会这样想："哇，阿尔塞纳·温格对我说了这样的话。"你觉得他肯定是对的，并且将他说的牢记在心。他不是总在背后盯着你的那种教练，只是让你听取意见，然后自己学习。他总是告诉你自由发挥，做你觉得在这项运动中有价值的事情。那给了我很大的帮助。我很喜欢他的这种做法。如果有人告诉我做某件事，并且告诉你以某种方式去做，那我的反应肯定和他告诉我在哪些方面努力、让我自己去学习时不一样了。温格倾向于让我们投入，自己学习。最重要的评论者就是自己，所以我会知道自己需要做什么，不需要做什么。他还能够理解某人的个性，当你需要安静时，他会让你独处，当你需要忠告时，他会提醒你。

雷·帕洛尔也有同感，他认为这也是很少有球员在离开阿森纳队之后公开批评温格的原因——这一点不同于其他教练，例如亚历克斯·弗格森爵士和罗伊·基恩就陷入长期的争吵中。温格和他的"神奇队长"帕特里克·维埃拉长期保持着很好的关系。

帕洛尔说："我相信他的足球管理方法绝对是一流的。他每天都保持着对此的热爱。而且，在场下，他也有着很高的素质。不管你遇到什么样的问题，他总是愿意坐下来，以教练的身份帮助你。人员管理非常重要。你会发现，很难找到一位讲他坏话的球员。那真是了不起，是最好的证明。"

"许多教练都取得了成功，但是做不到这一点。那是多么不可思议的特质……教练和球员经常会出现争吵。有些球员会说：'他糟糕透了，他这里不好、那里不好。'我想，在他手下踢过球的球员都不会否认他是顶尖的教练和一个好人。因为他确实是顶尖的教练，也真的是一个好人。"

第十二章 聪明的人

公平地说，温格情绪不佳时也很少暴怒，但是他也会有那种时候，甚至有时会对球员们大喊大叫——但是不太常见，因此影响也就不大了。如果球员犯了错误，他对教练组某位成员表达失望情绪和直接针对那位球员的可能性一样大。温格的怒吼更多的是针对他们的表现，而不是直接针对本人。一般来说，球员们很少遭到责骂，因此在有必要召开球队会议或者严厉训斥时，这些手段仍然有效。

温格承认，他雇佣了一名心理学家，但是始终拒绝讨论任何细节，只是粗略地提及。实际上，在很长一段时间，他都不愿意确认自己使用心理学家——大卫·戴恩也坚持，阿森纳队不需要心理学家，因为温格本身就有这方面的才能——但温格现在说："是的，我们有一位心理学家。我不愿意谈这个话题，因为那是我们的内部事务……没有人会告诉你如何制造可口可乐。"

正如可乐的配方一样，俱乐部的内部运作是严格保守的秘密，温格绝对不允许在他没有批准的情况下，让媒体获得内幕信息。所以，一方面他确认使用了心理学家，另一方面则贬损这种做法的效果。

"球员们和普通人一样。当他们赢得比赛，人们会说所有球员都很出色；如果输了球，人们会说所有球员都做得不那么好。是的，我相信心理辅导。任何人都不是完美的。我们可以从心理辅导那里得到一些好处。但是一名球员能从开始时就达到那个水平，就意味着他有强大的精神力量。他能够应付逆境，否则就不配出现在那里。"

当一群记者（包括我）在2008年9月偶然窥见一场运用了心理学的球队会议的一些细节时，温格表现出了一贯的无动于衷。我们在曼彻斯特一家旅馆参加一场婚宴，恰好阿森纳队在对阵博尔顿队的客场比赛中下榻于那家旅馆。他们赢得了比赛的胜利，但那并不重要，温格不喜欢对此事的报道。

球员们得到了一张A4纸，上面有一篇只有224个字的简报，简单得令人难以想象。温格的思路当然是强调关键的信息。阿森纳队的客场战绩不佳，特别是在西北地区。简报上使用了"驱动力"和"活力"之类的词，还强调了"积极态度"，包括"作为球员和人，必须保持谦逊和脚踏实地的态度"。

温格：阿森纳时代

而且，还突出即使在博尔顿那样以"阿森纳猎杀场"著称的客场上，也必须"踢出我们在主场时乐于表现的那种足球"。

下面就是球员们在赛前会议上得到的简报：

团队：

* 团队的强大取决于队内的关系。团队的驱动力是成员创造和维护队内良好关系的能力，这种关系能够为团队的活力增添额外的维度和稳定性。

* 我们的团队可以采取这种态度，专注于感恩和团队带给我们生活的重要好处。这能够加强和深化队内的关系，最大限度地增加建立强大而团结的队伍的可能性。

我们的团队要变得更强，需要：

* 在场上和场下展示积极的态度

* 每个人都做出对团队来说正确的决定

* 对我们能够实现自身目标有着不可动摇的信念

* 相信团队的力量

* 始终追求更多——始终付出更多

* 专注于我们的沟通

* 严格要求自己

* 保持饱满的精神，为取胜做好准备

* 专注于心理的强大，不断前进直到最后

* 当我们在客场比赛时，相信我们的特质，踢出在主场时乐于表现的足球

* 团结一致

* 作为球员和人，必须保持谦逊和脚踏实地的态度

* 对所做的一切都表现出渴望

享受和奉献是团队的特性——不要认为那是理所当然的。

与其他体育运动相比，足球心理学往往遭到嘲笑或者没有引起足够的重视。在足球圈，虽然有许多球员欣赏，这仍然被视为古怪的新概念。温格认

识法国心理学家雅克·克勒瓦西耶已经超过40年的时间了,克勒瓦西耶定期和阿森纳队的球员们一起工作。他采用的一种方法是一组多选题,测试球员的智力、信心和信念。

虽然克勒瓦西耶的工作性质很私密,温格渴望保密,但是他经常接受采访。在瑞典杂志《越位》的采访中,克勒瓦西耶透露了阿森纳队前锋尼克拉斯·本特纳的趣事,这位球员的自信超乎寻常。"其中一个类别称作'对能力的自我感觉'——也就是球员对自己能力的评判。在0~9的评分中,本特纳给自己打了10分!"

"我们从未见过这种情况。坐在我旁边的帕特·赖斯忍不住哈哈大笑。当本特纳错失机会时,他总是说服自己,那不是自己的错误。你可能会说这不是一个问题,但是到了这个程度就可能有问题了。不过你也可以这样看,这个家伙在挫折后有很强的恢复能力。"

克勒瓦西耶明显和温格很亲密,相信阿森纳队主教练已经克服了自己的障碍,坚信球员精神力量的重要性。在阿森纳队冠军荒期间的2011年,克勒瓦西耶在一次谈话中说道:

我已经测试了所有年轻的阿森纳队球员,他们在心理上都有突出的表现。心理障碍?对我来说,问题不在这里。人们必须理解,阿尔赛纳·温格有一种特殊的哲学和策略。他不能将钱全花在球员身上,因为他必须支付新体育场的款项。

阿森纳队和没有相同规则的俱乐部竞争是不公平的。在切尔西,罗曼·阿布拉莫维奇为何塞·穆里尼奥购买全世界最好的球员提供资金。利物浦的拉斐尔·贝尼特斯在5年里得到了68名球员。对阿森纳来说,问题则是尽可能长久地保留他们的球员。如果你能够将法布雷加斯、威尔希尔和什琴斯尼这样的球员留住3到4年,他们就肯定能有一番作为。

当阿尔塞纳离开阿森纳——他将在那里结束他的工作——他会为俱乐部留下一座新的体育场、一所新的足球学校、一支伟大的球队和足够的钱。每次见到阿尔塞纳,我都被他的智慧和在谈话中带来的新话题深深打

温格：阿森纳时代

动。阿尔塞纳·温格总是告诉我，要为阿森纳比赛就必须变得更聪明，那就是他的出发点。没有这种素质，你就无法融入他的体系。

很长一段时间，阿森纳队对心理学家的使用都是非正式的。结果是，球员对含糊不清的信息并没有认真对待。一位心理学家这么说，另一位可能有自己的表达，主教练和助理教练可能又有不同的说教。当他们回到自己的国家队里，许多人还会在那里见到另一位心理学家。在一次会议之后，雷·帕洛尔开玩笑说："我的肩头上有一只鹦鹉告诉我一件事，在另一边的肩头上，另一只鹦鹉的说法又不一样。"

有些球员支持这种做法，其他则不那么热心。杰克·威尔希尔是全心全意接受心理学的球员之一，他见过一位在阿森纳担任顾问的心理学家皮特·林赛。威尔希尔承认每名球员都不相同，每位教练也都不相同，他自己在球场上的问题常常归结为愤怒和沮丧，而不是受伤或者缺乏自信。他讲述了林赛如何在他离开英格兰国家队时支持他，帮助他缓解敌对情绪，并在他不幸受伤时帮助他克服挫折感：

球员们各不相同。有的人需要花费时间适应，其他人则能够立刻抓住机会。我不认为这是信心的问题，是忧虑而不是信心。你也许会说那不是忧虑，而是沮丧。现在我已经学会尽自己所能享受足球。

每当我在场上，就会尽情地享受。我不再那么好斗，也不那么容易愤怒了。如果几年之前出了什么问题，我会找到理疗师："瞧，我的脚踝不对劲。"现在，我已经成熟了，享受自己的足球并且成长起来。我意识到，一切都不会总是如我所愿。当然不会。你不能有那样的期望。最重要的是付出所有，并享受过程。

我想在某个时点，我意识到自己必须改变。我无法说清是什么时候，但是就是在那一刻……我曾和一位心理学家，不是史蒂夫·彼得斯【英格兰队的心理学家】，而是阿森纳队的一位心理学家【皮特·林赛】一起工作，他确实帮助了我。他教会我，如果你的头脑不清楚，可能影响到身体的其他部分。所以要先让头脑冷静下来，享受你的足球，那就是我要努力做到的。

这一切都归结为人员管理，2014年夏季，阿森纳俱乐部似乎达成了共识，为了跟上时代，伦敦科尔尼训练场的教练组结构需要改变，正式运用运动心理学，还要解决健身部门的问题。

沙德·福赛思从2004年起在德国足协担任体能教练，他来到阿森纳的目的是为了改善俱乐部的伤病情况，解决最近的问题。他的到来造成了轰动，因为这位美国健身界的精神领袖曾是德国世界杯冠军队的成员，连梅苏特·厄齐尔都在推特上表达了自己的喜悦之情："枪手的又一位世界冠军！"

全职心理学家大卫·普里斯特利的任命没有那么招摇，但是同样重要，他来自撒拉森人橄榄球俱乐部，曾任该俱乐部心理和个人发展负责人。在普里斯特利上任之前，克勒瓦西耶和其他心理学家都是临时聘用的，只在必要的时候定期召用。在撒拉森人队时，普里斯特利坚持从不进入球场，而是草拟倡导自信、诚实和谦逊的个人发展计划。他的策略包括到医院看望生病的儿童，和励志演说家交谈，塑造团队精神和信心。

很明显，温格相信训练、健身和心理相结合——并跟上这些领域的新发展——可以最大限度地发挥球员的能力，他特别热心地给年轻球员机会，让他们在球场上闪耀光芒。正如杰克·威尔希尔所说：

我们的教练有一个特点，那就是他最大限度发挥年轻球员作用的能力。他让年轻球员相信自己，打出自信。一旦年轻球员达到了这种要求，只要有合适的技术能力和体能，几乎都能成功。

我认为，最主要的是他相信年轻球员，为他们提供机会。教练常常坚持使用某位球员，一旦他们在一场比赛中表现不佳或者犯了错误，教练就简单地将他踢出阵容之外。

在积分榜下游的球队里会看到上述的现象，而在阿森纳这种名列前茅的球队里，给年轻球员一个机会将给他们带来巨大的信心。在18岁的时候，你就能够和世界级的球员一起踢球，争夺冠军。

温格：阿森纳时代

虽然在后援人员的这些变化之前，阿森纳队已经在2014年赢得足总杯，打破了冠军荒，但是温格还是意识到，球迷对俱乐部不再能向英超冠军发起挑战越来越感到失望。随着曼联队接受了弗格森时代的结束，他发现了一个改变处境的机会。就球迷而言，这种变化来得还不够快。

第十三章
球迷的不安

对于许多阿森纳球迷来说，温格就像最受喜爱的叔叔。他不仅可爱，还留下了一些美好的回忆，很难不喜欢他。但是温格的职业生涯中有一个时点，可能在2008年，他的魔力开始逐渐消失。最初，只是少数派的喧闹，但是慢慢地舆论如同海啸般涌来，有时候似乎少数派已经变成了大多数。当然，在阿森纳队赢得奖杯时，这些声音就会安静下来，或者消失不见。

但真相是，温格最大的敌人可能是自己。他在执教的早期设定了难以置信的标准，横扫了面前的所有对手，他的球队踢出了最不可思议的足球，要想始终不低于那个标杆太难了。在2008年之前，尽管在2006年冠军联赛决赛中失利，2007年联赛杯决赛中负于切尔西，2008年2月底在英超联赛冠军争夺中浪费了5分的领先优势，但是阿森纳队一直在向奖杯发起挑战。温格不断靠近目标——但总是倒在最后一个关口上。只要拥有过一分钟由超级球星组成的无敌之师，那么球迷之后就很难接受一支总是无法夺冠的球队。

对温格来说，遗憾的是球迷的不安并不是新鲜

温格：阿森纳时代

事，阿森纳队的支持者们似乎有着无穷无尽的博客，对社交媒体有着巨大的兴趣，在每场平局之后都疯狂地发帖，更不要说失利了。这已经成为温格执教的关键方面，因为阿森纳队的球票定价极高，他们数量巨大的球迷习惯于成功，而现在他们正在为重回辉煌时期而苦苦挣扎。

温格的问题是在将来的日子里如何让人铭记，以及他举世瞩目的成功是否会因执教后半段的萎靡不振而减色。难以想象，任何顶级俱乐部能够允许教练在9年之间一无所获，如果温格没有早期的巨大成功，早就保不住工作了。在一定程度上，他依靠过去的成就生活，但是未来他仍有希望重新进入黄金时期，同时奉献精彩的足球，那曾是阿森纳队早期成功的关键组成部分。

那是温格可以继续执教的原因。当然，阿森纳总是能进入前四名，这不仅保证了冠军联赛的席位，还带来了可观的收入。但是还有其他的问题。在这一时期，足球和财政哪一个更重要，界线似乎有些模糊了。

温格几乎更多地被看作会计师而非足球教练，这激怒了球迷。但是当他最终回顾在阿森纳队的执教生涯时，无人可以否认，曾经崇拜他的球迷不再喜欢他们最爱的大叔，是执教期间最深刻的记忆之一。

阿森纳队的球迷有时做得过火了。2014年12月，阿森纳队以2：3客场负于斯托克城队之后，一群球迷用脏话辱骂温格和他的球员们。一位温格最亲近的朋友坚称，不管法国人公开说了什么，这件事确实伤害了他，令他心烦意乱。同样，在2013/14赛季开赛日阿森纳队主场负于阿斯顿维拉队时，球迷叫骂的声浪如此之高，如此针对个人，许多在教练席上的人都认为，这是他听到的最糟糕的球迷反应，又一次令他心烦意乱。

情况逐渐变得糟糕，2008/09赛季开始出现不满的言论之时，最大球迷组织之一"红色行动"在2009年5月，赛季最后一天发动了一场支持温格的游行，那场比赛阿森纳队恰逢其时地取得了胜利，以4：1击败了斯托克城队。

一般来说，阿森纳球迷是虔诚的中产阶级群体——用熟悉的昵称，叫作"喝拿铁的阶层"。即使在较为喧闹的球迷打出温格下课的横幅之时，他们做得也很有礼貌："阿尔塞纳——感谢你给我们留下的记忆，现在该说再见

第十三章 球迷的不安

了。"你真的很难指责这种彬彬有礼的做法——当然,除非这已经侵蚀了球员的信心,在比赛中影响他们的情绪。

温格最大的批评者——前《每日镜报》编辑,后成为娱乐界明星的皮尔斯·摩根——曾经很尊敬温格,但是声称他已经待得太久了。作为忠诚的阿森纳球迷,摩根实际上和温格保持着非常好的关系,因为他们都和大卫·戴恩很友好。当阿森纳队2004年在白鹿巷球场赢得英超冠军时,摩根是前热刺主席艾伦·休格爵士的贵宾之一,他回忆了会议室里精彩的一幕:

当我们2:2逼平对手,在白鹿巷赢得联赛冠军之时,父亲和我正作为艾伦·休格的客人坐在会议室里,父亲终生都是热刺的球迷。所有人都离开了,因为我们都在庆祝,在他们的后院夺得冠军,温格、帕特·赖斯和我们父子俩是会议室里仅有的四个人,我们点了最贵的一瓶酒,在那里坐了一个小时,共同经历阿森纳最伟大的时刻。我热爱温格,无法想象任何人能够让我产生那样的激情。

最近我又一次见到了帕特·赖斯——在2014年阿森纳取胜之后,我们回到了热刺队的会议室,笑谈当年的往事。赖斯最近身体不好,能见到他太好了,我们一起度过了美好的时光,喝了些酒,花一个小时谈论温格曾带给俱乐部的荣耀。

那就是所有阿森纳队球迷的样子。当你批评温格的时候,有点像对自己的妻子不忠,因为我们都非常爱他。但是,我只是对球队的走向有更加务实、无情的看法,在多年之后我得出了一个结论,我们不会再和他一起前进了。这很令人心碎,但就是事实。

摩根总结了许多阿森纳球迷的想法。他对阿森纳队饱含深情,就像当年我刚进弗利特街、他担任我的编辑时一样,谈起这些事时,他非常遗憾,因为他很明显仍然喜欢温格,但是认为那种魔力已经不见了。

我对温格没有个人的偏见。我是从阿森纳队应该始终保持联赛中的竞争力这一立场出发的。那是任何英国大俱乐部的终极标准。令我沮丧的是,温格、董事会和许多球迷的心思已经从保持竞争力、赢得联赛冠军,

温格：阿森纳时代

转移到保持前四名、赢得冠军联赛席位上了。我们一再听到的，是温格说了18年的"冠军联赛足球"。

我对冠军联赛毫不在意，真的。如果我们曾经赢得这项冠军，那就不一样了。但是只进入一次决赛，我们在其中的表现实在令人遗憾。获得从未接近冠军的一项比赛的参赛资格，不是值得庆祝的事情。你能够想象何塞·穆里尼奥或者亚历克斯·弗格森爵士自夸他们获得某项从未夺冠的赛事的参赛资格？我不这么认为。

对我来说，温格从来到阿森纳时起，就是绝对赢家的心态。他动摇了英国足球的行事法则，改变了从饮食到训练、准备的一切环节，改变了我们踢球的方式。

但是他得到的奉承过多了，毕竟他继承了英国足球史上最出色的后防五虎。人们忘记了这一点。他围绕继承下来的球员奠定了早期球队的基础。他继承了博格坎普、博尔德、亚当斯、希曼、迪克森和温特伯恩。你忘记了。他早期的成功——在获得阿内尔卡这件事上做得很出色——建立在继承下来的基础之上。

他买来了杰出的球员——亨利、维埃拉和坎贝尔。他获得了改造表现不佳的球员、使他们举世无双的声誉。他还买进了奥维马斯、皮雷斯这些本就达到世界级的球员。对温格和他打造的球队有一些错误的认识，因为他很幸运地获得了不可思议的防线，这是他在那些赛季获得奖杯的基础。

现在，让我们完全公平地说，温格在那8年里，是阿森纳历史上最伟大的两三位教练之一……他也是超级联赛历史上最伟大的教练之一，除了冠军联赛，他赢得了所有荣誉。

但是，请注意他赢得那些奖杯的方式。他赢得冠军靠的是高大、有侵略性的强力球员。看看近10年发生的事情。无敌之师的所有成员在两年内都被出售，代之以矮小、瘦弱、在拼抢上不那么积极的球员。他们都有很强的能力，但是缺乏与切尔西、曼城等强队竞争的能力。老实说，他们甚至在对阵拥有高大球员的斯托克城队时都举步维艰。

第十三章 球迷的不安

我越来越感到沮丧。我为《星期日邮报》写了一个专栏，那是一篇写后立刻感到后悔的文章，我们在客场以0∶3输给了曼城队，我在整篇文章中论述我们的球队是如何变成一支身材矮小、身体对抗能力不足的球队，这是一种毁灭性的策略，温格可能应该考虑下课了。我遭到了嘲笑，但是如果你去读一读那篇专栏文章就会知道，在最近七八年中一切都没有改变……

如果你问我真正的问题是什么，那么任何一个人都会告诉你，是温格在转会和购买球员上难以置信地犹豫不决。大卫·戴恩会打破这种犹豫，促成大交易，正是他带来了博格坎普。戴恩行动迅速，理解市场的运作方式。他们两人有点像列侬和麦卡特尼——在一起能够制作出美妙的音乐，离开之后就不一样了。

温格花大价钱购进了太多平凡的球员。他用了太多的借口，最著名的就是球场的成本问题，可那时曼联也在建造他们的球场，还有就是美国老板、巨额债务和类似的问题。那并不能阻止他们赢得奖杯……

就个人品格而言，每个人都热爱温格。每个人都认为他是博学、智慧、精明的人，但那只是问题的一部分，因为那意味着他能够以球迷们接受的方式谈论棘手的情况，使球迷们重新爱上他。我认为你应该将作为男人的温格和作为教练的温格区分开来……作为教练的温格已经不是八九年前的那位教练了。对于试图否认这一点，将他与穆里尼奥等教练等同起来看待的人，我只能认为他们生活在梦想之国……

阿森纳队的球迷犯了一个错误，就是让过分的多愁善感主宰了他们冷酷的头脑。如果我们想重新竞争联赛、冠军联赛和其他大赛的奖杯——并且我们也有钱来这么做的话——那么我们就不能那么感情用事。温格在10年前是一位卓越的教练，这个家伙已经不再是卓越的教练了……

你能想象弗格森在10年里只得到一座足总杯、穆里尼奥在10年里只得到一座足总杯吗？你能想象他们在5年时间内只获得这样的成绩吗？温格的蜜月期之长是史无前例的。我们有了钱、有了体育场，他们已经开始花钱了，但是球队仍然不够好。

温格：阿森纳时代

如果我是他，就会在2014年足总杯赛之后离开……所有球迷会爱上那一刻，深情地送别他。伟大的教练阿尔塞纳·温格，在离开之际再次夺得了奖杯，尽管那是一个第二级的奖杯，我们可以由一位新教练来重建球队。那对所有人来说都是完美的。

多年以来，温格一直驳斥任何关于球迷不安的说法，认为那不过是媒体的鼓噪，尤其是因为记者席的附近有一群吵闹的球迷。他一次又一次清晰地说明自己的观点——媒体应该为所有球迷的不满负责。

当我们中的一些人在伦敦科尔尼训练场询问他球迷是否倒戈时，他怒喝道："如果我们的球迷按照媒体的意图行事，我们就没有任何机会了。坐在我后面和记者席周围的人不一定代表大多数球迷。你们【记者】听得最多的，不一定是大多数人的意见。他们也许形成了你们的观点，但是不一定是【大多数人】的论调。"

关于这一点，很难同意温格的说法。不到两周之后，当阿森纳以2∶8惨败于曼联队，《泰晤士报》以一篇头版专栏文章支持温格。头版专栏通常是留给国家领导人而不是足球教练的。这篇文章只有293个字，可能是你在一份国家级报纸上能读到的最热情洋溢的赞扬。

"在财力范围内运营球队成了他的标志，对于所有努力地削减开支而又不愿意削弱经济竞争力的政府来说，他都是一个榜样。阿尔塞纳·温格为阿森纳赢得的冠军，比这家北伦敦俱乐部之前的任何一位老板都多。那么温格得到的回报呢？是阿森纳支持者们的嘘声和嘲笑。"

这是一篇引人注目的文章，正如上面引述的摘要所表现的，它反映了温格在媒体中得到的赞赏和尊敬——他似乎从来没有注意到这一点。电台主持人阿德里安·德拉姆在"体育谈"电台《行车时间》节目中有一个轻松的板块——《每日阿森纳》，经常嘲笑全盘接受温格说法的媒体。每篇报道都有两面性，关于温格遇到的是公平、不公平还是宽宏大量的媒体，存在着无休止的争论。

在2007年于萨沃伊酒店举行的一场眼花缭乱的仪式上，温格受到了英国足球记者协会的褒奖。这可能是他受到媒体赞美超过自己粉丝的一个例子，也许会令球迷沮丧，这位主教练明显也没有体会到。

温格当然不会这么看，但是阿森纳确实引起了媒体的极大兴趣，这是因为它是一家行业领先的俱乐部，在温格领导下曾经取得了成功，搬迁到一个新体育场，而且仍然被视为欧洲的豪强之一。

最近，阿森纳球迷似乎追随他们的主教练，变得更痴迷于俱乐部的资产负债表和球场上的成绩。他们对温格花了多少钱、阿森纳的财政状况和俱乐部运营方式产生了浓厚的兴趣。在20世纪70年代和80年代从未出现类似的情况，尽管阿森纳在20世纪80年代和90年代确实采用了一种有争议的债券计划，试图募集资金重建海布利球场。

温格对金钱和与财务相关成功的专注似乎已经影响了球迷们，使他们对这方面的兴趣超出了发生在场上场下的大部分事情，特别是在他们评判教练的时候。阿森纳球迷基金会的蒂姆·佩顿是最著名的支持者之一，他是一位铁杆球迷，生活在北伦敦中心区，常常引证温格遇到的麻烦和俱乐部的下一步计划。

当我们在一间咖啡店相遇时，佩顿正处于他所特有的情绪中——怒气冲冲地指责俱乐部，同时努力掩盖对温格和他不愿意花钱的失望：

我想不花钱已经成了一种积习。他将自己看成了当代的布莱恩·克拉夫①，甚至罗宾汉。就像一位现代的英雄那样，他从富人那里拿走钱。有18个月的时间，资金非常紧缺。但是在他们卖掉埃马纽埃尔·阿德巴约和科洛·图雷之后，可用的钱总是多于实际的花费。

酋长球场使他在财政上踌躇不前是荒诞的说法，事实并不是这样。真正的改变是切尔西和曼城队引入了富有的老板。如果阿森纳留在海布利，

---

① 布莱恩·克拉夫：20世纪70~80年代英国足坛传奇教练，利用有限的资源帮助诺丁汉森林队赢得英超冠军和欧洲冠军杯。

温格：阿森纳时代

他们能花的钱更少，在财政上只能和托特纳姆或者利物浦等球队竞争。

阿森纳俱乐部也付出了高工资。厄齐尔的周薪是20万英镑，桑切斯为14万英镑，为了保持社会主义的结构，像【卡鲁姆】钱伯斯这样的球员也能赚到大约2.5万英镑/周，并且随着他的进步还可以赚到更多。

佩顿也认为，温格执教的后半期玷污了早期的成就：

如果他在2006年离开，他就会被看作阿森纳历史上最伟大的教练。但是因为后来发生的这一切，我认为赫伯特·查普曼是最伟大的教练。后来发生的一切玷污了早期的成就。

董事会发生的情况——大卫·戴恩离去，丹尼·菲什曼令人悲伤地去世——大大改变了一切，意味着足球的基础结构发生了巨大的变化。当温格到来时，他使这项运动发生了很大的变化，也改变了球队的组织机构。他带来了颠覆性的技术。但是现在萨姆·阿勒代斯使用了更多的科技。温格仍然任用1996年随他前来的博罗·普里莫拉茨；他不希望失去帕特·赖斯，我真的认为这是属于两个不同时代的阿尔塞纳·温格。

球迷对他的看法也极不稳定。从2014年12月的情况看来，我认为大部分人的意见是到了应该改变的时候了。但是对于打出横幅、抗议和在社交媒体上的过激言论，大部分人的看法可能有分歧，支持和反对的各占一半。但是另外那一半的意见是，温格已经为俱乐部做了这么多的贡献，虽然希望他离开，不过希望可以像一场不流血的政变一样，这样他们就可以说："非常感谢，但是到了离开的时候了"，从此以后，一切都愉快地结束了。

佩顿密切注视着俱乐部的财政状况，也认为温格执教阿森纳的后半期，更严重的问题是出现了切尔西和曼城这些大手大脚花钱的俱乐部，而不是阿森纳俱乐部没有钱可花。实际上，他论证了一点：温格可以支配更多的资金，但是他选择少花一些。

俱乐部最困难的时候是他们筹措资金、劝说银行借款的时候。只有球员离开，另一名球员才能入队。你可能记得关于阿什利·科尔的争论，以及他因此每周损失超过5000英镑的问题。这件事变成了关于谁应该支付他

第十三章 球迷的不安

的工资的道德争论。资金紧张使得他们关注每一分钱。

此后，罗曼·阿布拉莫维奇出现，大卫·戴恩说：他来了，将坦克停在草坪上，发射50英镑的钞票。那促使大卫·戴恩出去寻找自己的亿万富翁。他最终找到了两个，尽管如此，阿森纳俱乐部迎来了新的竞争对手，而不是大卫·戴恩设想的大款老板。

阿尔塞纳·温格变得痴迷于省钱。在无敌赛季，他们有着最高的工资预算，所以他不反对花钱。但是足球界有一条规则，最高的工资账单能够带来冠军。情况通常都是如此。

在五六年的时间里，阿尔塞纳·温格确实都没有花掉手上所有的钱。最好的例子出现在路易斯·苏亚雷斯身上，这事广为人知——实际上，连利物浦队都通报了这件事情——阿森纳队只能说服温格出价4000万零1英镑。他甚至在试图签约马克·施瓦策尔时也想节约下100万英镑。2014年夏天，他们在银行剩下了很多钱，在开赛之后仍然只有6名后卫……

如果温格离开，彻底与这里决裂，那么在回来时会受到热情的接待；球迷们将欢迎他的归来，因为过去的美好时光、取得的成功和他引领的足球风格。他为足球做出了太多的贡献。主教练们往往会被赶出办公室，这从许多方面上看都是一个耻辱，有点像他的另一个爱好——政治。

我不太确定世界上的其他足球俱乐部是不是……像阿森纳球迷这么耐心。你无法告诉我，如果他在2006年上任，现在是否仍是主教练。他能留任是因为第一个成功时期的成就。这说明了球迷对他的尊敬。阿森纳球迷是一个安静的群体，现在更像是一个公司……

问题在于，阿尔塞纳·温格没有失败，他只是没有进步。但是他对预算的执行和带队时的表现足以留住工作。他可能达到了自己的个人标准。赛季结束时排名前四是他赖以生存的根本。如果说他缺少一个奖杯，那就是冠军联赛的奖杯了。即使在他成功的年代，你也可以因为他没有率队实现更高成就而批评他。

阿森纳俱乐部对外公开其年会的情况，使人们不仅有机会深入了解董事

温格：阿森纳时代

会，也有机会了解温格的表现。他总是在会议结束时留下来签名、握手和拍照。难以想象其他俱乐部或者教练会如此开放和友好。他不仅认识富有的高管们，和几位长期的支持者也保持着亲密的关系。

但是干预批评球员的球迷运气就没那么好了。温格不能容忍这一点。2009年5月，一位球迷将他签下的表现不佳的米卡埃尔·西尔韦斯特雷称为"老朽"，他对此勃然大怒并在球迷聚会上发生争吵。从温格对此的解释，可以看出他对球迷的态度：

我们的工作中有两件事。我带着敬意接受批评。但我不接受无礼的批评，也不尊敬这种做法。也许有一天，你在媒体工作25年之后，人们会断言你对自己的工作一无所知。他们可能是对的，但是你也不得不敬而远之。

我接受每个人的观点，但是那次聚会并不令人愉快，因为他们不尊重某些球员，我不能接受这个。即使连续输了38场比赛，我也不会接受那种态度。

你从未听到我抱怨手头可用的资金。但是如果人们认为我会愚蠢到只因为害怕花钱而将1亿英镑放在银行里，那我是不会接受的。我根据自己拥有的财力和能力做事，不会抱怨。但是如果我告诉你，我有2.5亿英镑可花，我所召集的每个球员都会比现在贵三倍。

本质上，温格的立场是球迷没有权利质疑他的判断，因为他们并不知道所有事实。2012年1月，当他用安德烈·阿尔沙文替换亚历克斯·奥克斯雷德-张伯伦，还有2012年11月，当他在与阿斯顿维拉队的比赛中换下奥利弗·吉鲁时，球迷们高喊："你不知道你在做什么。"这令他大为光火。

在与维拉队比赛后遭到嘲讽时，温格反击道："我很幸运。我只执教了1600场比赛，其中有200场冠军联赛的比赛。"

当球迷们开始质疑他在转会市场上的运作能力，他同样变得易怒。2013年夏天，阿森纳队难以达成任何交易，而托特纳姆队正在进行一系列转会，温格被问及是否能够理解球迷们的沮丧。温格喊道："当然！"事实是，托特纳姆投入了1亿多英镑的巨资，并没有使他们在该赛季超越阿森纳。

第十三章 球迷的不安

2013年8月,在冠军联赛资格赛对阵费内巴切队之前,温格因为主场以1∶3负于维拉队而饱受质疑,他不愿意接受人们的暗示:他在转会窗口没有完成重大的签约源于糟糕的计划。

温格说:"在此时此刻,我无法根据大家的意见决定如何训练球队。我所从事的是一份公开的工作,每个人都有自己的观点。在工作时,我全身心投入到我认为对俱乐部和球队重要的事情上,认真准备下一场比赛。"

"足球中重要的是追求精彩的球赛。其他事情对报纸有好处,但并不是真正的足球。真正的足球注重的是球赛的质量,对我来说,那永远是最重要的。"

几天之内,该俱乐部从皇家马德里以创纪录的4200多万英镑签来了德国国际球星梅苏特·厄齐尔。这是球迷期待的里程碑式签约,向外界发出了一个信息:在阿森纳队似乎总是成为转会市场上卖家的时期之后,他们已经重拾雄心。2013/14赛季,对又一座奖杯的追逐终于取得了成功。

第十四章
新的曙光

"最美好的时刻是你赢得的每场重要比赛,最糟糕的则是每次失败,因为我的每次失败经历都像一次死亡。要在这项工作中生存下去,就不得不接受失败的严重伤害,因为这样你能更了解自己。在我的工作中,每次失败都是非常可怕的。"2013年夏天,阿尔塞纳·温格将要进入一个新时期,但是正如阿森纳赛季前的亚洲之旅中,他在一次采访中明确指出的那样,失败的痛苦和这项工作给自己带来的压力从来未曾或减。

2013/14赛季对温格来说真称得上喜忧参半。这个赛季以足总杯成功夺冠而告终,并见证了他为阿森纳队执教1000场的里程碑时刻,但是也出现了他的整个阿森纳执教生涯中最糟糕、最耻辱的一些失败。

很难平衡如此泾渭分明的高潮低谷。阿森纳队在英超联赛中领先了128天——比任何一支竞争对手都多——但是在利物浦以五球惨败,在切尔西和曼城主场更是以六球溃败。这些惨重的失败可能是媒体始终没有将阿森纳队当成真正竞争者的原因,这令温格十分沮丧,但是他能够理解为什么这么多

温格：阿森纳时代

人都怀疑阿森纳队的挑战能力："从2004年起我们没有赢得任何一项冠军，前一年我们不在竞争者的范围内，所以我完全理解这一点。重树人们的信心是我们的责任，我们只能那样做。"

最主要的是，从无敌之师令人陶醉的时期起，阿森纳队的素质在接下来的9年里无疑下降了，签下的很多都是廉价球员、赌博式的合约以及二流球员，或者需要花时间成长的年轻球员，而不像过去签约的球员那么鼓舞人心。

但是现在，一切都在改变。实际上，从首席执行官伊万·加齐迪斯邀请几位记者到阿森纳俱乐部会议室，向他们概要介绍俱乐部计划，非常清晰地表达了俱乐部有丰厚资金开始，一切就应该改变了。正如加齐迪斯所说，阿森纳俱乐部现在已经拥有和欧洲精锐俱乐部竞争的资金。

2013年6月5日（星期三）是一个阳光明媚的日子，尽管新体育场海布利大厦会议室里的木质装饰（海布利球场的旧装饰品和家具已经搬到新的办公室里）总是看上去非常昏暗。

加齐迪斯是一个很有魅力的聪明人，因为他带有美国口音，有些人认为他不懂足球。那是懒散的英国人爱犯的错误。加齐迪斯在牛津大学中曾两次获得足球蓝奖，他从4岁起就在曼彻斯特长大，但是大部分足球生涯都在美国为足球大联盟（MLS）工作。他博学多闻，对足球、球员、哲学、政治和英国体育的未来充满兴趣。和足球圈里的许多人不同，他是一个真诚的好人——没有偏见、没有心机、始终友好、礼貌和体贴。他一般来说也相当谨慎，不过多接受采访，所以当他邀请几位记者进入会议室时，你就可以猜到他有重要的事情要宣布。

加齐迪斯讲了将近一个小时。他总是给出详尽的答案，对每个句子都深思熟虑，有时候在采访之后，你不得不抄写下来认真地阅读，然后才能挑选出其中的信息。但是，在这个场合下，尽管他的讲话抄写下来超过了5000字，但是信息相当简单：阿森纳俱乐部迎来了新曙光，我们已经有了数量可观的资金——而且我们也准备要花掉它。

这是即将到来的新商业合同的高潮，体育场的筹资工作提前完成了，阿森纳俱乐部自豪地宣布，他们已经实现了自给自足，做好了向世人展示其成功的准备，并最终在没有大款老板加入的情况下开始买入球员。加齐迪斯说：

我们想要成为可以在最顶级赛事中竞争的俱乐部，这意味着竞争超级联赛和冠军联赛的冠军。在这个方面，我们还没有实现自己的目标。

我们将要进入发展的新时代，这是一个非常激动人心的时期，我想这意味着，如果我们认为可以从一名特殊的球员身上发掘出价值，阿尔塞纳也对此深信不疑，那么我们就可以做出一些令人鼓舞的举措，我想我们的球员在接下来的几年里将高兴地看到俱乐部有所进步。

我想球迷们希望看到真正的进步。我认为他们希望看到好的球员加入到团队中来。事实是，今年我们开始看到计划已久的一些变化，这提升了我们的财力。下一赛季，这些变化还将继续——这个夏天我们已经从中受益，下一赛季也将如此。这将在接下来的两个赛季中带来进步，对俱乐部相当重要。

加齐迪斯对未来的展望乐观、直接而坚定。阿森纳俱乐部"在财力上有新的提升"，温格就是花钱的那个人。各大报纸的当务之急当然是了解阿森纳队计划购买的球员。

有些专栏作者轮番批评加齐迪斯公开了阿森纳的新财富。毕竟，那不是会使转会价格上涨吗？正如一名爱看电影的工作人员所说："《搏击俱乐部》的首要原则就是'不要谈论搏击俱乐部'。"

果然，温格和一位密友谈到此事时相当激动，抱怨这会使价格上涨，令交易更难完成。他不认为俱乐部应该对媒体如此公开。

那么，为什么加齐迪斯会这么做？可能是因为他觉得不应该有任何灰色地带、借口或者错误的指责。阿森纳俱乐部有钱，希望加入竞争，俱乐部也积极地想让温格将这些钱花在大牌球员身上。

加齐迪斯所传达的信息中另一个有趣的方面是，过去俱乐部也有钱，但是这取决于温格有多么想要某位特定的球员。那就是问题所在。加齐迪斯的讲话清楚地表示，董事会觉得过去俱乐部没有巨额的资金，出于相同的理

温格：阿森纳时代

由，温格常常决定不向他们要求以"特殊的高价购买关键球员"。

2000年以1200万英镑购入西尔万·维尔托德之后，阿森纳队在2013年夏天之前已经以类似的转会费购买了安德烈·阿尔沙文、亚历克斯·奥克斯雷德-张伯伦、萨米尔·纳斯里和桑蒂·卡索拉，阿尔沙文的1500万英镑仍然是俱乐部纪录——英超联赛有9家其他俱乐部等于或者超过了这一数字。尽管加齐迪斯承认，有用于特殊情况的资金，但是温格的花费曲线仍然是一条平线。

所以，加齐迪斯也许是有意无意地提醒温格，敦促他开始花钱，同时清楚地告诉球迷们，金库中有钱可用。在加齐迪斯的采访报道公开之后，就毫无疑问地为这个夏天制定了议事日程，并随着与路易斯·苏亚雷斯、贡萨洛·伊瓜因甚至韦恩·鲁尼的签约传闻，表达了阿森纳的态度。

阿森纳俱乐部本以为他们已经和伊瓜因达成协议——可之后价格提高了。温格对转会中的诚实非常苛求。很难知晓新的转会费是因为皇家马德里俱乐部，还是因为第三方突然卷入要求从中分一杯羹（这种可能性更大些）。阿森纳队断然拒绝支付额外的部分，温格将此视为重要的原则，所以这名球员转会到了那不勒斯队。

多年来，温格已经卷入了好几次经纪人纠纷中，但是没有一次像萨米尔·纳斯里的转会那样，由于阿森纳俱乐部——特别是温格——拒绝满足纳斯里的经纪人酬金，交易被推迟了。最终，俱乐部通过了2400万英镑的转会合同，纳斯里的经纪人酬金总额仍然为200万英镑左右。跟班们在伊瓜因的交易中要求得到很大的份额，在这一交易停滞期间，阿森纳队改变了目标，卷入了英超联赛史上最丑陋的一桩转会故事之中。

阿森纳俱乐部在2012/13赛季末已经知道，他们有可能得到利物浦出色的乌拉圭前锋路易斯·苏亚雷斯，因为这家默西赛德郡的俱乐部没能进入冠军联赛，苏亚雷斯希望在一家可能赢得奖杯的俱乐部接受新挑战。而且，他卷入了一系列争论之中，从在比赛中咬了切尔西后卫布拉尼斯拉夫·伊万诺维奇，到用种族主义的言辞辱骂曼联队后卫帕特里克·埃弗拉而遭到足总禁赛。

第十四章 新的曙光

在阿森纳俱乐部看来，苏亚雷斯是"受损货品"，因此不管他在场上有多优秀，价格都应该反映出他在场下的问题。与此同时，利物浦肯定也了解加齐迪斯的意见，毫无疑问，阿森纳队能够承受顶级球员的薪水。但是苏亚雷斯和他的经纪人佩雷·瓜迪奥拉强烈要求转会，利物浦意识到，球队可能失去他。

利物浦接到的第一通电话提及的转会费为3000万英镑。由于苏亚雷斯以2200万英镑身价加盟仅过去两年半，所以这一出价很快就被驳回。阿森纳方面坚称，两个俱乐部之间只有一次"会谈"。利物浦则称对方提出了一个报价，但是立即遭到拒绝。不管双方的接触是什么性质，消息泄露之后，利物浦采取了强硬的立场——他们不愿意卖出苏亚雷斯。

对阿森纳签下大牌球星的呼声势不可挡，当球队在2013年7月12日飞到雅加达开始亚洲之旅时，这成为了交谈的话题。当温格坐在机场候机室，忍受着印度尼西亚的酷热时，法国人在谈到转会、自己的未来和阿森纳财政状况的时候看上去有些不舒服。加齐迪斯坐在他身旁的一张桌子边上，四位记者从桌子的另一边不断发问。

我们立刻问到了苏亚雷斯，这是最紧要的问题。温格说道："现在我无法提供任何球员的名字，因为需要跟进许多不同的案子，这很困难。如果我们透露了什么，可能会毁掉我们的机会。"

但是，苏亚雷斯、鲁尼和伊瓜因是不是现实的目标？温格说："从素质来说，他们都是现实的目标，他们当中不是所有人都有机会加盟我们，首先，那些球员都有合同在身，决定这些合同的俱乐部才能决定他们是否能离开，只有在现俱乐部认可的情况下，他们才能加盟我们。"

"我们的财力比一年前更强了，从这方面上讲，资源是我们自己创造的。这对我们来说非常重要。我们将会看到，转会期结束之前和新赛季开始之前能够做些什么。那是我们此刻的工作。大牌球员总能使球迷、球员和所有人安心。但重要的是，我们不需要数量，而需要质量。"

在那次旅行中，苏亚雷斯一直主宰着交谈——从对温格的赛后采访到和

温格：阿森纳时代

球员们进行的公众活动。苏亚雷斯是唯一的话题。温格管理下的阿森纳队以花钱谨慎而失去大牌球员闻名，此时却将小心谨慎抛诸脑后，试图签下主要竞争对手中最重要的球员。

在接下来的旅程中，随着转会窗口邻近，加齐迪斯的新闻简报发布已经将近两个月，球员们也急切地想知道俱乐部是否真的要签下一名大牌球员。一位球员甚至发短信问道："我们真的要签下什么人吗？"这种疑问来自各个不同的角度。

在雅加达打完比赛直接飞往越南之后，阿森纳队在河内的豪华酒店里举办了又一次新闻发布会。在和米克尔·阿特塔的讨论中，钱成了主要的话题，阿特塔是一位雄辩而又思想深刻的球员，他有一天定能成为主教练。他说道：

俱乐部已经说明，他们将在市场上表现出很大的雄心，而且已经有了获得大牌球员的财力。我认为这只是时间问题。当你将我们和其他顶级英国俱乐部相比时，我们花的钱比他们还差得很多。这家俱乐部的价值是它所处的层次，这一意义是难以匹敌的。阿森纳俱乐部从来就没有疯狂花钱的传统。

但是现在，从财政上说，他们非常强大，所以我们可能在转会市场上会更有进取心。我对此很兴奋。他们公开表示要追逐大牌球员。他们提到的那类球员使我非常高兴。

我想，我们能够再次成为竞争者，而且为球迷创造了一个真诚的氛围，他们需要那种氛围，因为我们在过去几年里没能赢得奖杯。获得奖杯是不可思议的事情，我们享受在这一俱乐部里踢球的快乐，想象一下我们能获得奖杯，那是多么奇妙的事！我不认为我们差得很远。在8年中没能夺冠的事实使这一目标在心理上更难以相信，然而那就是我们必须要做的事情。

问题在于，虽然阿森纳试图实现俱乐部历史上最大的交易，但是他们没有进行任何其他尝试。温格很固执，在谈话中也说到，他的球队团结一致，

第十四章 新的曙光

他不希望大量签入新球员而破坏更衣室的气氛。他保持紧凑的小班底这一决定背后,有着某种方法和理由。他唯一真正想要的球员就是一位明星前锋。

当球队旅行到日本时,阿森纳将要对苏亚雷斯重新出价这一事实已经越来越明显了。由于时差这一主要因素,我提交了一篇报道,称阿森纳已经提出了4000万英镑的报价,当我在英国时间午夜醒来时,看到许多报纸的体育版上已经出现了类似的报道:阿森纳队已经报价4000万零1英镑。这成为了有史以来最臭名昭著的转会报价。这很快使利物浦方面感到不快,俱乐部老板约翰·W.亨利发推特说:"他们在酋长球场放什么烟幕弹?"

阿森纳的这一出价是在加齐迪斯和利物浦总经理伊恩·艾尔的电话交谈中提出的。仔细检讨起来,这是阿森纳方面的一个错误,但是如果你注意其中的缘由,就可以理解。有些人认为,以保守的转会评估著称的温格不愿意提出高于4000万英镑的报价。而且,利物浦方面斩钉截铁地告诉阿森纳,苏亚雷斯的合同中有买断条款,这是亨利于2014年3月公开承认的。

但是,谁向阿森纳提供了这一信息呢?许多人怀疑这来自于苏亚雷斯的阵营,那说明了这位球员离开的决心。但是利物浦坚持立场,拒绝让步,而阿森纳可能有些天真地认为该条款将被立即启动,如果利物浦不让步,苏亚雷斯将迫使他们立即做决定。

苏亚雷斯在赛季末的三次采访中暗示,自己在英格兰"不舒服",渴望前往皇家马德里,在8月初的采访中又说道,利物浦已经同意,如果不能获得冠军联赛资格,他就可以离开,而且苏亚雷斯从赛季前巡回热身中退出。

此时,阿森纳俱乐部绝对相信,苏亚雷斯成为阿森纳球员只是时间问题。毕竟,过去他们已经见过大牌球员在俱乐部希望挽留时离去会发生什么,这可能减轻了他们对这次转会所采用手段的负罪感。

阿森纳方面保持沉默,与交易相关的信息大部分都是从各种消息来源搜集而来,而不是来自俱乐部。利物浦的情况也大体相同,只是布伦丹·罗杰斯在俱乐部赛季前巡回比赛期间谈到了阿森纳的出价。罗杰斯说:"在休赛期有许多推测,事实是,他是利物浦非常珍视的一位球员,除非有接近其价值的报价，否则我们不会考虑。我们还没有得到这样的报价。"

在被问及苏亚雷斯的价值时，罗杰斯说："我并不是说我们将会出售他，我说的是每名球员都有他的价值。这并不意味着你就会卖掉他们。"

从罗杰斯的话中可以明显地看出，利物浦不排除出售苏亚雷斯，只是价格的问题。如果阿森纳出价4500万甚至5000万英镑，人们觉得这笔交易就会达成。在阿森纳队打完亚洲的热身赛之后，我们中的几位记者几乎将温格堵到墙角，试图让他谈一谈苏亚雷斯和4000万零1英镑的出价。

温格说："我不知道是谁给你们这一信息的。"在我们回答说是布伦丹·罗杰斯时，温格笑道："他说得太多了。"

随着事情的拖延，很明显阿森纳将不会得到他们想要的球员。但是，这和阿森纳公开宣布他们有很多钱可花的背景不符。人们越来越频繁地提出这些问题，温格也变得更加不耐烦，阿森纳队在首轮比赛负于维拉队更是雪上加霜，球迷们打出了"花钱、花钱、花钱"的横幅。温格的沮丧毫不奇怪：他们有钱，但是却很难花出去，在转会窗口临近关闭之际，他们唯一签下的是自由转会的马蒂厄·弗拉米尼。

在转会窗口的最后几天，紧张情绪越来越高涨，阿森纳队询价沙尔克04队的德国新星朱利安·德拉克斯勒，但是报价过高。他们希望花4000万英镑买下德拉克斯勒，这对温格来说已经不容易了。但是，在另一个地方，阿森纳队正在实施一项计划，准备进行有史以来最大规模、最大胆的转会。

阿森纳队以努力地为其转会保密而著称。我们在转会窗口剩下10天左右时得知他们对梅苏特·厄齐尔感兴趣。阿森纳队和许多俱乐部一样，都受到了皇家马德里俱乐部的试探，后者愿意出售厄齐尔、卡里姆·本泽马或者安赫尔·迪马利亚，以平衡账面，以便从托特纳姆签来加雷斯·贝尔。但是有关厄齐尔的幕后操作是真正的秘密行动，就像詹姆斯·邦德电影中的情节。这一行动非常完美。

厄齐尔的经纪人已经开始兜售他，阿森纳俱乐部抓住了机会。他们的王牌是加齐迪斯，从在美国足球大联盟工作时起，他就认识皇家马德里俱乐部的总经理何塞·安赫尔·桑切斯，当时这家西班牙俱乐部试图拓展在美国的市场。实际上，厄齐尔交易的种子在6月就已经播下，加齐迪斯当时联系了他在皇家马德里的联络人。厄齐尔的名字在8月中旬开始传出。在其他大俱乐部（如曼联）犹豫不决之时，阿森纳跳了出来。他们的兴趣表露无遗。

麻烦在于，皇家马德里试图打包交易加雷斯·贝尔，不希望在招募到这位热刺球星之前放走一位大牌球员。托特纳姆不想出手贝尔，乐于让这笔交易拖延到最后一刻，因为这样的情况明显会发生。如果皇家马德里签下贝尔，他们就必须出售球员、降低资金负担，以平衡账目。在已经签下多名球员之后，托特纳姆主席丹尼尔·利维希望推迟这一交易，使皇家马德里没有时间将他们的球员卖给英超联赛中的竞争对手——特别是阿森纳。但是，阿森纳秘密展开行动，使托特纳姆方面误以为厄齐尔的交易已经取消，于是热刺队批准了贝尔创造世界纪录的交易。

阿森纳直到8月29日（星期四）才重新开始接触，车轮开始转动。在三天内完成如此之大的一笔转会交易是非常罕见的情况。他们通过梅苏特·厄齐尔的父亲（也是他的经纪人）穆斯塔法，在皇家马德里的许可下与其联系。温格打电话给厄齐尔，用德语和他交谈，令其着迷。结束通话时，温格相信厄齐尔希望来到阿森纳。

周六，加齐迪斯短暂地前往马德里，阿森纳的转会协调人迪克·劳（在转会市场上毫无作为之后，他在推特上成了人们取笑的焦点）飞往慕尼黑会见厄齐尔的家人，这位球员也在那里参加德国国家队的训练。

周日早晨，劳飞回伦敦观看与热刺队的比赛。他最担心的就是引起利维或者热刺技术总监佛朗哥·巴尔迪尼的怀疑，让他们觉察到阿森纳队将要交易。利维和巴尔迪尼在会议室中享受了阿森纳俱乐部的热情接待，坐在董事包厢里看着阿森纳队费力地以1∶0击败了他们花大价钱整合起来的球队，浑然不知已经发生的事情。比赛结束后不久，热刺俱乐部相信阿森纳不会有进行中的交易，于是宣布了贝尔的转会。

与此同时，劳离开酋长球场，立即坐上一架私人飞机回到慕尼黑，在24

温格：阿森纳时代

小时内敲定了4200万英镑签下梅苏特·厄齐尔的交易。为了快速完成交易，在德国国家队队医汉斯–威廉·穆勒–沃尔法特和从伦敦飞来的阿森纳队医加里·奥德里斯科尔监督下，厄齐尔于慕尼黑进行了体检。

托特纳姆已经出售了贝尔，这就使阿森纳得以签下厄齐尔。热刺俱乐部主席利维大怒，而巴尔迪尼在私底下对阿森纳队令人吃惊的转会手法钦佩不已。在绝望和他人的嘲笑之中，阿森纳在转会市场上以巧妙的方法击败了托特纳姆，签下了一位完全改变球迷情绪和期望的世界级球员。

毫无疑问，如果不是温格，厄齐尔不会加入阿森纳。这使大部分球迷恢复了对温格的良好感觉，但是阿森纳教练承认，在转会窗口的最后几天，紧张情绪已经高涨。

温格说："说一切都在控制之中有些夸大其词了，因为我们能够控制的并不多。但是我告诉你们，在两三天前当我说自己保持乐观时看上去有些孤独，但是最终转会发生了。我想我们有机会完成这一交易，虽然机会并不大，但是在一切结束之前我们都非常努力地工作。"

"最后的操作非常复杂，因为时间太短了，但是星期天大约两点，当我前往指挥与托特纳姆的比赛时，我想我们可以做到了。在比赛前，我有90%的把握了。"

温格坚称，花这么多钱并没有让他为难：

完全没有。这是完全不同的两件事。其一，我所为之奋斗的球队，花的是他们已经赚到的钱，而不是虚假的收入。一旦他们赚到了钱，我很高兴花掉它。你也知道，对我们来说，找到世界级的球员是非常重要的，这样的球员并不多。

我想这笔交易和贝尔的交易有关。我不知道马德里俱乐部内部究竟发生了什么。是因为财政的原因？还是因为他们买了贝尔、有了伊斯科，就必须让某个人走？是的，我【对他们让他离开】感到很吃惊。

当梅苏特前往皇马时，我们有过接触。在那个时候我就希望他来阿森纳，但是当时没有成功。那就是我们之间关系的开始。第二次我们成功

第十四章 新的曙光

了。我认为第一次的接触确实有帮助。

当我签下一份长期合同，我们就必须经历一些财力有限的年头。这一时期的目标是留在冠军联赛中，我们做到了。现在，我们的财政状况又变得很好了。

厄齐尔是第三代的土耳其裔德国人，在谈判期间，人们认为他谦和且热心学习，这种性格也使他特别渴望和温格一起工作：

温格是位世界级的教练——他已经在很多年里展现了这一点。许多球员在他的指导下得到了发展，那也是我决定加盟阿森纳的原因。我希望进一步加强自己，向往那种足球风格。阿森纳以技术优势和对攻势足球的渴望而著称。我认为自己能够完美地融入其中。这是我选择签约该俱乐部的原因。

最重要的是，教练给了我信任。我希望展现自己的潜力，在球场上得到快乐。我想，我能够用自己的表现帮助球队。我在电话里和教练谈了很多，他介绍了他的愿景和对我的想法。那说服了我，促使我现在来到了阿森纳。

教练总是希望踢出有魅力的攻势足球。我认为这适合我，因为我喜欢快速的打法——就是"一脚出球"。我很高兴成为俱乐部的一员，希望对球队有帮助。

厄齐尔以世界级超级球星的身份加盟阿森纳，这无疑是温格和阿森纳在转会市场上的最大动作。厄齐尔的到来使他们在冠军的竞争中点火升空，在开赛初期暂时的低谷之后，阿森纳队加快脚步，在赛季的大部分时间里保持着领先，温格的形象突然间再次变得高大。

2013年9月20日（星期五），《每日电讯报》的杰里米·威尔逊和我在伦敦一家豪华酒店里会见了阿森纳的大股东斯坦·克伦克。他径直从酒店的健身房走出来见我们，身上仍然流着汗。虽然已经年过六旬，他仍然几乎每天都锻炼，相当健壮。克伦克热情地谈到了他对阿森纳、英格兰的热爱，最意味深长的是，他还提到了对阿尔塞纳·温格的喜爱。如果你和克伦克有过接

温格：阿森纳时代

触，就会完全相信温格将会一直执教到他自己改变主意。很明显，克伦克对取胜有着炽热的雄心：

涉足【足球俱乐部】带来的问题中，有一部分是你会深陷其中——可能毁掉你的日子，毁掉你的周末并紧紧纠缠着你。你甚至会努力地做更多相关的事；我接受了母亲的建议，力图保持良好的平衡。

没有什么比赢得英超的冠军更酷的了，我以前还从没有经历过。我的美国军团中的一些人曾经体验过，我们还没能做到。我无法重回年轻了，这是我希望实现的目标。

我真心喜欢阿尔塞纳。我们都知道，他是个非常精明、智慧的人……他接受过经济学的训练，我所学的就是经济学专业。我喜欢和他交谈；他是个非常有趣的家伙，对球队和俱乐部的运营有全面的看法。瞧，他赢得了这种权力。不要期待我去干扰他。多年以来，我已经知道有时候老板很想这么做，但结果并不好。他知道我们的感觉、我们的哲学、我们想要什么，我觉得我们完全保持着一致。我想，他希望以和我们相同的方式去处理问题。

我不想对阿尔塞纳说三道四，那不是他认为我会做的事情，不过我想他似乎热爱自己从事的职业。那是阿尔塞纳的决定。他知道拥有我们的支持，我从来没有对任何人有过这么强烈的感觉，我想他干得非常出色。

去年，我带着我儿子和他的一群朋友到训练场去了。其中几个人是NBA的球员，他们是到那里参加奥运会的。我们站在雨里观看训练。阿尔塞纳一直在那里，训练持续了好几个小时，那天下着大雨，雷鸣电闪。

我开始有点担心球员们被闪电击中，阿尔塞纳站在球场中间。他每天都在那里指导球员们。如果没有热爱，你不会那么做的，那是一种激情。

2013/14赛季气氛显然有了改变，几个因素可能加速了这种转变。他们在前一赛季客场击败了拜仁慕尼黑，这成为他们连续取胜、在赛季最后一天赶超劲敌托特纳姆挤进前四名的催化剂。然后是厄齐尔的签约，加上更衣室里的团结。这些因素为阿森纳队提供了一个平台，恢复了温格执教下的信心

第十四章 新的曙光

和方向。

另一个重点是，几年来，阿森纳俱乐部幕后第一次显得平静而和谐。俱乐部最大股东克伦克掌握着控制权，会议室斗争和股权之争不再成为阿森纳或者温格的问题。俱乐部正向同一个方向进发；财务状况安全，人们感觉阿森纳队在场内场外都走上了正轨。简而言之，在很长的不确定时期之后，未来看上去很美好。

2013年夏天，随着阿森纳队的高飞，温格更进一步，在俱乐部年会上阐述了自己的哲学和对阿森纳队的愿景——这是他最接近于提出建队模板的一次：

我们怀抱雄心，准备再次赢得联赛冠军，这是本赛季的目标，但是我仍然认为，我们的策略必须基于三个不同的层次，我们希望继续成功地实施这种策略。

我不认为，我们能够在没有策略的情况下取得成功。当然，第一个层次是继续捍卫我们的踢球风格、足球哲学和价值观。这只能通过培养我们自己的球员来完成，球队的核心必须来自于俱乐部内部的培养。那就是我们再次在青训政策上投入巨资的原因。我相信，那是俱乐部的核心和优势所在。例如，如果你仔细观察我们的球队，我们有已经培养成功或者正在培养中的什琴斯尼、詹金森、吉布斯、威尔希尔、拉姆齐、张伯伦、纳布里——这些球员都是在我们队里参加英超联赛首秀的。他们知道我们想要如何比赛，知道我们希望什么样的表现，他们也将自己的素质和这些价值带给了球队。

俱乐部发展的第二个层次必须基于我们的眼光。这意味着，通过我们的关系、球探的素质，我们发现可能成为大牌球星的无名小卒，看到他们的特质，找出培养他们的方法。例如，科斯切尔尼来到这里时，没有人认识他；现在，他已经是法国国家队的国际球星了。许多人来到这里，经由我们高质量的训练和培养，成为了国际球星。他们是我们内部从青年队培养出来的顶级球员的补充。

发展和雄心的第三部分是发现和购买公认的世界级球星。例如，本赛

温格：阿森纳时代

季我们买进了厄齐尔。你不需要任何观察就可以买下厄齐尔，只需要钱！我很高兴让你们看到，当我们认为某位球员具有素质，且我们拥有足够的资金时，并不害怕花钱。

温格重新恢复了乐观，坚信阿森纳能够赢得联赛冠军，在快速启动之后抓住重要的机会，使这个赛季看上去像是俱乐部和教练新时代的开始。但阿森纳队并没有抓住机会，更糟糕的是，温格执教的第1000场比赛以0：6惨败于他的最大对手何塞·穆里尼奥率领的切尔西队。

虽然2014年2月客场以1：5负于利物浦队并不是最惨重的失败，但可能是阿森纳队该赛季的转折点。这场失利夺走了他们的信心，他们此后再未重新发动对冠军的冲击。雪上加霜的是，当阿森纳队前往莱姆街火车站乘车返回的时候，一名球迷拍下了温格平躺在地上的照片。连《当日赛事》节目也展示了这张照片，加里·莱因克尔称之为"不堪回首的一幕"，背景却是阿兰·希勒的窃笑。

这样做实在太残忍了，在下一次见到他时，我们当中的几位感到有必要为媒体（包括我们自己的）利用这一耻辱性的照片而向他道歉。他带着勉强的笑容说道："这很痛苦，但我更担心的是输球。"

在周六午餐时间开球的比赛中，阿森纳队遭到曼城队的闪击，在利物浦的另一场中午12时45分开球的比赛中，阿森纳队又遭到了惨败，鉴于与切尔西的客场比赛在2014年3月22日（星期六）的同一时间开球，阿森纳也许应该搁置温格第1000场比赛的庆祝。在一整周的造势之中，报纸、电台和电视上充斥着有关温格里程碑式比赛的报道。就连宿敌亚历克斯·弗格森爵士也发来了书面的颂词：

他也在一家俱乐部中达到了相同的里程碑，我最为看重的是实现这一成就所需的奉献、适应能力和牺牲精神，这也是我最为钦佩的。多年以来，我们曾享受过一些精彩的比赛，可以说我们是一起幸存下来的，我们也都尊敬对方为踢出精彩足球所做的努力。我始终喜欢观看阿尔塞纳的比赛——阿森纳走的是正确的道路。

第十四章 新的曙光

和他们比赛总是充满着特殊的挑战，多年来我一直为此苦苦思索。他始终是一位尽责的同行，努力完成自己的工作，帮助其他教练。也许，我能给阿尔塞纳的最大赞美就是，如果没有和对手竞争的这17年，那我不可能有任何成就。

当温格被问到这一温暖、真诚的敬辞时，他露出了笑容，也许回想起了两人建立友谊之前经过的那些争斗。

在一个阳光灿烂的早晨，温格在伦敦科尔尼训练场的停车场接受了俱乐部主席齐普斯·凯瑟克爵士赠送的一门黄金大炮。齐普斯爵士祝贺温格"执教1000年"。温格立刻抓住了这个错误，说1000场比赛使他看上去有"1000岁那么老了！"

温格似乎比平常更享受那天早晨的新闻发布会。这是当天最重要的报道，各大报纸都派出了主要的足球记者和首席体育记者。第一个问题当然和他执教生涯中最好和最坏的时刻有关。

温格笑着说："有许多时刻，我无法将其归入快乐和悲伤之列，但是每次失利无疑都是心上难以忘却的一道伤疤。你很快就会忘掉幸福的时刻，因为那就是你工作的目的，因此觉得很正常。遗憾的是，在1000场比赛中也有许多痛苦的时刻，你当然希望下一个时刻是幸福的。你总是期待下一场比赛，希望那将是一个幸福的时刻。"

对于温格是否会签下新合同，像过去多年承诺的一样投入工作一直存在着激烈的争论。那么，在接下来的1000场比赛中他能达到什么成就呢？

"我是个理想主义者，但我不是傻瓜，也不是疯子。在生涯的这个阶段，我极其热烈地——可能比以往更甚——想为这个俱乐部取得出色的成绩。但是我不得不接受这样的事实：下面的1000场比赛将会很困难。"

"足球比赛本身已经变得更讲究体能、更快、更敏捷，特别是环境和压力都已经变化了。足球也已经变得更为重要，足坛发生的每一件事都得到了更多的评论。我们生活在一个有着更多观点的社会中，环境的压力当然就更大了，身处俱乐部中，你必须变得比我刚来时更强大，才能抵挡这一切。"

温格：阿森纳时代

有人也指出，从温格上次赢得奖杯以来，已经进行了502场比赛，这是一个挑衅性的问题，但是并没有破坏这次特别的新闻发布会。

"我会一分为二地看待这个问题，如果赢得奖杯是指获得联赛杯并最终在联赛中排名第12的话……"温格的口气软了下来，他强调，对他来说，阿森纳队一直保持在前四名比联赛杯更重要，他继续说道：

我认为，体现俱乐部素质、管理水平的最重要因素是成绩的稳定性。奖杯得而复失，但是我相信你们能从成绩的稳定性中看出管理的素质。如果你在一个赛季结束之后获得冠军，第二年却只排名12，我不认为那……真正高质量的管理和稳定性是息息相关的。

当然，我们希望赢得奖杯，但是我认为，如果你好好地观察我们在过去15或者17年中表现出来的稳定性，并与其他所有俱乐部相比，就会发现这是最难实现的目标。在决赛中，出色的球员能够帮助你赢得比赛，我们有出色的球员，所以我有信心赢得奖杯。

但是，竞争的水平提高了。瞧，曼联队也在苦苦挣扎。曼城、切尔西、利物浦、阿森纳、托特纳姆都投资了超过1亿英镑，这很困难。取胜确实更加困难了。重要的是，只剩下9场比赛时，我们仍在夺冠球队的行列里。

我们的工作非常脆弱，这正是奇妙和困难之处。糟糕的决定可能使你很快失败。人们有时候不理解你为什么会在一个决定之后失败。当然，我不认为我们处于这样的境地，但是年复一年，你必须谨慎小心。

更引人注目的是，当被问及什么是自己最引以为豪的事时，温格的回答更明确："18年来我们稳定的成绩，这是非常难以企及的。即使在困难的时期，我们俱乐部内部也保持着团结，这也是令我非常骄傲的。我还认为，这个俱乐部对许多人的生活带来了积极的影响，尤其是许多球员。对此我非常自豪，因为教练首先是一名教育工作者，他必须给人们带来积极的影响。"

令人吃惊的是，穆里尼奥在次日切尔西队主场对阵阿森纳队的比赛日志中没有提及温格的里程碑，这正总结了两位教练之间的关系。在温格前往教

第十四章 新的曙光

练席就座时，两人握了手，但他对穆里尼奥投以轻蔑的一瞥。

在看台上，一位阿森纳球迷手持着一张标语，上书："在阿尔塞纳的第1000场比赛里，我们充满信心。"但是随着切尔西队接二连三进球，以6∶0取胜，这种信心逐渐消失，温格的轻蔑可能变成了憎恨。斯坦福桥毫无温情可言。

那里也没有阿尔塞纳·温格的位置。痛苦难言的阿森纳队教练没有出现在赛后新闻发布会上。穆里尼奥在新闻发布室里待了11分钟（从赛后新闻发布会的标准来看相当长了），温格放弃了等待。

当温格后来回忆起在切尔西主场的惨败时，他承认那是一个"最低谷"。耻辱性的比分出现在庆祝和承认其成就的一天，更是雪上加霜。

温格说道："那令我非常非常失望，但是从另一方面说，此后我们展示了强大的力量。我们在赛季结束之前的回应在许多俱乐部当中是不会发生的。我们一直保持着强硬。我永远不会忘记那一天，但是对我们的回应感到非常骄傲。"

"当我们【2001年】在老特拉福德以2∶8大败时，那天我们没有一支真正的球队。我们的后防线无人可用，所以那场失败是可以辩解的。但这【与切尔西的比赛】是2013/14赛季的最低谷。"

斯坦福桥的那一天是残酷而痛苦的日子，埃弗顿队紧追不舍，阿森纳队第四的排名都受到威胁，更不用说夺冠了。此后他们继续着失败，在4月初以0∶3客场负于埃弗顿，不知不觉间，第四的位置已经易手。他们不得不指望罗伯托·马丁内兹的错误。温格仍然角逐足总杯，但连这也成了令他分心的难题——他们在半决赛中落后，差点输给维甘队——突然之间，他们振奋起了精神。

在那段时间，温格不断面对他是否将要辞职、是否签署新合同的问题。他曾经在好几个月里谈到新交易的问题；阿森纳队关注他的转会目标，为他继续留任和离去做着计划。他们当然在其他地方询价，以防发生难以想象的事情——温格离开。不这么做的话就是愚蠢。温格没有暗示自己将要留下，因为他坚称自己已经对俱乐部"许下诺言"。不过，他没有怎么说过，许下的是什么样的诺言。

"我已经承诺过了。"那么你肯定会留下吗？"是的……除非我有了别的决定。"

不过，在赛季快要结束之际，双方仍然没有签约。因此我向他提出，对他来说，将这件事留到最后时刻，在足总杯决赛之后简单地说声再见就离去，是件困难的事。"为什么你要相信那些？"温格让所有人继续猜测。

当然，拜因体育是个例外，他和该电视台有收入丰厚的合同。2014年4月底，温格告诉该电视台："瞧，我说过很多次了，我曾经向俱乐部承诺过，我希望继续待在原地。"在很长的停顿之后，他又说了一句："那意味着留下。"

当然，这一路绝非一帆风顺。当赛季消逝，阿森纳队依靠足总杯决赛来结束对奖杯长达9年的等待时，温格的情绪和心态更难以读懂。8个无冠赛季意味着，太多人的目光都盯着在温布利球场进行的这场决赛，那是一场真正提振士气的比赛，但是人们的疑虑并没有消除。

温格坚称，他的未来取决于自己能否成功："我和所有人一样。当然，重要的是我们做得有多好。"

温格最终决定中另一个有趣的因素是他的信念：由于财务公平竞争（FFP）政策的推出，阿森纳队再次拥有了竞争力。多年以来，温格觉得由于他所称的"财政兴奋剂"，自己受到了不公平的待遇，在阿森纳力图以自己的方式生存时，切尔西和曼城等大手大脚花钱的俱乐部获得了不公平的优势。当欧足联承诺将对曼城和巴黎圣日耳曼俱乐部施压和处罚时，财务公平竞争政策发挥了新的重要作用。曼城队受到的处罚包括削减其冠军联赛阵容的规模。

财务公平竞争是温格最喜欢的主题之一，虽然某些记者和他们的报纸对此似乎感兴趣，但是对其他人来说，这是一个枯燥无味的主题，所以很少见诸报端。但是在2014年5月，温格的评论登上了报纸的体育版甚至一些小报，因为他宣称如果曼联破坏FFP规则，那么他们应该被禁止参加冠军联

第十四章 新的曙光

赛。但是他承认，他怀疑这些规则是否适用，部分原因是电视转播合同：观众不希望顶级球队被排除在外，而电视台的高层已经为这些合同支付了巨额资金。他评论道：

有些规则适用于财务公平竞争。其中之一是，如果你的财政支出超出了正当的总额，就应该遭到禁赛，也就是说，如果你投入了1亿英镑，那么就应该在冠军联赛中因这1亿英镑的工资账单而被处罚。

我希望看到这些规则得到遵守。如果不能，那么未来财务公平竞争政策就不会受到尊重，因为每个人都完全对其不加考虑。我思考过这一点【俱乐部遭到禁赛】，媒体也可能起到作用，因为当欧足联将冠军联赛转播权卖给一家法国电视台，在他们付了钱之后，就很难向其解释，该国球队将无法参赛，这可能成为背后的原因之一。

但是，从更长期的角度看，温格确信FFP能够实施，那是他决定继续担任教练的重要原因之一。尽管欧足联在2015年夏季放宽FFP规则，但温格由衷地认为，对支出采用更严格的规则，才可能有良性的竞争：

短期来看，人们会努力地寻找绕过规则的方法。但是从更长期的眼光看，你可以想象一下，如果明天超级联赛的20个俱乐部有了20个大款老板会是什么情景。在某个阶段，他们不得不坐下来说，"瞧，我们是为了支付更高工资而互相残杀，还是制定一个有意义的规则？"

长此以往，这种情况将会发生，没有别的出路。到目前为止，我们只有一两位亿万富翁。但是一旦我们有了10个，他们就不得不遵守某些规则，否则就将是没完没了的自相残杀。那就是我认为这一定会发生的原因。

当然，【打破规则】是不公平的。为什么我应该抵制？我只是为如下的想法辩护：你花的是你所拥有的钱，而不是不属于你的钱。多年以来，我都是这么做的。今天我们有了更多的钱，所以可以多花一点。就这么简单。

当然，我为这种前景而兴奋，但是我想让你们相信的是，如果明天早上我们觉得一名球员能够让球队变得更好，就会做好花钱的准备。在一张报纸上寻求那种平衡可能很难，但是足球不只有那个方面，它更博大精

温格：阿森纳时代

深，和团队、比赛质量、精神和归属感以及球员的素质有关。因此，我们还需要关注其他的各个方面。

这几年来发生的情况是，最好的球员因为财务原因离开，从而使我们的工作质量受到贬损。今年第一次没有发生这种情况，我不认为会再次因为财务原因而发生这种事。我们已经走出了第一步。下一步是购买合适的球员，强化球队和我们的团队。

幸运的是，他将要从球场上听到一些好消息——阿森纳队最终获得了一些荣誉。

第十五章
2014年足总杯的胜利

阿尔塞纳·温格蹒跚地走在阿森纳伦敦科尔尼训练场的走道里,仿佛肩负着整个世界的重量。就连接近他的人们,之前也从未见过他的这副样子。在惨败之后,温格往往性格暴躁、沉默寡言,但是在重要比赛之前,他一般都善于掩饰紧张情绪,以免将情绪传导给球员们。

但是这一次不一样了:在足总杯决赛前一周多的时间里,温格难以隐藏显而易见的紧张情绪。他知道足总杯决赛对阿森纳队意味着什么,对球迷们意味着什么,而在他心里最重要的是,这对自己的未来有着巨大的影响。他极度不安,甚至在赛前一周阻止最喜欢的一位前球员来到训练场。温格的一位助理告诉球员们"他的情绪不太好,说要离开。"

星期三,在温布利球场与赫尔城队的决赛前三天的一个晴朗早晨,温格在阿森纳媒体日上也同样易怒、缺乏生气。通常,我们可以开开玩笑,在广播新闻发布会结束之后,一旦摄像机和麦克风关闭,他就会说说俏皮话。但是温格看上去疲劳、憔悴,明显没有心情谈笑。阿森纳俱乐部已经邀请了两三位常来的博客作者参加媒体日,看看发生了什

温格：阿森纳时代

么。他们全然没有看出他不在状态，这真是一种耻辱。

当有人问及温格的合同为什么还没有签，足总杯决赛结果对他的去留是否有影响时，他厉声说道："一切都没有变。"

在那个赛季中，温格的脸上写满了紧张。我还注意到，当阿森纳队为第四名的位置和足总杯苦苦挣扎时，温格一直坐在教练席上。这最不像他：他通常会起身离座，在边线上来回走动，高声下令，不停摆弄大衣上的拉链。

他说道："有时候，我有意地少在边线上待着，因为当你到那里去的时候，你就知道自己很紧张。你可能带来负面的影响。当我觉得自己有负面情绪时，就会努力地坐下来。因为在边线的时候，你可能变成一个不利因素……"

"这个赛季，你能感觉到教练的压力比以前大得多。在9月份你会想：'没事，我们输了这场比赛，但还有时间追上。'现在，只有两三场比赛了，你看着积分榜的头尾，每个人都觉得你像在玩俄罗斯轮盘赌。"

2013/14赛季的最后几轮中，曾在冠军竞争中长时间处于领先地位的阿森纳队陷入了跌出前四名的危险境地，在足总杯半决赛中于温布利对阵维甘队时，他们也几乎犯了可怕的错误。阿森纳队一直落后于这支足总杯赛中的黑马，原本以为这场半决赛只是决赛的轻松过场，没想到成为了一场紧张的比赛，一直厮杀到点球大战。

那场比赛紧张至极，阿森纳球迷就像那整个赛季一样提心吊胆。前奥运冠军丹尼丝·刘易斯就坐在记者席前面，她明显饱受折磨，当阿森纳队几乎在半决赛中被淘汰时，她高声大叫，失去了冷静。我不太清楚她是不是也希望温格下课，但是她无疑表明了阿森纳球迷的身份，在当天经历了喜怒哀乐。

阿森纳队支持者无疑对温格及其去留有着不同的看法，那场半决赛凸显了这种紧张情绪。阿森纳队背负期望的压力，直到比赛将要结束时才由佩尔·默特萨克打进扳平的一球，将比赛拖入点球大战。凭借守门员卢卡什·法比安斯基的神勇表现，阿森纳队以4：2取胜。

卸下包袱之后，阿森纳队最终以7分的优势轻松锁定第四的位置，这也

第十五章 2014年足总杯的胜利

意味着在他们回到温布利之前，冠军联赛的参赛资格已成囊中之物。

但是，对维甘的半决赛是个提醒（如果阿森纳队需要的话），尽管史蒂夫·布鲁斯的赫尔城队赢面很小，但是决赛也将同样紧张。2011年，温格的球队在一片看好声中，输掉了与伯明翰队的联赛杯决赛。

关于阿森纳队期待奖杯的问题似乎刺激了温格，当有人问他是否觉得对阿森纳长期未能夺冠的批评不公正时，他反击道：

什么是公正，这不是我说了算的；我不是法官。我是一名教练，只能依靠自己的工作和球场上的成就，让其他人去判断和批评。我们可以完全接受和忍耐这些评判。我们俱乐部的特质是稳定性，我相信在这个方面，我们好于大部分球队。

不管结果如何，这个俱乐部可以承受任何比赛的后果，这始终是最重要的。重要的是，我们结束比赛时感觉到自己绝对尽了全力，投入全部精力表现出最好的一面，然后就只能接受结果了。我们说得再多，比赛仍然有胜有负，但是在比赛之后，你应该觉得自己已经尽了最大努力争胜，那就是我们希望实现的目标。让我们专注地表现出顶级球队的水平吧。

几周之前，温格曾说过，在他的整个职业生涯中，他只建立过一支以不败为目标的球队，而他的足球哲学则是全力争胜。那场比赛是2005年的足总杯决赛，当时他们对和曼彻斯特联队打成0∶0，然后以点球取胜的经历感到厌倦。这种表现与温格的原则相悖。

因此，我又提起了那场比赛。他是否再一次只为夺取奖杯而准备。还有，他是不是将2005年足总杯的决赛看作一场丑陋的胜利？

"是的，而且是场幸运的胜利。"他最终露出了笑容。温格很少承认自己很幸运，他的自尊心通常不允许他这么说。

"在一年前我们赢得了双冠王，所以我意识到这是一场幸运的胜利。今天，我意识到曼联当时拥有火力全开的鲁尼和罗纳尔多。我想：'他们怎么能在和我们比赛时创造那么多的进球机会？'现在我们知道原因了。在你的心里并没有根据对手的情况去准备比赛，你在准备比赛时想的是，只有打出你

温格：阿森纳时代

的最佳水平，才最有可能取得胜利。"

2014年5月17日的那场决赛本身很古怪。赫尔城队在开场后的8分钟里气势如虹，由詹姆斯·切斯特和柯蒂斯·戴维斯连入两球。他们险些射进了第三个球，亚历克斯·布鲁斯的头球被基兰·吉布斯挡在了球门线外。看起来阿森纳队确实险象环生。但是吉布斯的救险成了转折点。阿森纳队回到了正常的轨道，桑蒂·卡索拉在上半场结束之前凭借任意球得分，劳伦特·科斯切尔尼在还剩20分钟时扳平比分，阿森纳上半赛季的最佳球员阿龙·拉姆齐加时赛打入制胜一球，完美地结束了他的征程。

终场哨响，球员们和教练如释重负地庆祝胜利。在获得的所有奖杯（包括第一座英超联赛奖杯、无敌赛季获得的奖杯甚至完成双冠王伟业的足总杯）中，温格从未像这次一样欢庆过。他的脸上洋溢着欢快的情绪，球员们向他的身上浇香槟，然后全队的球员将他抬起抛向空中。温格的一些照片非常有看头，混杂着欢乐、欣慰、荣耀和狂喜。

当斯坦·克伦克、伊万·加齐迪斯和其他俱乐部高层人士向球员们表示祝贺时，更衣室里一片欢腾。温格高兴地参加了赛后的新闻发布会，并和往常一样和日报记者们交谈。他笑逐颜开，轻松自如；他很享受属于自己的这一天，毫无疑问，他认为这场胜利向曾提出质疑的媒体证明了自己。最终，阿森纳队赢得了一座奖杯。

记者提出的第一个问题是，阿森纳队结束冠军荒有多重要，他们是否已经克服了心理障碍？

温格笑着说："首先，这场胜利迫使你们在新闻发布会上变得更有创意。不过，我相信你们会做到的，对此我不太担心。"

"在这场比赛中的很长时间，我们都有一种恐怖的感觉。最终的结果让我们松了一口气。这个工作就是以结果论英雄，其他的一切无人关心。稳定的特质对俱乐部很重要——在这方面，我们胜过了其他所有的俱乐部。欧洲只有两个俱乐部在17年中连续进入冠军联赛，这种稳定性要求俱乐部内部有特别的价值观。"

第十五章　2014年足总杯的胜利

具有讽刺意味的是，阿森纳队赢得了一座奖杯，而切尔西队教练何塞·穆里尼奥曾称温格为"失败专家"，他的球队却一无所获。记者们总是想制造新闻，有人提醒温格这一事实。温格："瞧，我不想陷入这种辩论。我们努力做到最好，让人们去谈论吧。"

亚历克斯·弗格森惯于写祝贺信。你是否期待着穆里尼奥的祝贺？温格笑着说："我完全不在意……"

但是，这仍然是9年中唯一的奖杯……？

"如果你对其他俱乐部也是这么说的，我无言以对。你知道，有些俱乐部20年没有赢过了，却完全没有人问这样的问题。"

温格认为，各大报纸对阿森纳未能夺冠大惊小怪，而忽视了在20世纪70年代和80年代统治足坛的利物浦队的冠军荒。我认为，这更多的是因为他阅读了很多关于所在俱乐部的新闻，分析每个字，特别是负面的评论、文章或者标题。温格更注意阿森纳还是利物浦的专栏文章？答案显而易见。

阿森纳租了两个场地进行足总杯赛后的庆祝。一个是普通旅馆，另一个则是更豪华的伦敦会场。不用说，阿森纳队的球员、职工和高层在后者聚会。这说明阿森纳队已经为球队的觉醒做好了准备。如果阿森纳队失利，温格身上将承受巨大的压力，后果肯定是球迷们的倒戈。但是胜利使支持者们中产生了新的幸福感、满足感，他们狂欢庆祝，次日参加了在伊斯灵顿街道上举行的敞篷巴士游行（在2003或者2005年获胜的时候都没有发生这样的情况）。

有些人暗示，这可能是温格离开俱乐部的最佳时机，但是当时很少有人这么想。那种意见都是在阿森纳队下一个赛季初表现不佳时出现的。

我的看法始终是，即使阿森纳队输掉了足总杯决赛，温格也会留下来。他们已经讨论一份新合同数月之久。尽管阿森纳队不动声色地寻找可能替代者的做法合情合理，但是我仍然很难相信，温格会仅仅根据18年执教生涯中的90分钟，做出仓促的决定。而且，温格本可以弃他们而不顾，在如此努力奋斗工作以保证一致性和稳定性之后，很难想象他转过身来说"再见"

温格：阿森纳时代

的一幕。

几位记者（包括我）风闻，阿森纳俱乐部将在足总杯决赛后的几天内宣布温格签订新合同。但是，我们还没有笨到为温格、阿森纳和合同相关的任何事情提出一个时间表。随着这一消息的推迟，媒体得知这只是正式手续的问题。许多人向我保证过，温格不是个见钱眼开的人，但是钱显然对他很重要，这也就可以解释谈判为什么拖延了两周，最终，俱乐部于2014年5月30日宣布温格签下为期三年的合同。

足总杯决赛是温格执教阿森纳的第1010场比赛，这似乎翻开了新的一页。温格当时说："我希望留下来，继续致力于球队和俱乐部的发展。我们进入了一个非常鼓舞人心的时期。我们具有强大的班底，财务稳定性和世界各地的巨大支持。我们都决心给这个俱乐部带来更多成功。这个俱乐部始终信任我，对此我由衷感谢。我们经过了不可思议的时期，也经过了不得不抱团取暖的时期。每当我们的团结受到考验的时候，我都得到了正确的回应。我认为自己也已经向这个俱乐部表现出忠诚，希望我们可以创造更多历史。我肯定，我们能够做到。"

这已经是老生常谈了，但更大的问题是，如果阿森纳队在足总杯决赛中失利，温格是否离开。有些熟悉他的人认为，从他赛前赛后的一些表现来看，如果阿森纳队失利，他可能已经从俱乐部离开，几个月后，温格在2014年9月接受拜因体育采访时似乎证实了这一点。

当被问及如果阿森纳队没有赢得足总杯，他会不会离开俱乐部时，温格说："我不知道，真的不知道。那将会非常困难；那是一种很困难的局面。我很高兴，我们不需要做出那样的决定。我们将不得不评估当时的情况，看看是否让其他人入主更好些。"

"我每天都扪心自问。即使在我赢得比赛的时候，每场比赛回家时也都会问自己。这是你保持领先的唯一方法。我们赢得奖杯让我非常欣慰。当然，那是一个自豪的时刻，对俱乐部也很重要。"

温格无敌之师的成员之一雷·帕洛尔经常见到温格；他们相处融洽，有过很多次谈话。他相信，如果阿森纳队在温布利失利，温格很可能已经离去：

我想如果输掉那场比赛，他可能已经走了。如果没有赢得奖杯，带来的压力将成为压垮骆驼的最后一根稻草。我不能肯定，这只是我的看法。他可能否认："我从未想要离开。"但是我觉得他看上去承受了很大的压力，这种压力对他和球员来说都过大了。他可能会说："瞧，我可能已经无法带领这个俱乐部前进了。"然后，他就会走开……

我想，你也能看出这场比赛对他有重要。俱乐部已经9年没有夺得奖杯了，我从未见过他像那样跑上球场、拥抱球员们、狂欢庆祝。我们在他手下夺得过许多奖杯，但是从未见他有如此的反应。他知道俱乐部非常看重这场比赛，对他、俱乐部和球员们来说，这也是一座分量很重的奖杯。第一座奖杯总是最难夺得的。他知道，这个奖杯将成为引领他们前进的催化剂，可以帮助他们开始年复一年地夺取奖杯。

帕洛尔认为，温格仍然热烈地渴望着成功。"他仍然激情四射。我认为如果不是这样，他早就离开了。如果他失去了那种激情或者取胜的意愿，他就会放弃。在【2014年8月】他推搡穆里尼奥之类的事情上，你就可以看到那种激情。那对他意义非凡。他相信自己拥有可以向对手发起挑战的球队。他相信自己拥有正值当打之年的球员，但一旦这种信念不再……温格做这些事不是为了钱；他纯粹是为了成功和取胜。"

奈杰尔·温特伯恩也同意这一观点，他也怀疑如果输掉足总杯决赛，温格可能已经离开。但是温特伯恩的看法是，温格已经决定留下，承受风暴并证明他能够再次夺冠。温特伯恩很务实，有着自己的衡量方法。他始终是这位前教练的崇拜者，但同时承认，温格仍然必须重新回到经常夺冠的道路上。他的论据是，温格在财务受限的困难时期完成了艰辛的工作，现在应该获得俱乐部建设的回报。"随着资金的投放，阿森纳队在接下来的三年有何作为是非常重要的。我认为他有着和以往相同的紧迫感，仍然积极向上。我想，他仍然希望向人们证明，他还可以取得成功。"

温格：阿森纳时代

留下来带领俱乐部获得新的成功，无疑是温格签下新合同的主要动机。可以肯定，他的好朋友大卫·戴恩将是第一批和他共同庆祝足总杯胜利的人之一。戴恩说道：

考虑到他现在65岁，18年执教于同一个球队，在当今的足球界中是极其罕见的，你再也看不到这种情况了——我不确定是不是永远。人们的流动性越来越强了。联赛教练协会将会告诉你，教练的平均执教期是多长——他们留在帅位上的平均时间是11个月。阿尔塞纳在这里待了很久，取得了很大的成功，但是现在没有人还能有那样的耐心了。

足总杯对他非常重要。这是他合同到期的一年，他是否会离去是显而易见的问题，有一种说法认为，应该在取胜的时候急流勇退。但是他决定留下来，仍然和以前一样充满渴望。他的胸中仍然有一团烈火，仍然有前进的欲望。他想要胜利，热爱这家俱乐部。他希望取得成功，这深植于他的基因中，那就是阿尔塞纳·温格。

俱乐部的整个气氛确实改变了。这意味着温格可以签下合同，球迷不会要求他得到惩罚，这也让每个人重拾希望，虽然温格首先考虑的总是前四名，但是这场胜利给了球迷想要的东西，他们可以享受一次欢庆。

温格说道："我想，下一赛季我们将在挑战中处于更好的位置，我们的目标始终是成功和赢得奖杯。但是如果我们最终在积分榜上排在第7、第12或者更低的位置，就算不上成功。17年来，我们每年都获得冠军联赛参赛资格。我们还进入过决赛，非常接近奖杯，始终具有挑战的能力，那也非常重要。"

第十六章
训练与战术

在三月份一个晴朗的日子里，何塞·穆里尼奥站在球场边上，看着阿森纳队早早地发动进攻。阿森纳队在斯坦福桥的这场伦敦德比战开局阶段表现良好，当奥利弗·吉鲁浪费了一个良机之后，穆里尼奥离开了场边。切尔西主教练踱着步回到替补席上，紧握双拳，对着他的教练和替补队员低声说道："我们逮住他们了。"

穆里尼奥花了7个小时，和他的球员们研究战术、视频、阿森纳的阵型、温格的球员踢球的方式——以及切尔西如何才能击败他们。他告诉切尔西球员，阿森纳队的后卫将会压上，当他们蜂拥而上时，温格的中场人员会显得不足，穆里尼奥知道他的球队能够突破阿森纳队的中场核心。温格在中场只安排了一名防守型球员——米克尔·阿特塔，这正中切尔西的下怀。

在第一次攻击中，阿森纳队就证实了穆里尼奥告诉球员的一切，这位切尔西教练被称为精明的战术家，他知道在何处击败温格的原因就在于此。这位自称"特殊的一个"的著名教头毫不在意这是温格的第1000场比赛，他下定决心，要羞辱这位竞争对手。

温格：阿森纳时代

穆里尼奥和温格不仅有个性上的冲突，两人的执教风格也大相径庭。温格将赢得比赛的重任交给球员们，而穆里尼奥将赢球的重任交给战术。在两人的面对面交锋中，穆里尼奥占据压倒性的优势——温格在2014/15赛季之前5个赛季的13场较量中都未能击败穆里尼奥——也许可以说明问题。

阿特塔的位置在阿森纳队的四名后卫之前；亚历克斯·奥克斯雷德-张伯伦坐镇中前场；阿森纳队的其他几名中场球员是托马斯·罗西基、桑蒂·卡索拉和卢卡斯·波多尔斯基。切尔西实力太强，他们可能闻到了血腥味，于是一次又一次地冲击阿森纳队的中场核心。

更糟糕的是，穆里尼奥料到了将会发生的情况。17分钟之后，切尔西已经以3∶0领先，上半场比分为4∶0，最终比分为6∶0。温格永远不会忘记这一天，不是因为这是他执教阿森纳的第1000场比赛，而是因为这是他整个教练生涯中最糟糕、最耻辱的失败之一。实际上，最糟糕的是他所面对的对手。

实际上，穆里尼奥为了成绩会不顾一切；有些人甚至称他的方法是"不择手段"。例如，2014年4月，当切尔西客场挑战利物浦队时，利物浦队必须取胜才能锁定英超冠军。穆里尼奥仍然试图平衡外界对挑战冠军联赛的希望，觉得应该在安菲尔德球场安排球队轮休，甚至派上了新秀后卫托马斯·卡拉斯。

但是，在一场定胜负的比赛中，没有几位主教练能比穆里尼奥更擅长指挥球队取得好成绩。穆里尼奥的防守阵型布置是温格永远不会采用的。他要求球队果断，以一系列的任意球和比赛停顿打乱了利物浦开场的猛攻，阻止对手在这场夺冠关键比赛中快速打开局面。切尔西队顶住了比赛初期的猛攻，以2∶0取胜。穆里尼奥凭借战术，以一支弱化了的球队取得胜利，而温格以全阵容出战却在利物浦主场以1∶5惨败，两者形成了鲜明的对比。

温格的整个执教哲学是以攻势足球为基础的；他将重任交给球员，练习定位球和比赛的不同阶段，但是主要的思路是给球员们自由。当他们拥有蒂埃里·亨利、丹尼斯·博格坎普、帕特里克·维埃拉、罗伯特·皮雷斯和索尔·坎贝尔等高素质球员时，阿森纳队就足以赢得比赛，对手无法限制他们的力量、速度和创造力。但是那些球员已经离开，阿森纳队不再拥有那样的豪华阵容：派出11名球员，只要这些球员表现出色，对手就无能为力。

温格唯一一次组织球队挫败对手进攻，就是2005年足总杯决赛对阵曼彻斯特联队时。温格说道："从那以后，我就没有真的想这么做过。有时候，也许我们没有太多的选择。我们总是试图进攻，因为我们有一支具备这种能力的球队。"

在球迷轻率地评判他之前，应该铭记的是，他的足球风格不仅赏心悦目，而且在早期带来了许多奖杯。现在，其他俱乐部正是借鉴了温格的转会、准备、训练方法及科技，才迎头赶上甚至超过了他。

巴塞罗那队具有大批攻击型球员，也许他们是欧洲唯一能够派出全力进攻的阵容，打出梦幻足球并仍能登顶的球队。电视评论员、前英格兰国家队和曼联队中场保罗·斯科尔斯曾断言，阿森纳与有力竞争者还"相差十万八千里"，因为他们的身体和心理训练方法使他们在遇到压力时只能"屈服"。

就在阿森纳队主场被斯旺西逼平、在切尔西又遭到6球屠杀之后三天，斯科尔斯发表了最为尖刻的分析，其中说道："他们在球场上毫无纪律。仿佛是'你们四五名中场球员上场，想做什么就做什么——争取一个进球。也许有几次漂亮的配合，不错的传传导导式足球——但是却不愿意回防。'"

切尔西队似乎在体力上征服了阿森纳队，这可能是穆里尼奥在球场上能够压制温格的原因。你不再能简单地派出一支球队，希望他们表现出自己的最佳水平并取得胜利了。

关于温格有一种有趣的看法，这也许切中了问题的要害：他不是一个知人善任的人。他喜欢对所有事情都有完全的控制权，而亚历克斯·弗格森是一位善于用人的教练，尤其是在他执教的最后时期。这位曼联队主教练周围有一些能力很强的人，负责训练、健身和科学等不同方面。弗格森监督整个球队的运营，但是允许其他人高效地工作。弗格森管理方面的优势就是富有技巧地放权给手下的人。

温格：阿森纳时代

在2014年足总杯决赛之前，俱乐部里流传着一个笑话：温格在确认决赛中使用的黄色康乃馨上花的时间，比准备比赛的战术花的时间还多。这当然是夸大其词，但是你可以从中窥见一斑。温格事必躬亲，对员工非常忠诚。

例如，他曾经卷入俱乐部按摩师加油卡的一场争论——这些员工工资不高，但是常常必须长途旅行——将他们的情况上报董事会，并取得了胜利。类似的，阿森纳俱乐部曾以组织旅行的方式对员工进行重新洗牌，当一位资深后台员工遭到威胁时，温格前往董事会，明确表示这是一条原则，任何情况下这位员工都不应该被当成冗员裁撤。温格再一次取得了成功。因此，他的员工如此忠诚也就不奇怪了。

虽然温格的忠诚值得尊敬，但是一位前同事的说法更全面："我认为他是一位杰出的主教练。但是他是个'微观管理者'。他管理很多非常琐碎的事情，操心太多小的细节。他不能很好地任用周围的人。他是一位卓越的教练，但是从球队角度看来不是好的战略家，那是他的不足之处。"

对温格的最大批评是他的战术方法、周围配备的教练，以及和其他俱乐部教练相比较少的准备时间。

一位前球员把他描述成害怕对抗的"独裁者"。但那是一位觉得受到不公待遇的球员，他认为自己没有得到足够的上场时间，觉得温格甚至避开他的眼光，而不是和他讨论这个问题。其他球员如雷·帕洛尔、奈吉尔·温特伯恩和斯蒂芬·休斯则更多的是称赞，赞扬他的人员管理、乐于助人和讨论问题，以及在他们离队之后仍然相互联系（帕洛尔对此尤其赞赏）。但是，其他一些球员抱怨温格对不在第一阵容计划之内的球员不理不睬。

温格在许多方面上都是自相矛盾的。他很有科学思想，但是当球员进入"红区"、疲劳且容易受伤时，却忽略让他们轮休的科学建议。温格喜欢保持一个小的班底——他相信这比带上大量心怀不满的球员更有助于锻造好的队友关系——但这样做的缺点是无法像其他大俱乐部那样轮换休息。球员们在疲劳时参加比赛或者训练容易造成软性肌肉损伤。

阿森纳队在健康状况上似乎已经落后一步，因为他们遭遇了很多伤病。

第十六章 训练与战术

从2004/05赛季开始的10年内，只有一支球队（纽卡斯尔）因为伤病失去的球员多于阿森纳队。

温格刚到时，人们对他与众不同和创新的训练方法大加称赞。训练的强度很大，温格对每个环节都使用秒表计时。但是有些球员告诉温格，他们觉得自己练得不够。现在，问题似乎是在训练中保持适度的平衡，尤其是强度。有些球员觉得强度不够，因此他们觉得参加比赛时"不在状态"。

但是，其他时候训练的强度可能过大，此时球员确实需要逐渐减少训练量，或者从较小的训练量开始逐步增大。例如，米克尔·阿特塔在2013年8月的训练中大腿肌肉拉伤。他的大部分队友都有国际比赛任务；留在后方的阿特塔参加了艰苦的训练，在长传练习中他的伤情始终没有好转。是不是那些训练课导致了伤病的问题？

2014年9月，阿特塔和阿龙·拉姆齐在阿森纳与南安普敦的联赛杯决赛中双双休战，但是在下一周星期六对托特纳姆队的比赛中都受到软性肌肉损伤。阿特塔在28分钟之后损伤了小腿肌肉，一瘸一拐地下场，而拉姆齐坚持45分钟之后拉伤了跟腱。其他的例子还有很多。但是阿特塔和拉姆齐都安排了高强度的训练，因此他们的身体可能经历了比出战联赛杯比赛更艰苦的一周。

当然，这主要取决于温格在教练组中听取了谁的意见。阿森纳队的理疗师加里·卢因和队医加里·奥德里斯科尔都有着极好的声誉，但是他们只能做出建议：听不听他们的取决于温格。

温格最受非议的转会之一是2014年1月以租借方式从莫斯科斯巴达俱乐部签下吉姆·卡尔斯特罗姆。从在法国里昂俱乐部时起，温格就喜欢卡尔斯特罗姆。所以当法国球探吉莱·格里马尔迪告诉他卡尔斯特罗姆可以租借时，温格决定签下他。但是当卡尔斯特罗姆来到球队，体检显示他的背部有一处骨折，这是在俄罗斯联赛间歇踢沙滩足球引起的。

阿森纳队的医疗人员发现了这处损伤并告诉温格，卡尔斯特罗姆将缺阵数周，但是温格决定继续签约。他的理由是：现在寻找其他球员为时太晚，

温格：阿森纳时代

伤兵总比没有强。医疗团队建议，温格宣布签约时预告卡尔斯特罗姆事先有伤，不能立刻上场。温格坚持在下一次新闻发布会上说明这一情况。卡尔斯特罗姆的伤情泄露，报纸上都报道阿森纳俱乐部签下了一个"老朽"，连篇累牍地指责医疗团队。但是，签约时不公开伤情是温格的决定，这使俱乐部成为了笑柄。医疗团队确实发现了问题，所以他们当然不应该受到指责。

2013/14夏天阿森纳又一次陷入伤病困扰之中。温格承诺进行一次全面调查，许多知道内幕的人都断言这次调查从未真的进行。不过，阿森纳俱乐部在2014年夏季任命了美国健身专家沙德·福赛思。虽然他曾经和德国国家队合作过，但是人们仍然担心，温格是否听从他的意见。

有些主教练认为，更换教练组成员是正常的做法，亚历克斯·弗格森经常更换曼联队的助理教练。多年以来，他曾和阿奇·诺克斯、布莱恩·基德、史蒂夫·麦克拉伦、卡洛斯·奎罗兹和麦克·费兰一起工作，也曾聘用沃尔特·史密斯、勒内·穆伦斯丁和吉米·瑞安为教练组成员。弗格森喜欢任用不同的人，并擅长此道。

相反，温格非常按部就班，2012年，他不希望自己的首席助教帕特·赖斯退休，并承认试图劝说他打消念头。他从球员中提拔了史蒂夫·博尔德和尼尔·班菲尔德，因为两人在俱乐部内部都有极高的声誉。博尔德被看作较高级的合作伙伴，因为他是俱乐部的传奇人物，在比赛日站在温格的身边。但是，尽管博尔德曾经是阿森纳著名的后防四虎将之一，但是人们常常质疑，他和温格实际上非常亲近，他能够提出多少意见，温格是不是真的听取这些意见。

和所有教练一样，温格也很自负，他似乎对博尔德上任不久就受到赞扬有所怨恨，人们认为博尔德进入教练组之后，阿森纳队的防守似乎有了提升，尤其是定位球的防守。当阿森纳队2012年10月在先失一球的情况下，漂亮地以3∶1击败西汉姆联队时，有人在赛后的新闻发布会上提出了一个友好的问题，几乎是要引诱他称赞新的首席助教在防守上的贡献。温格回答道："我想你们会发现，在史蒂夫担任我的助理教练之前，我们在定位球上的失球更少。"

这个答案令人难堪，温格也许是幸运的，没有人对此大做文章。媒体报道的是阿森纳队刚刚赢得了一场艰难的伦敦德比，而不是温格不愿意对其助理教练表示赞许。

在同一个赛季，当阿森纳队在冠军联赛中对阵蒙彼利埃时，温格被禁止靠近边线，这是因为前一赛季阿森纳队在冠军联赛中被淘汰时，他曾与裁判达米尔·斯科米纳对峙。温格参加了赛前新闻发布会，但是为了向欧足联表明自己觉得禁令不公平，他拒绝参加赛后的新闻发布会，将这一任务交给博尔德，后者也负责在边线上指挥比赛。

但是，在有关刚刚被提升几个月的博尔德是否带来了显著改善的问题上，温格在赛前新闻发布会上再一次反应过度。他的回答还概述了自己的执教哲学：

不，我们没有任何改变。我设计了训练课，它仍然原封不动。我已经执教了30年，所以不希望因为8月份史蒂夫·博尔德的到来而改变。但是他的工作很出色。在今天，重要的是我们拥有一种比赛风格，人们信任这种风格、教练和球员。

【博尔德】在他的岗位上做得很好。我认为现在讨论我们的防守记录还为时过早，因为我们只踢了4场比赛。不要忘记，我们球队的基础是极富攻击性的哲学。所以将来如果我们偶然失球，那不是史蒂夫·博尔德的错。那是我们看待足球的方式产生的结果。

赛季一周一周过去，阿森纳队的成绩一落千丈，人们传闻博尔德在训练场的工作被减少了。12月1日（星期六）阿森纳队主场对阵斯旺西之前，温格请事假回到法国的家里，但是他没有让博尔德接管训练，而是由体能教练托尼·科尔伯特监督训练课。这更多的是一种整理活动而不是赛前训练课，一些阿森纳球员觉得自己不在"比赛状态"——他们果然以0∶2败北。

人们常常感到困惑，为什么博尔德在球员时代是个强大、直言不讳的人，现在却很少离开教练席高声指导和鼓劲。但是，2014年10月，当温格在

温格：阿森纳时代

斯坦福桥的边线上推搡穆里尼奥时，他支持了自己的主教练。当切尔西助理教练鲁伊·法利亚向温格吼叫时，博尔德卷入冲突，喝令他闭嘴。你不能和博尔德撕扯，他可是个强壮、令人胆怯的家伙。

博尔德对谈及他和温格之间关系的性质时很敏感，这是可以理解的，随着时间流逝，尽管温格仍然喜欢全面控制训练，但他们之间的信任和亲密关系也在增长。他们现在似乎更亲密了，关系也更加牢不可破。但是，因为温格的哲学，训练的重点是在攻击而非防守上。

博罗·普里莫拉茨是温格长期信任的教练，在无敌时代，许多人质疑，除了常常在球队大巴上以滑稽的评论取乐之外，他到底做了些什么。他很有魅力，也有着很好的幽默感，甚至能讲的语言比温格更多。多年以来，普里莫拉茨带领球员们热身——慢跑和轻度拉伸——这真是个奇怪的景象：一个六十多岁的大个子老头带领二十多岁的棒小伙们，在他的口令下训练。比赛期间，他坐在看台上观察，并提供不同的观点，温格很愿意听取他的意见，并对此十分尊重。

但是普里莫拉茨和体能教练托尼·科尔伯特绝对相信要在训练中安排艰苦的体能项目。他们往往怂恿温格安排其他人认为"超负荷"的艰苦训练，导致球员容易出现与疲劳相关的伤病。

因此，科尔伯特在球员当中毁誉参半。蒂埃里·亨利曾明确地感谢他，当亨利在短暂租借到纽约红牛后返回时，是他的训练帮助亨利回到比赛状态。相反，塞斯克·法布雷加斯在阿森纳时使用自己的个人训练师。一位著名的阿森纳球员则不愿意谈起科尔伯特。

前威尔士队体能教练雷蒙德·华希赞称，阿森纳的体能训练师很"业余"。这位荷兰教练还断言，在赛季前，这些球员像"海军陆战队员"一样训练。华希赞从没有和阿森纳队的医疗人员会面，毫无疑问，他是唯一像俱乐部其他人那样对训练强度和水平表示担忧的人。但是他对阿森纳医疗团队和体能教练的直率攻击似乎指向了错误的方向，因为除非教练听取意见并采取措施，否则训练体制就不会改变。华希赞还对曼联和曼城队的球员状况发表过类似的批评。

2013/14赛季后半段，温格逐渐减少了训练量。伤病危机得到了缓解，阿森纳队重新恢复了状态，挤进前四名并赢得足总杯。这种模式不仅在训练场上被注意到，俱乐部的高层也注意到了。

阿森纳首席执行官伊万·加齐迪斯在2014年12月提交给股东们的季度报告中谈到了伤病。"我们在前1/3个赛季中持续遭受的伤病令所有人沮丧，这意味着我们只能偶尔看到这支天才球队的潜力。我们一直努力地改善伤病预防工作，加速恢复，但是很明显并没有起作用。"

这是引起加齐迪斯个人兴趣的一个领域。他主动地参与其中，决心改善状况。但是，曾被视为在体能训练和伤病预防上引发一场革命的阿森纳队，现在被描述为一个有着糟糕伤病记录的俱乐部，人们断言他们自己的训练方法是原因之一。

关于阿森纳为什么有这么多伤病，温格有自己的理论，有时候有些古怪。他常常抛出自己读过的书或者从别人那里听来的东西。例如，在2014年4月的一场新闻发布会上，他提出了一个奇怪的理论，有些用于防脱发、减肥甚至提高性欲的药是某些足球伤病的起因。不出所料，当被问及指的是不是自己的球员时，温格退缩了，但是他的评论在训练场人员中间激起了不同的情绪：怀疑、嘲笑和困惑。

温格说道："有些【伤病】是因为球员们吃了你不知道的药。此后，你意识到他们吃这些药是不谨慎的。肝无法正常工作，不能尽快地将毒素排出体外，因此他们觉得疲劳。"

"如果你有脱发现象，吃一些生发的药物，可能对身体的其他部分不好。药物总是促进身体的一部分，有时候会损害身体的其他部分。目前我们还没有得出任何结论，需要深入分析为什么发生这些情况。"

当然，我们立即会想到脱发并在后来遭遇严重伤病的球员。但是我们疑惑的是，这是否更多的是一种岔开话题的战术，而不是真正的科学信念。我们已经知道，当球员们接近或者已经进入"红区"时，意味着他们有发生伤

温格：阿森纳时代

病的危险，温格就会被告知。是否留心这种警告是温格的选择。如果这时有重大比赛，温格十有八九会选择忽视建议，带上较有经验的球员出征，哪怕他们已经处于"红区"。他公开承认，当杰克·威尔希尔和阿龙·拉姆齐处于"红区"时，他们被"过度使用"了。

前阿森纳队后卫索尔·坎贝尔认为还有另一个因素：他们的高质量球员储备不如主要竞争者，那也是温格常常不得不冒险使用威尔希尔和拉姆齐等人的原因。

我想，你不得不说阿森纳队的医疗水平真是一流的。要说有什么问题，那就是他们的人数太多了！医疗团队的组织相当好。我认为要让更多的球员出点状况，好让那些家伙不用打破头去争取场边的机会。你可以签入更多的球员，使轮休的时候球队水平不会下降。目前，我认为前11名或者13名球员是很出色的，但是除此之外，你需要更多的替补球员。这样，如果球员们出现疲劳状况，或者打了太多比赛，有人可以顶替，不会陷入困境。

麻烦的是，当一名大牌球员离开，就会带来严重的问题，因为没有人能够提供帮助，球员们不得不疲于奔命。他们心里会想："天啊，球队需要我。"那是一种很好的情况，因为球员们希望为球队效力。但是我认为，长期看来，你需要更多的球员填补空缺，在出现状况时保持球队水平。那是阿森纳所缺乏的，因此当球员们受伤时，他们无法很快恢复。但是如果他们有球员能够填补两周、一个月或者三个月的空白，那球队就会有巨大的变化……

你必须事先就有选择，否则对方的后卫就能阻止你的进攻。西奥【沃尔科特】受伤令人痛苦，【阿龙】拉姆齐和杰克【威尔希尔】也是如此。但是即便如此，你仍然需要一些补强，以便承受伤病，让球员们有休息的机会，在球员们表现得不像平常那么好时应付残局。

你必须改变——对手们虎视眈眈，全世界都有人通过电脑观察你的一举一动。那就是你必须调整阵容、改变局势的原因。顶级的球员能够带来

第十六章 训练与战术

这种改变。在比赛紧张时，最好的球员能够找到机会，改变场上的局势。他们可以运用个人能力，阿森纳需要更多这样能够挺身而出、赢下比赛的人。

温格承认，沙德·福赛思的到来能够改变局面，特别是在准备、热身和调整个人体能训练计划时。很明显，开始调整需要花一些时间。不管是因为福赛思的影响，还是好运和微调的结合，2014/15赛季末，情况有了非常明显的好转。证明这一点的是，在赛季的最后阶段，阿森纳队在连续6场比赛中都使用同一个阵容，是温格19年执教中的第一次。

温格最好的品质之一是他对员工们的忠诚。2011年2月联赛杯决赛之前不久，球员们的代表——包括当时的队长塞斯克·法布雷加斯和守门员沃伊切赫·什琴斯尼——面见温格，希望进行更多的录像准备，并谈到了守门员教练格里·佩顿。佩顿被有些人看成是训练场上的一个可笑的人物；球员和教练组成员嘲笑他在吃饭的时候总想坐在温格身边，将他看成一个"唯唯诺诺的人"。

佩顿因为有个大脑袋而得到了"头儿"的绰号，有些人认为，他应该为阿森纳队2012年拒绝法国守门员雨果·洛里斯负责，他声称洛里斯在传中球的防守上表现糟糕，也不适应超级联赛的身体对抗，但是，洛里斯后来加盟托特纳姆，成为了联赛中最好的守门员之一。

温格明显愿意听从和尊敬佩顿在守门员方面的意见，所以在球员代表提出关于守门员教练的问题时，没有什么进展。不过，卢卡什·法比安斯基将自己回到第一阵容归功于阿森纳足球学校守门员教练托尼·罗伯茨。法比安斯基最终在2014年夏天离开，加盟斯旺西，当时他告诉温格，他不喜欢和佩顿一起工作。2015年夏天，罗伯茨离开阿森纳，两人在斯旺西重逢。

温格的方法在其他一些领域也受到了质疑。伦敦科尔尼配置了新的录像系统，反映了近年来对录像准备重视程度的提高。但是，来自另一欧洲著名俱乐部的一名球员和他的国家队队友开玩笑说，他原来所在的球队会花几个小时进行录像分析，而"阿森纳只花了20分钟"。

温格：阿森纳时代

这种意见戳中了温格的一个痛处：人们指责他没有做太多的指导。这一指责令他非常恼怒。"如果我不做指导，你以为我能够执教30多年吗？我的工作当然就是指导。"很明显，温格的风格不同：精细、高强度且全部针对技术的改善。公平地讲，2014/15赛季阿森纳更多地使用了录像分析，现在对准备工作也更重视了。

前阿森纳球员斯蒂芬·休斯是温格训练方法的崇拜者，他回忆道：

训练总是很紧张。我可以举出100万个"他们最后扭打在一起"的例子，这是我们这个群体的优势。我真的喜欢这种训练方式。训练从来没有失去控制，而是健康、良性且有着真正的紧张度。

我们练习定位球；我们演练这些战术，在赛前两小时，他总会排定阵容，和大家谈话大约10分钟，然后会告诉我们对方的阵容，告诉我们谁盯防谁，这一过程大约10分钟。现在，听到人们说他不太专注于战术，我并不感到惊讶，因为他对小伙子们有极大的信心，他相信自己的球员。

其他人会说，你需要更多地考虑对手和其他球员。但是他将责任托付给自己的球员，有时候他们会让教练失望，这真的令他痛苦，他对此非常纠结。但这仍然是一种令人愉快的执教方式，明显要好过不信任你的教练……他总是说："不要担心，你可以做到。"作为一名球员，那使你感觉良好。他不会给你增加多余的压力。我喜欢这种方式，对此充满钦佩，特别是年轻球员，可以参与其中，了解真正的足球之道。

现在，我观看所有比赛，我敢肯定，球队的士气和一切方面都有了改善。他在更衣室里从来不说太多的话。他在中场休息时给你5分钟时间，然后重申基本要点。他会做出各种调整……他不是长篇大论的信徒，我曾经问过原因，他说，他喜欢保持简单扼要，不想过多地影响球员的心理。

休斯还说，温格有着丰富的亲身经验，对于球员和伤病，他相信自己的判断。"他会单膝跪地，仔细观察，有一次，我刚刚从伤病中恢复，希望上场比赛，但老实说我还没有做好准备。他让我回去，说：'你还不能上场。'他了解所有情况。"

第十六章 训练与战术

对于温格不进行任何指导的指责，雷·帕洛尔也予以驳斥。他说："不，那是胡说。他很出色，每天都会在训练场上。"

帕洛尔还说，温格保持队员新鲜感和参与度的能力是第一流的。"在第一阵容训练结束，我们进行整理运动时，他仍然留在训练场上，和其他小伙子们在一起。他试图让他们做好准备。他总是想让其他球员做好准备，因为如果突然出现伤病或者可疑的情况，其他球员就必须立即进入阵容之中。"

但是，帕洛尔认为温格执教的主要优势在于他改善球员技术水平的能力。帕洛尔的活力、取胜欲望和工作效率从未有人怀疑。但是在温格手下，他成为了一位技术非常娴熟的中场球员，无敌之师的一员，温格辉煌执教生涯中最成功球队的关键成员。他解释道：

看看技术方面，我在短时间里改善了很多。突然之间，我可以和欧洲最好的球队和球员们竞争。回顾冠军联赛中与国际米兰队的交锋，那天我们的表现如同梦幻一般。他给你的比赛带来了一点不同的东西。你自信地拿球、传球，真正发展了自己的比赛技巧。那都归功于阿尔塞纳·温格。

许多进步都归功于训练。我总是说，在一周的工作中，教练完成他自己的职责。作为球员，当你踏进场地时，你应该知道自己能为球队做什么，知道自己的职责是什么。

但是，在这一周里，教练要安排日常训练，使你成为更好的球员。他的训练方法非常出色。每过15或者20分钟，他会改变训练内容，将不同的内容结合起来，他总是让你思考，让你的思想活跃起来、推动你前进。

其他教练可能让你训练40或者45分钟，在这段时间里你的特质就会消耗殆尽。他的训练方法非常重要，也非常好。他的口号是，上场时始终要"表现你自己，你知道自己的任务，如果你进入了前场，带领队友们，努力地做点什么"。

作为一名中场球员，他从不限制你。他从不会说："这样做，你不能做那个。"任何时候，他总是在不断移动中工作，告诉你内切，让前锋拉到外围，你可以看看现在他们是如何踢球的——有大量的跑位，这都归功于训

温格：阿森纳时代

练方法，和我们在训练中的工作方式。

"我没有发现"这句话已经永远和阿尔塞纳·温格联系在一起了。现在，这成了电视、电台和报纸上的一个笑话。但是这是有意为之的一种策略：温格管理哲学的一个特征是始终支持他的球员，很少公开批评他们。他宁愿因为自己选择球员的眼光而遭到嘲笑，也不愿意公开谴责球员。

一名前同事这样评论温格："他因为从不在报刊、媒体或者公众面前批评自己的团队而受到批评，我认为这真的不公平。他坚信这些事情都应该是关起门来做的。如果他的一位球员做出了一次恶劣的铲断，他会简单地说：'我没有发现。'但是他能说什么呢？'我看到了，这真他妈的恶劣'还是'我告诉过他，叫他别踢那个家伙'？"

温格会不惜一切代价保护自己的球员。2009年8月阿森纳队在冠军联赛中与凯尔特人队的比赛现在已经臭名远扬，赛后人们指责克罗地亚国际球星爱德华多假摔赢得点球，温格回答的都是关于爱德华多是不是骗子的问题。温格大发雷霆，怒气冲冲地走进媒体发布会现场时，仍然不停地说着2008年4月冠军杯1/4决赛中瑞恩·巴贝尔的行为，在他看来，那才是最无耻的假摔。他生气地说："为什么他们不问问关于瑞恩·巴贝尔的事？他们从来都没有问过。"

青少年球员的培养和搜寻潜在转会目标都是温格的重要工作。很明显，阿森纳的一些高层人物认为，温格"微观管理者"的声誉意味着，他需要有人分担工作。我们已经知道，阿森纳已经开始用俱乐部控股的统计公司StatDNA评估球员，同时在伊万·加齐迪斯的监督下，他们任命由前雇员亨德里克·阿尔姆斯塔特引进的安德里斯·约恩克为阿森纳足球学校负责人。

这两个部门近来都十分困难，球探团队常常对温格在转会上的优柔寡断感到失望，更不用说他在转会策略上的缺失。阿森纳俱乐部首席球探史蒂夫·罗利世界闻名，对天才球员有着非凡的眼光，他为阿森纳队发现了整整一代的球员，并因为发掘罗宾·范佩西、托马斯·维尔马伦和塞斯克·法布雷加斯而得到赞许。

但是，温格越来越相信俱乐部法国球探吉莱·格里马尔迪，两位球探之间自然产生了一些冲突：两人都明确推荐不同的球员，所有球探报告也都根据他们的建议评判。

英国的经纪人要么和罗利，要么和俱乐部转会协调人迪克·劳联系，而格里马尔迪明显在法国有市场和很广的人脉，这个市场最近已经带来了一些球员，如卡尔斯特罗姆和来自欧塞尔队的法国21岁以下国家队前锋亚亚·萨诺戈。他成功引进的球员包括巴卡里·萨尼亚和劳伦特·科斯切尔尼。

不管球探发现了谁，许多阿森纳的转会交易和策略取决于温格，他当然有着最终的决定权。例如，2014年初夏，温格告诉他的球探们，找到一名防守型中场球员是当务之急。夏天过去，温格改变了心意。据一位内部人士说，这是因为他在转会中缺乏战略规划。

我不认为那时有什么战略，因为阿尔塞纳不是一位战略思想家。如果你问他，他的策略是什么，他会给出一个答案，并开始考虑它——你可以看到他在动脑筋，但是最终并没有一个战略。想一想外面有多少中场球员，你用两手都数不过来。如果你仔细观察阿尔塞纳的建队方式，就会发现有一位世界级的中锋、一位世界级的中场、一位世界级的中后卫和一位世界级的门将。那就是他的阵容的中轴。

仔细观察【2014/15年的班底】，你就会发现没有一位世界级的前锋——桑切斯不是真正的前锋或者中场球员——与维埃拉或者吉尔伯托相比，他也没有世界级的中场……

你已经有许多相同类型的中场。他们身高都是5英尺8英寸（约173厘米），水平都不错，但不是世界级的——没有足够的身高。那都是因为缺乏规划。他会……逃离两周，然后在其他人进行转会的时候回来。没有人为他做这些事情。

我们已经看到。温格根据格里·佩顿的意见放走了雨果·洛里斯。俱乐部得知了西班牙前锋米楚的情况，但是认为他不够好。后来，他以很低的转会费加盟斯旺西，很快成为2000万英镑级别的球员，不过，他没能保持那种

温格：阿森纳时代

水平。当曼联队于2001年签下胡安·塞巴斯蒂安·贝隆时，他们已经有了大量优秀的中场球员，包括罗伊·基恩、保罗·斯科尔斯和大卫·贝克汉姆。足球圈里的说法是，曼联队突然从一个有组织的转会计划走向梦幻足球。

温格的阿森纳队近几个赛季的情况也相同：他们从无敌之师时代的巨人球队转向较为小型化、更注重技术的球员。这有时使阿森纳队显得单薄，但是温格坚持这不是预先计划的。

"当我们购买球员时，我们不会关注他的体重，而是他的素质，"温格在2014年说，"我们显得有些单薄是个巧合。可能因为我们在场上使用了更注重技术的球员，尤其是阿特塔。在那个方面也许是如此。这也取决于谁上场比赛，如果我派上卡索拉或者波多尔斯基，那么重量级就不一样了。但是和以前拥有珀蒂、维埃拉、帕洛尔时相比，我们确实是单薄了一些……"

"你总是想要提高技术，有些时候当你想要更好的技巧时，球员们就可能显得更单薄一些。在维埃拉离开时，我们拥有17岁的法布雷加斯。你不能说因为没有足够的体重就不能踢球了。他拥有上场比赛所需的素质。"

如果说阿森纳队的球探体系发掘出来的价廉物美的球员比温格执教早期少，那么近来阿森纳队青训水平的下降也值得注意，至少在进入第一阵容的球员数量上有所下降。阿森纳足球学校以输送优秀球员著称——如杰克·威尔希尔、大卫·罗卡斯尔、托尼·亚当斯和保罗·戴维斯等。许多年来，学校由俱乐部传奇人物利亚姆·布拉迪掌管，他可能是阿森纳足球学校有史以来最有天赋的毕业生，曾加盟尤文图斯队。

但是，阿森纳在英超联赛精锐球员表现计划（一项旨在提高本土球员素质和数量的计划）中难以进入顶级行列。如果他们未能达到必要的标准，可能招来公众的愤怒。

温格和布拉迪的看法不总是一致，连亚当斯和罗卡斯尔黄金时期在阿森纳队工作的前教练特里·伯顿也承认，在他于2014年夏天离开之后，阿森纳队已经"落后了"，"工作不够努力"。伯顿对阿森纳队寻找一名外国人担任学校的总监感到愤怒，但是加齐迪斯支持聘任荷兰人安德里斯·约恩克的决定，约恩克原来是沃尔夫斯堡队的助理教练，在拜仁慕尼黑效力时曾是路易斯·范加尔的副手。

阿森纳俱乐部寻求全面的改变，因为他们的青训工作已经落后了。但问题是：是温格导致学校的失败，还是学校导致温格失败？他为造就年轻球员而感到自豪，不管这些球员是否在阿森纳达到预定目标，并将这视为阿森纳足球学校工作的一部分。虽然他们可以卖出史蒂夫·西德维尔（他已经离开，加盟雷丁队）这样的球员盈利，但球迷们真正关心的是，谁进入了阿森纳的第一阵容。

约恩克已经引发了一些人的不满，他将训练场的重新开发和黑尔恩德青训中心的开发当成自己的功劳，并声称阿森纳俱乐部还没有培养出足够的本土球员。在杰克·威尔希尔和基兰·吉布斯已经成为主力球员的情况下，这种说法可能不太明智。

约恩克自信而直率。他希望在两块球场之间种上树木，要培养出更多可以进入第一阵容的球员，但是最为坦率的评论是对阿森纳队的球探工作。在接受荷兰杂志《国际足球》的采访时，约恩克解释说，他"在青年足球工作中的丰富经验，可以真正地发展他们自己的训练"是阿森纳俱乐部引进他的原因。

他曾经在拜仁慕尼黑和路易斯·范加尔持续过去的工作伙伴关系："我的一切都归功于路易斯。在【阿贾克斯队】之后，他到哪里去都带着我，甚至将我带到了国家队。"

他补充道："【阿森纳俱乐部】球探工作必须再次改组，必须提升到一个新的水平，使我们能够从国外和英格兰引进最好的天才球员，这些球员必须是适龄的，这样温格可以立刻将其放入自己的班底中。"

他没有称赞学校已经培养出的球员的数量："眼下，考虑到俱乐部已经投入的资金，球员们还没有得到合适的培养。加齐迪斯希望阿森纳学校成为世界最好的足球学校。他意识到，这需要投入金钱和时间，但那是他的远大抱负。"

温格：阿森纳时代

他谈起了和温格的工作关系，说明其他人在做任何事之前是如何寻求这位主教练的批准，介绍他们是如何在训练之前一同讨论各种事项的，因为"我们不能背着他。"

他总结道："我对温格和我的合作方式感到非常满意。我们都认为足球比赛的技术方面非常重要。那是我们的共同点。但是学校还有很多需要改进或者应该以不同方式开展的工作。"

毫无疑问，温格来到阿森纳之后是一位改革者，但是某些方面已经落后。温格的最大问题是，他能否彻底改变自己和阿森纳，不仅能够享受第二个成功的时期，还能够为俱乐部留下永久的遗产。人们似乎越来越觉得，他需要帮助，才能继续在阿森纳取得进展。

第十七章
2014年夏天

"相信我，我不会在里约的海滩上跳舞"，阿尔塞纳·温格说道，在2014年足总杯决赛之前的紧张情绪之下，他勉强地挤出了一点笑容。"老实说，下一场比赛也许能赢，也许会输。如果赢了，你会怎么想？你认为自己会跳一个星期的舞？不会，你想到的是如何准备好下一个赛季，如何赢得下个赛季的第一场比赛。那才是应该做的……"

温格没有在里约热内卢的依帕内玛海滩上跳舞——除此之外他什么都做了。沙滩排球、头顶网球、游泳，甚至偶尔在他下榻的豪华五星酒店跑步。他有大把的时间。

如果说有人看上去大变样了，那就是温格。这位主教练不再显出紧张的迹象、不再感受到压力，看上去年轻了很多，充满活力，对于64岁的他来说，他的体型明显很好，甚至穿上很短的运动短裤也不会减色——报纸自然将这种穿着与詹姆斯·邦德系列电影里的主角丹尼尔·克雷格进行比较。

这并不奇怪，虽然温格似乎将他在沙滩上度过的时光展现在狗仔队面前——一位自作聪明的专栏作家因此痛批他在转会市场上无所作为——幕后却

温格：阿森纳时代

进行着艰苦的工作。这很快就成为了温格到俱乐部之后最为繁忙、最激动人心的转会窗口。

温格在每次大赛期间都是这么做的。作为法国TF1电视台的解说嘉宾，他在整个世界杯或者欧洲杯的比赛中都出现在最好的位置上。在2010年的南非世界杯上，温格大部分时间都待在约翰内斯堡。2012年欧洲杯期间，他驻扎在华沙。2014年巴西世界杯时则在里约。温格有时和电视台人员一起旅行，也经常乘坐大卫·戴恩的私人飞机。他们两人形影不离。值得回忆的是，尽管戴恩从阿森纳队离开时十分狼狈，但是他与目前的首席执行官伊万·加齐迪斯关系融洽，没有任何敌意。

温格在世界杯期间非常活跃，热情地与英国媒体的熟人打招呼，随意闲聊以收集信息。他看上去镇静且放松。为电视台工作时，他经常穿白色运动鞋赶赴比赛地，然后穿上和服装更为搭配的漂亮鞋子。在经过机场时，他可能停下来聊聊天，或者在旅馆的酒吧里喝上一杯，对媒体的任何敌意都消失了。他甚至很快回复带着感叹号的短消息，甚至开开玩笑，取笑最近的交易询价。

温格也是足球宿将们的好伙伴，他在沙滩排球队里和克里斯蒂安·卡伦布搭档，在旅馆里和法比奥·卡纳瓦罗共进晚餐。在里约的最后一个周末，他很多时间都和利物浦主教练布伦丹·罗杰斯在一起，有两个晚上，他们一起用餐、喝酒，相谈甚欢。

前一个夏天，他们在路易斯·苏亚雷斯的转会竞争上针锋相对。这一个夏天，阿森纳战胜利物浦，夺走了阿莱克西斯·桑切斯，罗杰斯公开承认，他对没能得到这名可以替代苏亚雷斯的球员感到极其失望。但是这一次，以不和其他同行厮混，不与人在赛前共饮，甚至不参加赛季末联赛教练协会晚宴而著称的温格，却和罗杰斯成了好伙伴，他们一起回忆了前一赛季经历的考验和苦涩，最有趣的是夏季转会窗口的考验。

但是，新球员的到来似乎重新为温格带来了活力。对他来说，签下的多名球员也很完美。阿莱克西斯·桑切斯是效率极高的世界级前锋，卡鲁姆·钱伯斯是一位很有潜力的年轻球员，法国后卫马蒂厄·德比希，以及还需要在超级联赛中证明自己的哥伦比亚守门员大卫·奥斯皮纳。这是温格心目中理想的组合。桑切斯的签约需要很多基础工作。在巴塞罗那传出消息可能交易他时，阿森纳俱乐部将他列为首选，位居马里奥·巴洛特利、卢瓦克·雷米和马里奥·曼朱基奇之前。桑切斯是他们前一个夏天极力寻找的那种球员——他和苏亚雷斯一样，没能来到球队。

基础工作由迪克·劳完成，他和桑切斯的经纪人费尔南多·费利切维奇通了多次电话，并在西班牙和伦敦会面。阿森纳队很快就对桑切斯的加盟充满信心，因为在双方握手时已经得到了承诺，这一切也都是巴塞罗那所乐见的，该俱乐部需要钱来完成苏亚雷斯的转会。

真正令人印象深刻的是转会费定在3300万英镑，这令许多观察家吃惊，但这就是典型的温格式做法，他总是极力讨价还价。虽然其他俱乐部——尤文图斯、利物浦和曼联——都曾经对桑切斯询价，但是这一交易已成囊中之物。利物浦的报价实际上还多出大约500万英镑，但是某消息来源称，阿森纳"总是知道球员会加盟"他们。

桑切斯在巴西时和温格会谈，阿森纳主教练概述了自己的目标、阿森纳队的踢球方式，并告诉桑切斯，他会成为计划的中心。他表明桑切斯能够融入阿森纳队的体系，帮助球队夺得奖杯。温格是个很好的推销员。他能够吸引球员，打动他们，就像前一个夏天对待梅苏特·厄齐尔那样，他的声誉很快获得了球员们的尊敬。

德比希是个有趣的案例。虽然是法国人，作为巴卡里·萨尼亚之后法国国家队的首选，但是当我第一次听说阿森纳队对他感兴趣，在网上搜索时，没有任何新闻将他的名字和该俱乐部联系在一起。在今天的世界里，这是很罕见的。

实际情况就是，阿森纳俱乐部做了试探，表明自己的兴趣，接着德比希就在世界杯上召开了一个新闻发布会，强调自己在下一个赛季希望征战欧洲冠军联赛。德比希推动了转会，他暗示自己希望转会，知道这样的表示有助于转会的顺利进行。不管你是否喜欢，那就是足球界的运作方式。

温格：阿森纳时代

有很多传言称阿森纳打算重新签下卡洛斯·维拉——他以前在俱乐部时，因为和《Viz》漫画人物长相酷似而在更衣室里得到了一个"种族主义者希德"的绰号——但是这一转会从没有发生过。维拉的合同上有回购条款，但是这个条款只被看作讨价还价的手段，而不是真正的选项。

温格不想失去替补门将卢卡什·法比安斯基，但是他的离去迫使温格寻找新门将，世界杯成了最好的展示橱窗。法比安斯基厌倦了替补的身份，他希望转会，因此以自由球员身份加盟斯旺西队。温格接到的守门员推荐很多：加迪夫队的大卫·马歇尔是第一选择，但是他要价1000万英镑；雷丁队的年轻门将亚历克斯·麦卡锡定价为650万英镑；对诺维奇队的约翰·鲁迪本来有些兴趣，但是听到定价500万英镑之后也就不了了之了。

此后，温格不断接到电话，推荐有潜力的门将，包括在对荷兰队比赛时表现神勇的墨西哥门将吉耶尔穆·奥查亚。但是温格认为他不适合于英超联赛。相反，温格下决心追逐奥斯皮纳，认为哥伦比亚人足以挑战正选门将沃伊切赫·什琴斯尼，可以作为他的替补。

但是，最令温格兴奋的签约对象是卡鲁姆·钱伯斯，前一个赛季，史蒂夫·罗利一直不知疲倦地观察他。罗利是在观察卢克·肖的任务中发现钱伯斯的。钱伯斯长时间都在阿森纳队的视野之中，但有趣的是，他并不一定被看作右后卫：在各个年龄组的英格兰代表队中，他曾经打过中卫和防守型中场。他改打右后卫是为了保住南安普敦队的一个首发位置——只有阿森纳发现了他的全能，恢复他原来的位置。

不过，决定性的举动是温格会见钱伯斯和他的家人，并向他们宣传阿森纳俱乐部。他告诉钱伯斯，后者在下一赛季中可以作为替补右后卫上场20多次，或者按照长期计划作为中后卫和防守型中场。正如过去的阿龙·拉姆齐或者亚历克斯·奥克斯雷德-张伯伦那样，对任何年轻球员来说最具吸引力的是，温格了解他们的一切，他们的特性和能够胜任的位置。坐在钱伯斯面前的是他生涯中见过的伟大教练之一——钱伯斯出生18个月时，温格就接掌阿森纳——这个人正在告诉他，他将成为阿森纳未来的重要组成部分。他决

第十七章 2014年夏天

心加盟阿森纳队,不管自己的生涯是否刚刚起步。

这正如阿龙·拉姆齐的经历一般,2008年欧洲杯期间,拉姆齐和家人乘坐一架私人飞机,与温格在瑞士会面,这次私人接触取得了成功。2013年3月,拉姆齐告诉我,温格在当时以及后来经历表现不佳和伤病等低谷时对他的信任,使这位法国教练成了整个职业生涯中对他影响最大的人。这位威尔士球员选择了阿森纳而拒绝了曼联和埃弗顿,他说道:

加盟阿森纳的主要因素是与阿尔塞纳·温格的会面,听到了他关于我的计划。他成就了许多年轻球员,给予他们机会,使他们成为伟大的球员。

他们用飞机将我接到那里与温格会谈。我完全无法抗拒。我只有17岁,世界上最好的教练之一想和我面对面谈话!这在任何年龄都是一个困难的选择,但是我从不后悔,我认为自己做了正确的选择。在阿森纳队我觉得自己更受关注,觉得温格的计划更适合我,他们给年轻球员的机会也更多。曼联当时已经有了许多中场球员了。

所有英国球员都选择为【阿森纳】俱乐部效力,真是太棒了,这很重要。

谈到温格对加盟阿森纳的影响时,钱伯斯说:"他最了不起的是,让你觉得自己是球队需要的球员,觉得自己是团队的一部分,并且给你信心,去打出自己的比赛。他是一名伟大的教练,在培养年轻球员上有辉煌的历史,所以我很尊重他。他告诉我要放松、在训练中享受自我、表达自我。"

"他培养了那么多球员,像亚历克斯【奥克斯雷德-张伯伦】、西奥【沃尔科特】和许多其他球员。他给年轻球员很好的机会。这是训练、工作和提高的极好场所。我认为每个人都可以肯定,每天的训练都是高强度、高标准的。"

很明显,温格在签下年轻球员时和签下世界级球员一样快乐,甚至更加快乐。他飞到欧洲各地,会见年轻球员,说服他们的家人,将他们的年轻人放在阿森纳队手中是可以放心的,这已经为他赢得了声誉。从塞斯克·法布雷加斯和菲利普·森德罗斯到拉姆齐、钱伯斯等——他似乎真的渴

温格：阿森纳时代

望以正确的方式培养年轻球员，不仅发展他们的足球素养，还培养年轻人的品质。

突然之间，阿森纳队努力变得更强大，像加齐迪斯在前一个夏天所说的那样，在转会市场上积极进取，随着球队的逐步建设，在更为公平的环境中竞争。温格如同新生一般，尽管他的身体已经不如从前。年近65岁的他在参加一场工作人员的足球比赛之后抱怨背部酸痛。前阿森纳队守门员延斯·莱曼是比赛的组织者，他曾在球队担任替补的同时进行教练实习，仍然是非常受欢迎的人物，当他打来电话，你无法拒绝。温格的球队以2∶2打平对手，这是他们在13场比赛里首次无法获胜。温格忍着后背的疼痛笑着说道："这是很长时间以来我踢得最糟糕的一次。我会给自己打十分制的两分。延斯·莱曼很生气。"

毫无疑问，在巴西的快乐夏天，加上忙碌而高效的转会窗口和赢得足总杯，减轻了温格肩上的压力，消除了心中的忧郁。温格处于一个很好的地位，但有几个问题总是突然出现。其中之一是。阿森纳队在另一家俱乐部报价时可以优先购回的情况下（在法布雷加斯卖给巴塞罗那时写入合同中），未能重新签下塞斯克·法布雷加斯。

尽管温格公开鼓噪，但心里深知法布雷加斯不想回到阿森纳。上个夏天签下梅苏特·厄齐尔之前，曼联队曾渴望签下小法，也许那时的机会更大一些。实际上，温格在2013年夏季阿森纳亚洲之旅中一直告诉我们，如果法布雷加斯寻求交易，他们会采取行动，很明显，他们仍然保持着接触和友好关系。但是，法布雷加斯在2013年从未接近于离开巴塞罗那，第二年，他很早就被告知可以离开。法布雷加斯离开阿森纳时就不太顺利，尽管他与温格关系不错，但是这位西班牙中场逼迫俱乐部做出决定，而俱乐部中的有些人并不急于将其购回。很明显，法布雷加斯也幻想着在一家有更大机会赢得奖杯的俱乐部展开新的冒险。温格坚持认为，在阿森纳得知法布雷加斯可以交易时，与切尔西的交易已经基本完成了。

法布雷加斯的首席经纪人是达伦·戴恩，他是温格的好朋友、俱乐部

第十七章 2014年夏天

前副主席大卫·戴恩之子。达伦·戴恩从俱乐部卖出了一系列球员，包括法布雷加斯、蒂埃里·亨利和加尔·克里希。戴恩是个非常出色的经纪人，是蒂埃里·亨利的伴郎，亨利也出席了戴恩的婚礼，为此还错过了阿森纳队的比赛（他当时有伤在身，所以可以出席）。何塞·穆里尼奥和温格都支持法布雷加斯想要前往切尔西而非阿森纳的看法。切尔西主教练为了面见法布雷加斯而错过了儿子该赛季的最后一场足球赛，这是为了向西班牙中场证明自己有多么想要他。穆里尼奥在2014年7月说道："我和他谈了20分钟。我认为他真的想加入我们。如你们所知，阿森纳队拥有可以干扰交易的选项，但是我认为他们不会行使这一权利。我认为他非常偏向我们，所以对我来说这很轻松。"

温格也附和这一观点："我相信他已经做了决定。我也告诉过你，为什么这不是我们的主题。我们寻找的是更多前锋和防守球员，而不是有创造性的中场球员，我们已经有很多这样的球员了。我个人认为，这一交易在很久以前（2014年初）就敲定了。看，有人说他想去切尔西了，所以我不知道谁说的是真的。但是他去了他想去的地方。"

因此，认为阿森纳队应该重新签下法布雷加斯、如果没这么做就是个错误的想法毫无意义。尽管有优先条款，这笔交易不可能有前途，因为法布雷加斯已经选择了切尔西。在被追问为什么觉得和切尔西的交易已经完成时，温格笑着说："我的直觉。"

阿森纳队唯一的安慰是，复杂的法布雷加斯交易不仅包含一个后来证明毫无价值的优先权，还包含了交易分成，这让他们又净赚了500万英镑。

最终，温格得到了赞扬和辩护，而与此同时他自己的中场组织者梅苏特·厄齐尔却在自己的第一个赛季中举步维艰，不仅要适应英国的足球环境，还要面对与法布雷加斯的比较。他和法布雷加斯之间的关键差异在于，法布雷加斯已经做好了英超联赛的准备，在加盟切尔西队之前，已经在阿森纳队确定了自己的地位。法布雷加斯已经适应了英超，而厄齐尔还要继续努力。

温格：阿森纳时代

人们很容易忘记，厄齐尔在2014年夏季随德国队夺得了世界杯，他参加了所有场次的比赛，并在决赛中打出了最佳的表现。在温格所有身材矮小、华而不实的球员当中，厄齐尔尽管明显拥有良好的素质，却要努力地克服人们的批评。

温格一贯忠诚于自己的球员，他坚称对阿森纳这位价值4200万英镑的德国中场的批评是不公平的：

人们对厄齐尔非常苛刻，因为他是那种在比赛中总是非常轻松的球员，但是当你在第二天再次观看比赛，就会看到他是怎样的一名球员。他做的一切都很聪明。每个动作的时机都很完美。你永远不会看到他太晚出球。出球太晚的球员数量多到难以置信。但是厄齐尔从不犯那样的错误。他就像一位音乐家，完美地把握时机，这样的球员不可多得。

他从不是一个积极拼抢的球员。但是他没有得到应得的赞扬。他是以世界杯冠军的身份来到这里的，当时他参加了全部7场比赛，在一些比赛中表现出色。世界杯期间和其他比赛中，德国队当中也有同样的争论，但最终他总是在球队的阵容之中。

足球的迷人之处在于，参与比赛的人听到的不仅是本俱乐部中发生的事情，还听到英超联赛中其他各个俱乐部甚至欧洲足坛的消息。温格当然不是一个紧盯着电话的教练。实际上，一位前员工说过，在这十年的大部分时间里，他们可能只有五六次电话交谈。温格往往更多地用短消息和电子邮件回复——如果他打来电话，你就知道是严重的事情。

在很多场合下，温格从闲聊中就已经清楚地知道某位球员的有关情况、健康状况或者是否准备签下其他人。那就是足球产业的运作方式：它就像一个充满流言蜚语的大型肥皂剧。例如，温格在谈话中无意吐露，胡安·马塔将前往切尔西，此后马塔就和该俱乐部联系在一起。温格知道，因为阿森纳队已经在着手这个案子，当他们犹豫的时候，切尔西乘虚而入签下了他。

具有讽刺意味的是，当阿森纳俱乐部在2011年夏季转会窗口中"疯狂扫货"，签下佩尔·默特萨克、米克尔·阿特塔、安德烈·桑托斯并租借约

第十七章 2014年夏天

西·贝纳永时,温格却在最后几天出国参加一次会议。2014年夏季转会窗口的最后也是如此,当时阿森纳陷入绝望,他们的首发中锋奥利弗·吉鲁在与埃弗顿2∶2打平的比赛中胫骨骨折,需要伤停三个月,突然之间,他们的锋线只能由法国21岁以下国家队前锋亚亚·萨诺戈领衔,萨诺戈很有力量,但是缺乏经验。他们拥有大量进球机会,但是没有一个能够把握住。

温格在转会窗口的最后一周坚持不愿意购买球员。塞缪尔·埃托奥竭力想加盟阿森纳,愿意退出与埃弗顿的转会谈判,但是温格不感兴趣。埃托奥的动机是想转会到一个能够威胁切尔西的俱乐部,以报复穆里尼奥,在一次与电视记者的非正式谈话中,穆里尼奥质疑了他的年龄,这个节目后来在法国电视台播出。

但是,在阿森纳与升班马莱斯特城队打平的比赛中,进攻火力的缺乏使他们难以取得进球,温格购买球员的压力大增。和以往一样,球员们感到厌倦,私下抱怨温格明明有钱却没有签下任何需要的球员。前一周,阿森纳已经启动了另外几位备选球员的转会工作,询价的球员中包括丹尼·维尔贝克和拉达梅尔·法尔考。

法尔考是个有趣的选择——阿森纳队已经非常接近于引进他。这位哥伦比亚球星效力于摩纳哥队;他被认为是世界上最出色的前锋之一,但是因为严重的膝伤错过了世界杯。与此同时,摩纳哥俱乐部老板德米特里·雷波洛夫列夫在代价高昂的离婚案之后似乎对俱乐部失去了兴趣,决定削减开支。法尔考可以寻求租借,他的经纪人豪尔赫·门德斯承担了寻找下家的工作——最有可能的目标是英格兰,因为如果切尔西、曼城或者曼联等英超俱乐部符合财务公平竞争条例,不会打破欧足联的支出规则,就能够承担得起他的费用。

但是市场上杀出的黑马正是阿森纳。法尔考交易的问题所在是令人咋舌的开价:每个赛季2000万英镑,这包括租借费用和一年1560万英镑的工资——而且,在如此严重的膝伤之后,长期休息的他能在多长时间内达到巅峰状态还是个疑问。令事情更为复杂的是,费用的支付方法也非常烦琐,大

温格：阿森纳时代

部分工资将支付给避税天堂摩纳哥。多家俱乐部担心，这一交易是否真的会破坏规则。

但是在阿森纳队打平莱斯特队之后，迪克·劳努力地想要促成法尔考的交易。阿森纳队与门德斯的关系不好，后者与英国俱乐部的交易都是和切尔西、曼联和曼城完成的。尽管交易困难重重，阿森纳俱乐部还是准备进行一年租借交易，详细地讨论了法尔考的转会问题。实际上，8月31日迪克·劳上床睡觉的时候还认为交易正在进行中。第二天早上醒来，在转会窗口关闭的这一天，情况已经出现了变化，曼联俱乐部介入了交易。此举产生的连锁反应就是，曼联不得不平衡自己的账目以引进法尔考，被出售的球员明显是丹尼·维尔贝克。

与此同时，温格和他的常任顾问莱昂·安格尔乘坐早班飞机前往意大利，在很久以前，温格就同意在罗马举行的一场为和平募捐的全明星慈善比赛中出任裁判和教练。当温格出现在机场的照片和活动的相关报道出现在社交媒体上时，阿森纳球迷对此非常愤怒：俱乐部没能签下一名前锋，而温格去了罗马，在他们看来，这是玩忽职守。

纯粹是命运的驱使，维尔贝克正在参加英格兰国家队的训练，场地就定在阿森纳的伦敦科尔尼训练场。这可能是史蒂夫·罗利职业生涯中最轻松、最快速的球探工作了，他从自己的办公室探出头观看训练，甚至和几位记者开玩笑说，他只是好奇，想看看他们在做什么。实际上，罗利拍下了维尔贝克训练课中踢的每一脚球，与此同时，阿森纳的球员们发动了一场魅力攻势。杰克·威尔希尔试图"点醒"他，而佩尔·默特萨克和米克尔·阿特塔更进一步——他们在健身馆里扯住维尔贝克的衣领，问出他可以进行交易，并敦促他加盟阿森纳。

从此时开始，伊万·加齐迪斯将交易事项控制在自己手里。在这一天里，交易一波三折。最初似乎只是一项租借交易，此后曼联俱乐部希望达成一项永久性交易，直到转会窗口关闭之前几个小时，仍然有许多细节悬而未决。最终，随着时间的流逝，阿森纳俱乐部达成了交易。这对于曼联也是紧张的时刻，因为法尔考的体检和最终谈判所花的时间超出了预期，而他们却无法终止维尔贝克的交易。

温格后来开玩笑说，如果他没有参加罗马的慈善比赛，这个交易就无法完成。温格笑着说："与教皇会面是我不想错过的经历，那里有许多阿根廷人，因为他们喜欢马拉多纳。我后来让他加入了我的球队。"

"我是个天主教徒，所以这是一种体验，我是在很久以前接受【邀请】的，而且，这是一场为和平与不同宗教相互理解而进行的比赛。我认为，当我们面临着一场国际宗教战争时，这是一场非常重要的比赛。【教皇】是一个伟大的人，他表现得很谦逊，愿意会见任何人。他和每个人谈话。教皇也是个球迷，他是阿根廷圣洛伦佐队的支持者。如果你生在阿根廷，就不可能不是球迷！我想要小心翼翼地说：'很高兴见到你，再见。'"

然后，温格笑着讲述了执教迭戈·马拉多纳的经历："这非常困难！他来晚了，可是想要上场比赛……"

温格谈起足球之外的事情时最令人感到愉快。宗教（他是个天主教徒并会见了教皇）的话题比最新的伤病情况或者体育副刊上的一小段引语更能帮助人们深入理解温格。在我们进入正题之前，闲聊总能让他很好地放松。探究足球界人士在其他领域的想法，总是很吸引人的，这能完全改变你对他们的认识。

但是，关于温格想要租借维尔贝克还是永久性交易，以及为什么他不去罗马就不会发生这次交易，很难从他那里直接得到答案。他对这次交易是这么说的：

如果那天没有出行，维尔贝克就不会在这里了。以后我会做些解释，巧合的是那天我正在路上。如果我待在家里，维尔贝克今天就不会在这里。有朝一日我会给你讲这个故事，但真相就是如此。

在2014年，你总是能和每个人保持接触，即使旅行时也不例外。那天的优势在于，我不得不在6点钟起床，整天都有空。

在那个时刻，我想如果曼联买下法尔考，他们就不得不让某个球员离

温格：阿森纳时代

开,当我最初听说他可能转会时并没有意识到这一点。因为是转会窗口的最后一天,一切都发生得很快,我毫不犹豫地这么做了。

当被问及他是否偏向租借维尔贝克时,他回答道的:"是的,最好有购买的选项。最初这名球员只能租借,但是在他可以出售时,我同意了。"

温格还说,他在签下维尔贝克之后的一次为期两天的教练会议上遇到了亚历克斯·弗格森爵士。所有媒体都说,弗格森——和范加尔不同——从不将维尔贝克这样自己培养的球员卖给直接的竞争对手。

温格笑着说:"你应该问他。我在周二和周三碰巧遇见他【弗格森】,对这次谈话我想要保密!首先,他【维尔贝克】能够成为更好的球员,因为我能够帮助他。他很年轻,还不到24岁,别忘了,有些球员23岁来到这里,取得了很大的成就,所以我希望能够尽力帮助他。"

到转会窗口结束时,温格已经利用得到的资金进行球队建设和补强,整合了全新的球队。赢得2014年足总杯冠军,在夏季进行大笔收购——包括天才的世界级球员阿莱克西斯·桑切斯——在窗口关闭之前又签下维尔贝克,俱乐部表现出了进步的迹象。这应该能够为温格重新下一个定义,揭示他能否在阿森纳重获新生,帮助俱乐部再次攀登高峰。

第十八章
最终审判

阿尔塞纳·温格在无路可退时状态最佳。这种境地使他更加坚定、更加肆无忌惮，而他的球队往往在需要全力以赴时挖掘出潜力。他似乎也喜欢在足球压力之下展现自己的幽默感。

从2014年底到2015年初，阿森纳队出现温格所称的"小小的不稳定状态"之后，他们又听到支持者熟悉的抱怨声浪，特别是在2月底主场以1∶3负于摩纳哥之后。这场失利引发了熟悉的沮丧情绪和关于温格是否应该离开的问题。

温格不是傻瓜。他听到了支持者的哀叹——尽管他常常选择无视它们。为了保证富有的高级球迷们的支持，俱乐部推出了越来越多的问答环节，在一次活动上，一位支持者问温格是否有退出策略，温格展现了他熟悉的幽默感。

温格笑着说："是的，我想我会走下楼梯，从前门离开，叫一辆出租车回家。"

温格知道，球迷问的是他是否（以及如何）考虑离开阿森纳队帅位。但是他的回答清楚地表明，他绝对无意退出。任何有其他想法的人都不了解这个男人。如果人们根据一场失利评判他，要求他离

温格：阿森纳时代

开，他会将此视为个人的耻辱。在温格看来，这是无视他过去19年所有出色的工作。90分钟怎么比得上将近20年的努力？那就是温格的心态，但是这明显和大败之后支持者们的沮丧不相合。虽然温格总是不愿意接受失败，但他也能够看到更广阔的前景。

在无敌之师逐渐衰落和解体的三年中，他常常在失败后站在更衣室里，看着所有其他球员，对蒂埃里·亨利说："别担心，我们踢得很好，射门比对方多。"

在阿森纳队从冠军变成失败者的过程中，这话听起来像是温格的自我安慰。在他的内心深处，肯定知道自己的球队不再有足够的实力挑战奖杯了。当你的球员从罗伯特·皮雷斯变成了热尔维尼奥，很难再用之前的标准衡量了。但是尽管和水平低一些的球员一起共事，温格仍然继续挑战命运和逻辑，保住了前四名的位置。不过现在，由于俱乐部在自身财富的支撑下又有了支付能力，温格又有了打造另一支成功球队的渴望。

温格喜欢武断地告诉人们他的哲学，认为自己的方法是正确的。那就是当俱乐部为富有的包厢观众、俱乐部钻石会员和高级球迷举办专属晚会时，他喜欢球迷问答环节的原因。在这些活动中，温格解除防线，许多不那么对立的球迷很快就被他折服。他会告诉他们关于球员合同的情况，甚至在他告诉沃伊切赫·什琴斯尼之前，披露这位阿森纳守门员将在2015年1月被放弃。

当被问及西奥·维尔科特合同谈判的情况，以及他是否认为这和英格兰边锋渴望更多地打中锋位置有关系时，温格靠在椅背上，轻轻地唱起阿巴合唱团的歌曲："钱，钱，钱。"

每个赛季都有不同的有趣瞬间、争论、高光时刻和失望。近年来，这些都似乎被放大了，因为阿森纳球迷更擅长社交媒体，他们是伦敦的大俱乐部，而且拥有世界足坛最高调、最著名的教练之一——温格。

例如，当纽卡斯尔的代理主教练约翰·卡弗与球迷恶语相向时，只有一家报纸显眼地报道了这件事。《星期日电讯报》将这篇报道放在体育副刊的封面，但是其他报纸都将它深埋在某个地方。相比之下，2014年12月一场

第十八章 最终审判

令人失望的失利之后，愤怒的阿森纳球迷在斯托克火车站辱骂温格，这条消息成为了好几天的热点新闻。一名球迷拍下了事件的视频，电视评论员加里·莱因克尔在推特上称这段视频"令人厌恶、不可原谅、有失尊重"。

温格总是处于聚光灯下。他对于自己不喜欢或者不愿意谈起的问题可能尖刻和轻蔑。提问的诀窍在于经常采用能够吸引回应的措辞。在斯托克火车站事件之后两天，温格在伊斯坦布尔召开了阿森纳队冠军联赛小组赛最后一场比赛的赛前新闻发布会。

温格知道记者们会提出很多问题，他的处理非常得当。如果你分析他所说的，以及其余比赛中揭示出来的情况，就能全面理解他的意思了：

我们是专业的足球运动员和足球人士，必须应付那些事情。我是一个喜欢竞争的人。重要的是下一场比赛，以强有力的方式回应。这是我们工作的一部分。我们不能总是寻找借口，每个人都认为我们失败了。当你有失望情绪时，必须以强有力的方式回应。

你不能保证一场球都不输。许多球队都会在斯托克输球，你不得不面对现实。比赛期间的反应很强烈，每个人都很失望，但是英超联赛是很困难的，我们希望在赛季末再做评判。

这是我的第180场冠军联赛比赛，能够说明某些问题。这些比赛中，许多都是在这家俱乐部完成的。我们希望在赛季末得到评判，而不是在每一场比赛后群情激昂的时候。让我们重新恢复稳定性，在赛季末看看自己处于什么位置。

温格觉得人们在一次不好的结果之后就评判他执教的1000多场比赛无法接受。他认为，因为一次错误、一个乌龙球、裁判的一次错误或者纯粹是倒霉的时刻而谴责他太过苛刻了。我相信，这是他即使在一场改变赛季的失利（例如2015年在酋长球场迎战摩纳哥队的比赛，那场比赛实际上结束了他们的冠军联赛之旅）之后仍对批评不屑一顾的原因。但是，这种回应只会令球迷们更为愤怒。这位主教练只是试图说清楚来龙去脉，但是在球迷看来，他似乎对此不够关心。

温格：阿森纳时代

在机场酒店举行的与加拉塔萨雷队的赛前新闻发布会之后，温格走下台，我们几个人迎上前去与他聊天。他非常放松，看起来很高兴，他的言辞中透露出了强有力的信息，甚至告诉我们球队的阵容和阵型，这是极不寻常的情况。

阿森纳队击败了加拉塔萨雷，阿龙·拉姆齐射进了一个精彩的球，但是拉伤了跟腱而休战一个月（这是人们非常熟悉的故事，阿森纳总是"进二退一"），为此，温格从查尔顿找回了租借的弗朗西斯·科克兰。他也许没想到，这位无法达到标准、准备在合同到期时离开的法国中场球员将改变阿森纳这一赛季的方向。

最后，由于拉姆齐的坏运气，阿森纳队得到了一位防守型中场，这是球员和球迷们从帕特里克·维埃拉和吉尔伯托·席尔瓦离开之后一直迫切需要的。科克兰在圣诞节后与西汉姆联队的比赛中首次上场，阿森纳队取得了这场胜利，尽管在元旦的比赛中客场负于南安普敦队，但是预示着成绩和运气的好转，在2015年给了温格新的动力。2014/15赛季的低谷出现在南安普敦的失利上。圣玛丽球场失利的后果波及赛季剩下的比赛。有报道称，在比赛中表现极其糟糕的守门员什琴斯尼在淋浴时吸烟，惹怒了温格，遭到处罚和弃用。前阿森纳中场约翰·延森在丹麦电视台6'eren频道上说这位守门员在本赛季不会再上场了，更加重了此事的影响。我发现了什琴斯尼的行为，《每日镜报》在最后一版刊登了相关的报道。这位守门员是我最喜欢的人物之一，因此不得不写这篇报道让我有些许遗憾。

温格在他的下一次新闻发布会上没有否认此事，甚至提供了各种关于在法国的比赛日中吸烟的奇闻逸事，并承认自己是一名年轻教练时也抽烟。

当我们逼迫温格说出对吸烟的看法时，他说："几天以后，我在法国电视台上看到，他们播出了我坐在凳子上抽烟的镜头，我甚至觉得那不是我……我是在小酒馆里长大的，那里烟雾缭绕，都看不见窗户在哪里，我的青少年时代都在兜售香烟。但是时代不同了。社会也在发展，在某些方面是正面的，某些方面是负面的；今天人们不抽烟了，这就是一个正面的发展。你不

第十八章 最终审判

能在公共场所抽烟，那意味着不抽烟的人不用受苦。"

在南安普敦的失利还有另一个值得注意的地方，那就是阿森纳队难以置信地在英超中连续三场不胜。他们的表现时好时坏，难以保持再次挤进前四名的冲击力，此时"圣徒"（南安普敦）、切尔西以及曼彻斯特的两支球队排名在他们之前。这促使阿森纳的资深球员们召集了一次常规的球队会议，佩尔·默特萨克——米克尔·阿特塔缺阵时的队长——带领球员代表面见温格，表达了他们对球队表现的担忧。

球员们希望加强防守，采用不同的人员配置，更关注防守而非进攻。这种改变在阿森纳队1月18日（星期日）前往曼城主场比赛时最为明显，他们以2：0取得了一场难以忘怀的胜利，天空体育评论员加里·内维尔对此大加赞扬。

内维尔说："在过去四五年里，我们看到阿森纳队多次在比赛中拱手认输，如果你给我机会回来当阿森纳队的后卫，我会说'不'。这太无趣了，我看够了阿森纳队的这种表现。今天，后方不再门洞大开了；这是我见过的最佳防守表现之一。"

这被视为阿森纳的一次巨大转变。球员们说服温格改变他们的策略，特别是在惨败于上赛季前四名的竞争者之后。温格承认，是球员们说服自己改变了攻势足球理念：

你可以对球队说："这不是我的比赛风格"，但是在某个阶段，你无法对抗球队的想法，因为这对球队的成绩不利。球队有时候需要安抚，安定感首先来自于稳定、可靠，然后你才能表现自己的天赋，我们在重大比赛中的信心已经受到【上个赛季】那些重要结果的损害。

当然【我会聆听球员们的意见】。你的战术必须和球队的感觉以及他们的自信心相符。那就是你在报纸上或者电视里多次听到"让我们回到本原"的原因。

这不是因为球队不知道本原，不过当务之急是加强球队的信心，因为你只有在感觉到自己不会被击溃的情况下，才能慢慢重拾信心。

温格：阿森纳时代

由科克兰坐镇中场的阿森纳队突然找到了球队的平衡和稳定性，正是这种稳定性推动他们进入足总杯决赛，实现了不败赛季之后他们在英超联赛决胜阶段中最好的战绩——他们连胜8场——球迷关于温格的质疑也平息了下来。

社交媒体不时地爆出猛料。当多特蒙德教练于尔根·克洛普——因为在德甲联赛中的成就而成为现代派球迷的宠儿——在2015年4月宣布，他将在赛季末离开追求新的挑战时，又一次引发了社交媒体的热议。有人觉得，克洛普是温格的完美替代者。

被问到是否认为克洛普是一个好的替代者时，温格有些烦躁，这是可以理解的。作为记者，我们都不得不问一些愚蠢的问题，有时候我们无视一些很失礼的行为。但是我们还是一样会问。温格怒气冲冲地回击："我不是安排教练工作的经纪人。老实说，我觉得那位红人有些可笑。"

但是，2014/15赛季结束前的几周，温格和俱乐部上下显得喜气洋洋。在这个春天，他们邀请了几名球员的家人来到训练场。在一次这种活动中，杰克·威尔希尔、佩尔·默特萨克和基兰·吉布斯的家人们都在工作人员的引导下游览了伦敦科尔尼的各种设施，他们参观了媒体大楼、更衣室、训练场和球员食堂。这一经历令家人们陶醉不已。这充分证明了阿森纳俱乐部家一般的气氛，以及他们在让球员们觉得自己是俱乐部一员上做出的努力。

这些活动有时有效，有时无效。阿森纳始终以俱乐部的层次和传统为傲，他们告诉球员要举止得当。毫无疑问，温格支持和接受这种传统，并向他的球员推广。这是他球场内外哲学的一部分。更衣室的气氛显示出了同袍之谊和团结性。在温格心中，这有助于场上的表现，因为球队具备团队精神，他们在场上和场下都具有凝聚力。当更衣室出现几个"烂苹果"时，很可能预示着令人失望的赛季。他们必须迅速采取行动。

温格还在自主培养的球员、出色的签约球员和大牌球星（如阿莱克西斯·桑切斯和梅苏特·厄齐尔）之间建立了一种巧妙的平衡。将年轻球员的培养、精明的签约和世界级天才球员熔于一炉，为他提供了一支杰出的球队。

第十八章　最终审判

阿森纳在2014/15赛季决胜阶段的表现引人注目。最吸引人的战果是在老特拉福德球场赢得足总杯1/4决赛的胜利，丹尼·维尔贝克——阿森纳在交易截止日从曼联签来的球员——在老东家面前打入制胜球。维尔贝克承认，在过去征战过的球场另一端热身时有些"古怪"的感觉，但是在曼联卖出他之后，主教练路易斯·范加尔发表过几次挑剔的评论，维尔贝克对此一直保持着有尊严的沉默，这令他进球之后不禁兴奋地庆祝。

那是阿森纳队在足总杯里的高光时刻，他们一路杀进了温布利球场。8天之后，他们在法国以2∶0击败摩纳哥队，几乎抵消了对手在第一回合中的领先优势，但是因为客场进球数少而被淘汰，又经历了一次郁闷的冠军联赛之旅。在英超联赛最后阶段的所有胜利中，5月4日阿森纳队3∶1击败赫尔城队的那一场比赛最为精彩。他们竭尽全力取胜，以便进入前三名，自动取得冠军联赛参赛资格，在这场比赛的某些时段里，他们的传球和跑动达到了炉火纯青的地步。

弗朗西斯·科克兰坐镇中场，桑蒂·卡索拉在他"8号"的新位置上表现出了冲劲，阿龙·拉姆齐取得进球，阿莱克西斯·桑切斯在场上十分兴奋，梅苏特·厄齐尔在球场上神出鬼没，而奥利弗·吉鲁则成了进攻的焦点。在那场比赛中，阿森纳进入了足球的"乌托邦"。问题是这种表现出现得太少、太晚了。切尔西队在前一天已经夺得了联赛的冠军。

温格与切尔西主教练何塞·穆里尼奥的口舌之争已经升级，他们回到过去的怨恨和对立，可能强调了这样一个事实：葡萄牙人又觉得有必要回到对立的状态，因为他再次将阿森纳队当成了真正的威胁。这可能是最大的恭维。

在4月26日于酋长球场迎战切尔西时，阿森纳队状态正佳。他们刚刚连续赢下8场联赛，温格有很大的机会结束对阵穆里尼奥12战不胜的纪录。但是阿森纳队没有表现出最需要的自由流畅、节奏感强的足球风格。切尔西队的状态正在下滑，但是仍然依靠韧劲守住了平局，赛后他们像赢得冠军一样在球场上欢庆。他们实际上已经夺得了冠军，阿森纳队球迷因为0∶0的僵局而沮丧地发出"令人厌烦的切尔西"的歌声，与此同时，他们阻挡了最大的

温格：阿森纳时代

挑战者。

和平常一样，穆里尼奥不会对阿森纳队、温格和球迷们的指责置之不理。他说道："你知道，令人厌烦的是10年没有得到一个冠军。那真的很令人厌烦。你支持这个俱乐部，但是许多年都等不来一个联赛冠军，那才叫令人厌烦。他们也许不是唱给我们听的。"

几天之后，温格抓住时机，以有尊严的方式回应，指责穆里尼奥有失礼貌。温格尖锐地说："作为一名教练，最重要的是相互尊重，有些人在这些方面需要改进。每个人都有自己的内部问题，我也有。那就够了。"

穆里尼奥并没有善罢甘休，在切尔西赛季末的颁奖之夜，他发表了演讲——他称之为"虚构的故事"——借助一个精心制作的视频，嘲笑曼联、曼城以及最后出场的阿森纳队只在1月和4月之间才有真正的表现。第二天早上，在足总杯决赛前的新闻发布会上，温格被问到了这个问题。

温格厉声说道："忘了他的演讲，做点别的吧。我对他的讲话不感兴趣，我不关心人们说什么。我会听取你的提问，对于那些不想回答的问题，我不会回答。"

激烈的对抗当然还会继续。但是没有什么能让温格的注意力离开足总杯决赛前的准备。俱乐部上下的气氛和12个月之前不同，在那次准备与赫尔城队的决赛时，气氛非常紧张，似乎温格的整个未来都系于一线之间。

阿森纳队在比赛前夜入住温布利的希尔顿酒店。尽管与体育场近在咫尺，球员们仍然登上大巴前往。仅仅几百米的距离，但是安保部门坚持这么做。一走上球场，阿森纳队就全力发挥，以出色的表现重新夺得足总杯，这意味着温格成为了战后第一位六夺足总杯的教练。

温格大胆地选择西奥·沃尔科特代替吉鲁首发，桑切斯、厄齐尔和卡索拉也都表现出了最高的水平，阿森纳队完全压倒了阿斯顿维拉队。中场和进攻的速度、力量和跑位时时令人目不暇接。温布利球场的速度比专门为了阿森纳队比赛而保持光滑的酋长球场慢一些，但是这一次温布利的草较短，阿森纳队在这里找到了自己的节奏。桑切斯漂亮的25码劲射——一记落叶飘球——成为了足总杯决赛中最精彩的进球之一。它成为了阿森纳这个光辉日子的标志。

实际上，4：0的比分并不能完全说明阿森纳队的优势。很难找到比这更一边倒的足总杯决赛了——即使2004年曼联队以3：0击败英国二级联赛中游球队米尔沃尔的比赛，场面也比这更接近。

温格穿着优雅的朗万西服，看上去显得非常开心。当被问及赛季结束时再次夺杯是不是回击批评的最好方式时，温格笑道："我们不会想念批评家。"与此同时，球员们花了一个多小时才从更衣室里出去，因为运进来的啤酒和香槟比以前更多了。阿森纳高层，包括大股东斯坦·克伦克，都来到了温布利。队长米克尔·阿特塔因伤错过了下半赛季的比赛，他喜欢和观众们开玩笑，在大亨们走进来时，他和厄齐尔正在一个医疗屏风后面玩着捉迷藏的游戏。"伊万，我们的奖金在哪里？"阿特塔诙谐地对着阿森纳首席执行官伊万·加齐迪斯喊道。加齐迪斯合作地指着自己的心口，表明自己将这件事情放在心上了。

温布利的决赛后举行了传统的赛后新闻发布会。温格心满意足，关于未来和足总杯成功的问题一样多，因为这场比赛已经说明了一个事实：阿森纳队在下一赛季应该是冠军的争夺者。

当人们告诉他，阿森纳队看上去比一支联赛排名第三的球队更好时，温格回答道："我们必须在下一赛季表现出这种水平，我们希望如此。我觉得我们已经取得了进步，人们总是觉得这是因为购买球星，但凝聚力也非常重要，人们往往低估了这一点。我们必须保持这种凝聚力，也许还需要增加高素质的球员。但是我们需要的高素质球员不多。其他球队——切尔西会变得有多强？他们会购买谁？我不知道。"

温格还被问到这一赛季他们是否会在转会市场上大展拳脚，购买超过6000万英镑的球员。他回答道：

我们还没有花过那样的钱。人们忘记了，多年以来我们不得不卖出最好的球员，那是一段非常困难的时期。这就是现实。从我们重新开始购入

温格：阿森纳时代

球星时起，我们慢慢地回到了更有竞争力的水平。你说的可能是我们不会考虑的天文数字。那不是因为财政原因。这很简单。

我不想告诉你们，我们有多少钱。而且，我对将要做的事情还没有清晰的决定。不要排除任何可能，我也不会告诉你，我们会花多少钱。我总是更关注质量。

桑蒂·卡索拉被评为本场最佳球员。我不认为他的价格能达到1.5亿英镑。科克兰是球场上最好的球员之一。你必须始终关注球员的真正素质。我不反对花钱，最近我已经表明了这一点。但是我希望物有所值。

如果温格能够在一名球员身上找到好的价值和经过证明的素质，那么彼得·切赫的签约确实两者兼得。切赫有着极其丰富的经验，已经赢得了所有国内重大比赛的奖杯，尽管已经33岁了，仍然被看作一名真正世界级的门将，所以1000万英镑的转会费堪称物超所值。

从很多方面看，这对于阿森纳都是难以置信的签约。切尔西将蒂博·库尔图瓦作为正选门将，允许切赫加盟直接的竞争对手，明显加强了阿森纳队的阵容。穆里尼奥送给教练中最强悍的竞争对手一个顶级的签约球员。对阿森纳来说，这可以看成拼图上缺少的一块。切赫也希望加盟阿森纳队，不仅是为了留在伦敦，还因为他觉得阿森纳是真正的竞争者。

切赫说："在第一次会谈中，我和教练阿尔塞纳·温格对话，很明显，这有很大的不同，因为我和以往一样充满渴望，拥有和10年或者15年前一样的积极性，同样愿意全身心地投入以赢得奖杯。和他对话之后，我相信自己找到了一个渴望成功和挑战欧洲最佳的球队。"

"对我来说，这是个激动人心的计划。离开这里可能是最困难的决定，但是前一年我就意识到，我的生涯还没有到应该坐在板凳上的阶段。我希望比赛，希望有机会竞争球队中的位置，希望对球队有用，每个星期都能在球场上做平常所做的事。我希望自己有可能在阿森纳竞争位置，可以为球队带来一些帮助。"

对阿森纳来说有趣的是，他们在切赫2004年转会切尔西之前就试图签下

第十八章 最终审判

他。温格从不怀疑切赫的素质,他最担心的是切尔西不将切赫卖给阿森纳。虽然到足总杯决赛之后,温格仍然继续称赞他的另外两名守门员大卫·奥斯皮纳和沃伊切赫·什琴斯尼,但是他知道自己想要切赫,切赫能够加强球队的阵容。这也许是阿森纳在无敌赛季的一号门将延斯·莱曼之后,第一次拥有世界级的守门员。突然之间,人们觉得阿森纳队的防守将因为切赫的签约而大大加强,顶级门将能给防线带来巨大的信心。

2014/15赛季末给阿森纳队带来了更多的信心,与此同时,这一结果可能说服温格,他不需要像赛季初陷入挣扎时自己所想的那样,对球队进行大规模的补强。

阿森纳中场杰克·威尔希尔在足总杯决赛取胜之后的讲话,深入说明了这种信念,以及他们觉得自己的俱乐部能够继续前进的原因。他说道:

我认为,这个赛季我们在心理上迈出了一大步。我记得去年参加与曼联、曼城和切尔西的重要比赛时,会想"我们今天真的有机会吗?"但是今年第一场关键比赛——主场对阵曼城时,我们做得很好。我们始终认为自己有机会。即使客场对阵曼联我们也拿到了一分。那是我们需要的一大进步,这样,明年我们就会觉得处于更有利的位置。

队里有一群英国球员和几位外国球员,我们已经在一起好几年了。我们彼此了解,为对方而战。如果一个球队像阿森纳这样,拥有我们的素质、相互团结、积极拼抢,那就能够创造机会。

我记得【过去】打完和曼联的客场比赛时会想"我们统治了那场比赛",但是我们从未真的拥有那种素质。所以,我认为今年是重要的一年,我们得到了可以令其他球队害怕的球员,在前两个赛季已经增加了桑切斯和厄齐尔这样的世界级球员。厄齐尔已经度过了一个伟大的赛季,他已经适应了这里,桑切斯的第一个赛季则是不同寻常的。因此,我们期待下一个赛季。

这些情绪得到了温格的回应。他断言,阿森纳的冲劲已经成为他执教生涯中一个显著的标杆。

温格：阿森纳时代

"我们认为自己取得了进步。1月时我们处于很不利的位置。"温格承认，"我们排名第7，没有多少人能预测到我们在赛季结束时取得这样的成绩，但是我们取得了进步。我们仍然有一些事情要做，我清醒地意识到这一点，但是也意识到在心理上和技术上，我们都更强大了，技术素质也不错。"

阿森纳队杯赛后的庆祝活动也做得不错。在俱乐部的招待会之后，一些球员在伦敦流行的"浪荡子"俱乐部聚会到早上6时。但是这使得一些球员在周日早晨乘坐敞篷巴士在伊斯灵顿街头游行时，因为宿醉而头痛不已。

威尔希尔看上去仍然有些疲劳，他拿过麦克风在台上唱起了反热刺的歌曲，俱乐部不得不关掉了自己的胜利游行广播，以免引起不快。温格就威尔希尔的行为和他谈了话，并与他的助理教练史蒂夫·博尔德和其他教练组成员也谈了话，这位中场球员最终被足协罚款4万英镑。这是温格该赛季的最后一幕，充满波折的另一场战斗。

在温格的房子里，很难找到他职业的痕迹。他不知道许多奖牌放在哪里，2015年足总杯冠军奖牌已经被放到一边，完全忘记了。当我问他是否和其他教练一样抱着奖杯睡觉时，他笑着说："我不是会收藏东西的人，我专注于下一步。"

过去的几个赛季很困难。温格留下的遗产处于危险之中，人们对他的记忆是衰退而不是辉煌的成功。但是温格似乎又一次回到了正确的道路上，连续两年夺得足总杯。温格现在可以带着"我早告诉过你"的微笑回顾过去了。

温格在早年被敬为天才，经过了拮据的困难时期，他帮助一个足球俱乐部打下了基础。但是他对阿森纳的爱从未消减，他对自己足球之路的信念也不可动摇。

温格渴望胜利，而且要以风格制胜。如果他们失败了，他会怒气冲天地拒绝接受，就像旧日他还是年轻教练时一样。

在温格帮助设计的阿森纳现代化训练场上，他带着微笑，早晨的阳光透过窗户，点亮了5月的一个辉煌的日子。他笑着说："我听到很多人告诉我，我们将一无所获，我很吃惊自己突然到达了彼岸。我不否认自己是个糟糕的失败者，因为在这一行，如果你是个好的失败者，就不可能走得太远。我已经担任这个工作很久了，你知道，我胜多负少。"

温格结束了2014/15赛季，期待着他在阿森纳执教的第20个年头。他取得成功的决心和渴望达到了史无前例的高点。他仍然渴望尊重和更多的奖杯。冠军联赛仍是他心中的圣杯。但是，他已经在一个难以置信、迂回曲折的旅途中，为阿森纳队带来了前所未有的成功。他们搬迁到了新体育场，面对富有的新挑战者，在常常充满不公平竞争的赛场上拼搏。然而，温格选择了另一条道路，打造了一支新球队，为长期的成功打下基础，并为球队带来了信心，在未来的比赛中能够和过去的荣耀时光一样取得成功。

后记[1]

2018年5月6日，英超联赛第37轮，阿森纳本赛季最后一个主场比赛日，主队5∶0大胜伯恩利队。

比赛之前，温格最后一次作为主教练在酋长球场发表讲话，他首先祝福了因脑溢血住院的弗格森，然后说："感谢你们让我在这里待了这么久，我知道这并不容易，但最重要的是我爱你们——我是一个阿森纳球迷。我将永远是阿森纳球迷。那些梦想和困扰将你我全身心地联系在一起。除了观看足球比赛，这还与生活方式有关，关注踢出美丽的比赛，关心我们珍视的价值，以及贯穿我们身心的某些东西。我要感谢俱乐部里的每一个人，他们让这家俱乐部与众不同。我希望留下来的员工支持我们的球员。对我来说，这些球员是特别的，无论在场上还是场下，在下赛季追随、支持球队，因为他们值得这样做。我最后的话很简单——我会想念你们。感谢你们成为我生命中如此重要的一部分。我希望很快再见，加油，拜拜。"

---

[1] 后记由编辑撰写。

后　记

在赛后新闻发布会上，英国《每日镜报》首席足球记者约翰·克罗斯，同时也是本书作者，代表足球作者协会向温格送上一瓶红酒作为祝福："我知道你对红酒深有研究，希望你对它爱不释手，因为这瓶酒产自2004年，所以它永远不会被打开。"[1]

克罗斯发表了深情的讲话："你改变了这个国家的比赛，同时带来精彩的足球和难忘的回忆……我们英格兰足球人欠你很多，我希望你在过去几周体会到了诚挚的感激之情……一路走来你难免受到批评，但实际上你从不怀恨在心，也从不回避问题，总是心怀敬意，这表明无论作为一个人还是一个足球经理，你都是伟大的。……你对我自己和在座的许多人都很友善，谢谢你，阿尔塞纳。"

记者皮尔斯·摩根称赞克罗斯说："他的演讲非常精彩，在阿森纳的足球专栏作者中，长久以来他都是消息最灵通、最公正的一个。他是对的——温格永远是伟大的。"

伟大的温格执教阿森纳踢了1235场比赛（其中828场英超比赛，超过老对手弗格森爵士为历史第一），707胜、280平、248负，胜率达到57.2%；赢得1997/98、2001/02、2003/04三次英超联赛冠军，1998、2002、2003、2005、2014、2015、2017七次足总杯冠军，1998、1999、2002、2004、2014、2015、2017七次社区盾冠军。

尽管有长达八年一无所获的低谷，温格无疑是阿森纳132年历史上最成功、最伟大的教练，即使他的反对者也不会否认这一点。

但最近三个赛季，温格和阿森纳队的境况并不佳。球员来来去去：阿莱克西斯·桑切斯如今已经在曼联队阵中，佩尔·默特萨克这个赛季结束就将挂靴退役。球队的成绩依然不尽人意：2015/16赛季，阿森纳开局强势，但

---

[1] 此处"打开"也有"打败"的意思，克罗斯一语双关，指2003/04赛季阿森纳以不败战绩夺冠。

温格：阿森纳时代

随着主力队员的伤病和后半程乏力，只能目送莱斯特城上演逆袭神话，这是温格十年来距离联赛冠军最近的一次；2016/17赛季，温格在夏天花费了9600万英镑引进球员，结果却第一次失去了欧冠资格；2017/18赛季，阿森纳依然无望重返欧冠赛场。在欧洲赛场，球队连续被巴萨罗那、拜仁慕尼黑和马德里竞技淘汰，2006年闯入欧冠决赛的往事变得如此遥远。

这一切促成了温格的离去，还是结局早已注定？

二十二年的漫长旅程走到终点，对全世界的阿森纳球迷来说，这一刻似乎遥不可及，似乎明天就会到来，而当它终于来了，很多人并不惊讶也不悲伤，更多是一种茫然。二十二年来，看到阿森纳教练席上坐着温格已经成为一种习惯，突然之间，那个最熟悉的陌生人不见了，无论是否愿意，这都将改变阿森纳，改变英超联赛，也改变每一个阿森纳球迷的生活。向一个满怀理想的人告别总是困难的，尤其他又陪伴你走过许多日子。

温格在阿森纳官网发表的声明也许是这二十二年最好的总结和告别：

经过深思熟虑，并与俱乐部协商后，我认为是时候在赛季结束后卸任了。
我有幸为俱乐部服务如此漫长难忘的时光，对此心怀感激。
我为俱乐部竭尽所能，问心无愧。
我要感谢所有员工、球员、管理者和球迷，他们让这家俱乐部独一无二。
我希望球迷支持球队圆满完成本赛季的比赛。
希望所有热爱阿森纳的人守护俱乐部的价值观。
我永远热爱和支持阿森纳。

温格执教阿森纳队大事记

1996年9月22日

温格第一次作为阿森纳队主教练亮相，他在自己的第一次新闻发布会上说："我来到这儿主要是因为热爱英格兰足球，这是足球的故乡。"

1996年10月1日

温格正式就任阿森纳队第20位主教练，英格兰足球顶级联赛历史上第二位外籍主教练，同时三年200万英镑的合同也创下了阿森纳队史纪录。

1996年10月12日

温格执教阿森纳队的第一场比赛，客场2∶0战胜布莱克本队。

1996年10月19日

阿森纳队在主场0∶0战平考文垂队，温格收获执教阿森纳的第一场平局。

1996年11月16日

阿森纳队在客场0∶1不敌曼彻斯特联队，温格收获执教阿森纳的第一场失利。温格说："我们这样输掉比赛显然难以接受，但我很欣赏我们的比赛方式。我们的组织非常出色，我们一直在战斗，我对未来非常乐观。"

1996年11月

第一次有报道称温格将离开阿森纳队。

温格：阿森纳时代

1996年11月24日

阿森纳队在主场3∶1战胜托特纳姆热刺队，温格的第一场北伦敦德比。

1996/97赛季，球队以19胜11平8负获得联赛第三名。

1997/98赛季，阿森纳队的第100个赛季，温格执教的第一个完整赛季。

1998年3月

温格第一次获得英超联赛月最佳教练。

1998年5月3日

阿森纳队4∶0战胜埃弗顿队，以10连胜赢下联赛冠军。

1998年5月16日

阿森纳队2∶0战胜纽卡斯尔联队，赢得足总杯，温格成为第一位赢得双冠的外籍教练。

1997/98赛季，球队以23胜9平6负获得联赛冠军，温格获得年度最佳教练。

1999年4月14日

阿森纳队在足总杯半决赛重赛中1∶2不敌曼联队。

1998/99赛季，球队以22胜12平4负获得联赛亚军。

1999年8月

阿森纳以1100万英镑签下了尤文图斯前锋蒂埃里·亨利，打破俱乐部转会纪录。

2000年5月17日

阿森纳队在欧洲联盟杯决赛中0∶0战平加拉塔萨雷队，在点球大战中1∶4败北。

1999/00赛季，球队以22胜7平9负获得联赛亚军。

2000/01赛季，球队以20胜10平8负获得联赛亚军。

2002年5月4日

阿森纳队2∶0战胜切尔西队，赢得足总杯。

2001/02赛季，球队以26胜9平3负获得联赛冠军，温格获得年度最佳教练。

2002年8月18日

阿森纳队主场2∶0战胜伯明翰队，创造英超联赛14连胜纪录，直到2017/18赛季，曼城队才以18连胜打破这一纪录。

2003年5月7日

阿森纳队在主场6∶1战胜南安普顿队，开启自己的不败征程。

2003年5月17日

阿森纳队在千禧球场1∶0战胜南安普顿队，赢得足总杯。

2002/03赛季，球队以23胜9平6负获得联赛亚军。

2004年4月25日

阿森纳队客场2∶2战平托特纳姆热刺队，成为1888/89赛季以来第一支联赛不败的球队。温格说："我们让热爱足球的人感到快乐。"

2003/04赛季，球队以26胜12平0负获得联赛冠军，被评为"英超20赛季最佳球队"，温格获得年度最佳教练。

2004年10月24日

阿森纳在客场0∶2输给曼联队，不败纪录定格在49场。539天不败，36胜13平，主场比赛20胜5平，客场16胜8平，共攻入147球。不败夺冠在英超历史上只有两次，而49场不败的纪录至今无人打破。

2005年5月21日

阿森纳队在足总杯决赛中0∶0战平曼联队，在点球大战中5∶4胜出。

2004/05赛季，球队以25胜8平5负获得联赛亚军。

2005/06赛季，阿森纳队以海布里球场为主场的最后一个赛季。

2006年5月17日

在法国巴黎法兰西体育场举行的2005/06赛季欧洲冠军联赛决赛中，阿森纳队1∶2不敌巴塞罗那队。

2005/06赛季，球队以20胜7平11负获得联赛第四名。

2006/07赛季，阿森纳队以酋长球场为主场的第一个赛季。

2006/07赛季，球队以19胜11平8负获得联赛第四名。

2007年6月

阿森纳队长、历史进球纪录保持者蒂埃里·亨利转会到巴塞罗那。

2007/08赛季，球队以24胜11平3负获得联赛第三名。

2008/09赛季，球队以20胜12平6负获得联赛第四名。

2009/10赛季，球队以23胜6平9负获得联赛第三名。

2010/11赛季，球队以19胜11平8负获得联赛第四名。

温格：阿森纳时代

2011年8月
俱乐部队长法布雷加斯转会到巴塞罗那。

2011/12赛季，球队以21胜7平10负获得联赛第三名。

2012/13赛季，球队以21胜10平7负获得联赛第四名。

2014年3月22日
温格执教阿森纳的第1000场比赛，阿森纳队客场0：6不敌切尔西队。

2014年5月17日
阿森纳队3：2战胜赫尔城队，赢得足总杯。

2013/14赛季，球队以24胜7平7负获得联赛第四名。

2015年5月30日
阿森纳队4：0战胜阿斯顿维拉队，赢得足总杯。

2014/15赛季，球队以22胜9平7负获得联赛第三名。

2015年10月
温格第十五次也是最后一次获得英超联赛月最佳教练，仅次于亚历克斯·弗格森的27次。

2015/16赛季，球队以20胜11平7负获得联赛亚军。

2017年5月27日
阿森纳队2：1战胜切尔西队，赢得足总杯。

2016/17赛季，球队以23胜6平9负获得联赛第五名，温格执教以来首次无缘欧洲冠军联赛。

2017年10月28日
温格执教阿森纳的第800场英超赛事，阿森纳队主场2：1战胜斯旺西队。

2018年5月13日
温格执教阿森纳队的第1235场比赛，也是最后一场比赛，球队在客场1：0战胜哈德斯菲尔德队。

2017/18赛季，球队以19胜6平13负获得联赛第六名。